陕西师范大学人文社会科学高等研究院 | 编

李国平 | 主编

大西北文学与文化

第 六 辑

作家出版社

大西北学人：吴宓

  吴宓（1894—1978），字雨僧、玉衡，笔名余生，陕西省泾阳县人，中国现代著名西洋文学家、国学大师、诗人。清华大学国学院创办人之一，被称为中国比较文学之父。1917年，吴宓赴美国留学，先在弗吉尼亚州立大学英国文学系获得文学学士学位，次年转入哈佛大学研究生院，师从新人文主义文学批评运动领袖白璧德教授，研习比较文学、英国文学和哲学，与陈寅恪、汤用彤并称"哈佛三杰"。1921年回国，1921—1949年先后在东南大学、东北大学、清华大学（西南联大）、武汉大学等学校任教。1950年起在西南师范学院任教。二十世纪五六十年代，编写有《世界通史》《外国文学》《外国文学名著选读》《中国文学史大纲》《法文文法》《拉丁文文法》等讲义和教材。在主持清华大学国学院期间，聘请王国维、梁启超、赵元任、陈寅恪等任教，为国内培养了一批一流学者，如钱钟书、季羡林、徐中舒、高亨等。代表著作有《吴宓诗集》《文学与人生》《吴宓日记》等。1978年1月17日病逝于陕西老家，终年84岁。

青年吴宓　　　　　　　　　　晚年吴宓

吴宓参与创办、主编《学衡》

吴宓著作书影及书法

枯樹臨崖萬丈深昏鴉逐隊
遠天沈蕭條此境誰堪語碧
落黃泉感舊心
志遠學兄此畫適合予意故自寫出所感
未能贊其畫之工也
癸巳孟夏　　吴宓

目　录

Contents

文化地理学视域中的陕西文学三大家

王春林

内容提要：陕西被称为"三秦大地"，简称为"陕"或者"秦"。所谓的"三秦大地"，从文化地理学的角度来讲，指陕西从北到南的三种不同地域：陕北、关中、陕南。三种不同的地域特征正好一一对应着本文所要讨论的三位作家：陕北—黄土高原—路遥；关中——马平川—陈忠实；陕南—秦岭—贾平凹。"一方水土养育一方人"，陕西这三大不同的地理构成也对这三位作家的创作实践造成了各自不同的影响。本文即是从文化地理学的角度对三位作家作品进行深入探讨。

关键词：陕西文学；文化地理；路遥；陈忠实；贾平凹

跨过黄河，从太原来西安主持《小说评论》杂志，到现在已经将近两年的时间了。随着对西安以至陕西这个地方的了解，我对"生长"在这片土地上的文学也有了更深的体会。当然，早在来西安之前，作为一个中国当代文学长期的关注者与研究者，陕西文学一直都在我的考察视野之内。所以倒不是说我现在来西安主持了《小说评论》的编辑工作，才突然想起来要谈一谈陕西文学的三大家。实际上，我和陕西文学之间有着很深的渊源。为什么要关注陕西文学？一方面，关注陕西文学，固然是从区域文学的角度去关注一个重要省份的文学，但另一方面，我们关注陕西文学，却并不仅仅是在关注陕西文学本身，同时也是在关注整个中国当代文学。之所以这么说，关键原因就在于我今天主要展开讨论的，以三大家为代表的陕西文学，在新时期文学的发展过程中，已然形成了中国当代文学的一座高峰，同时也构成了一种重要的区域文学现象。陕西一些代表性的作家，作为中国当代文学的杰出代表，在某种意义上是能够与世界文学进行对话的。

话题开始于某一天在微信朋友圈中看到的一条微信。微信的大概内容是，如果说中国古代文学的长篇小说领域有所谓的四大名著，那么到了当下，在我们的当代小说中，是不是也形成了或者说出现了四大名著？更进一步说，如果已经出现了四大名著，那么，这四大名著到底指的又是哪些作家的哪些作品？我们完全可以想象到，这条微信在提出问题的同时，也给出了相应的答案。这条微信认为，当代长篇小说领域的四大名著分别是路遥的《平凡的世界》、陈忠实的《白鹿原》、余华的《活着》、贾平凹的《废都》。在发布者看来，这四部长篇小说可以被看作是中国当代小说的四大名著。当然，所谓当代的新四大名著，也只是他个人的一种看法，因为这本就是仁者见仁，智者见智的事情。需要注意的一点是，我们这里所说的名著，并不意味着它就是思想艺术成就最高的长篇小说。比如说中国古代长篇小说的四大名著，《西游记》《水浒传》《三国演义》《红楼梦》，并不是说这四部长篇小说绝对代表了中国古代白话长篇小说的最高成就。在中国古代白话长篇小说中，倘要论思想艺术成就，在我看来，《红楼梦》毫无疑问是最高的一部，但在《红楼梦》之外，思想艺术成就最高的，可能就是《金瓶梅》了。《水浒传》也罢，《三国演义》也罢，《西游记》也罢，这三部的总体艺术成就肯定是比不上《金瓶梅》的。但《金瓶梅》却并没有进入四大名著的行列当中，而是被排除在外。所以我们讲的四大名著，固然包含着对它总体的思想艺术成就的充分肯定，但也绝不仅仅只遵循这样一个标准。除此之外，也还有一个社会影响力的问题，包括传播度、接受度等这些因素也可能都会被考虑在内。

从个人的理解和认识出发，我觉得上述提到的微信中所谓当代四大名著的说法还是有一定道理的。当然，再次强调一下：这并不意味着这四部长篇小说总体的思想艺术水准，在当代长篇小说中就绝对是一流的、最高的。依照我个人的偏见，包括像莫言的《生死疲劳》、金宇澄的《繁花》、王安忆的《长恨歌》、王蒙的《活动变人形》、张炜的《古船》等一些或者已经获得过茅奖，或者并没有获得过茅奖的长篇小说，思想艺术水准都是相当高的。但是它们为什么没有被列入所谓四大名著的范围之内？究其原因，恐怕就和它们的社会传播度、读者接受度有关系了。如果我们充分地考虑到文学作品的传播度，考虑到在读者大众当中的影响力，再考虑到它的思想艺术水平，如果把这几个方面的因素都结合起来的话，除了上述提到的微信中所列举的四部作品之外，再找出另外的第五部作品也并不是件容易的事情。这也是我对微信内容认可的主要原因所在。当然，名著与名著并不能完全等同。有的名著，我们的着眼点，可能是它的审美本质、它的艺术创造，但有的名著，我们可能更多的是从社会学的意义上加以考量的。比如说像《平凡的世界》，它可能更倾向于是一种社会学意义上的名著。与其丰富的社会学内涵相比，它的语言或艺术手法的运用可能会稍逊一筹。但是，它丰富的社会学内涵，以及它对当代中国社会的表现、反映的宽广度，对人物命运思考的深入程度，这些都是我们所无法否认的。有关这一点，我们不妨以《班主任》与《狂人日记》做一个简单的对比说明。每当讲到中国现代文学的时候，刘心武的《班主任》肯定是绕不过去的具有名著性质的代表性作品。但是，这个名著更多考量的，恐怕是它所具备的社会政治学内涵。因为无论如何，它都是中国文学由"文革"文学向新时期文学转变过程中非常重要的一个标志性、转型式的作品。但是，同样具有开创性的鲁迅的《狂人日记》，它的价值就不仅仅局限于社会学或者社会政治层面上了。一方面它开创了整个中国现代小说的传统，但另一方面，《狂人日记》本身又是一个非常优秀、非常杰出的拥有丰富审美内涵的小说。但无论如何，我们都不能否认《班主任》在社会转型时期那种标志性的作用和价值，尽管它突出地体现在社会政治学内涵上。

正所谓"名不正则言不顺"，在对微信中所说的四大名著进行一番简单的自我阐释之后，就可以名正言顺地进入本文的主题了。我之所以要从这条微信说起，就是为了更好地切入陕西文学。不难发现，微信中所指的四大名著，其中的三大家路遥、陈忠实、贾平凹正好都是陕西作家，这也从一个侧面说明了以小说为代表性文体的陕西文学在中国当代文学界的确有着举足轻重的地位。本文主要从文化地理学和陕西文化地域构成的角度，将陕西的文化地理构成与三位作家的创作联系起来，进行一次相对深入的考察与分析。说到文化地理，首先需要注意的是，陕西正好被称为"三秦大地"，简称为"陕"或者"秦"。所谓的"三秦大地"，从文化地理学的角度来讲，指陕西从北到南的三种不同地域：陕北、关中、陕南。三种不同的地域特征正好一一对应着本文所要讨论的三位作家：陕北—黄土高原—路遥；关中——马平川—陈忠实；陕南—秦岭—贾平凹。"一方水土养育一方人"，陕西这三大不同的地理构成也对这三位作家的创作实践造成了各自不同的影响。这也正是本文为什么要从文化地理学的角度对三位作家作品进行探讨的原因。

一、陕北—黄土高原—路遥

从地理位置来看，陕北属于西北地区；从地貌特征来看，陕北沟壑纵横、支离破碎，是典型的黄土高原地貌；从气候条件来看，陕北干旱少雨，多风沙；从土壤质地来看，陕北土地贫瘠、缺少养分；这样的自然地理环境一方面严重影响着人们的生活、生产方式，以至思维模式，另一方面也直接导致了农业生产相对落后的状况。这种自然地理环境所造成的区域发展差异，《黄土高坡》和《家在东北》这两首很有代表性的歌曲做了很好的诠释。歌曲《黄土高坡》中所展示的黄土高原地区人们的生活面貌是大风吹、日头晒，而且祖祖辈辈没什么变化。而《家在东北》中所描绘的肥沃的黑土地上的景象却是"漫山遍野大豆高粱"和"青山绿水"。在以农业为主的中华大地上，农业生产落后所导致的直接后果就是生活上的贫困。不难想象，在这样一种艰苦的条件之下，人们要想生存、繁衍下来，需要付出的艰辛与努力是不言而喻的，这也就注定了陕北这块土地是充满苦难的。路遥是陕西省榆林市清涧县人，他出生于清涧一个贫困的农民家庭，后因生活困难被过继给延川县农村的大伯。但不论是在清涧，还是延川，他都无法逃离生活的苦难，也无法逃离陕北这块贫瘠的土地。他的整个生命都与这片土地紧紧地连在了一起，包括他的文学，他的小说，诚如他写在《平凡的世界》前面的那句话："谨以此书献给我生活过的土地和岁月。"

　　生活的苦难一方面煎熬着路遥，一方面也成就了路遥。正是因为生活在陕北这样一块贫瘠的土地上，生活的窘迫让路遥对苦难有了超乎常人的认识，同时也历练了他战胜苦难的勇气和魄力。在小说《人生》和《平凡的世界》中，到处可以看到路遥关于苦难的真切描写。《人生》中对高加林父母外貌特征的描写，路遥用的是"核桃皮皱脸"，人脸上的皱纹一方面与年龄有关系，另一方面也和生活条件有关系，当一个人脸上的皱纹如核桃皮一样时，足可见他生活的艰辛与不易。当高加林无奈之下上街卖蒸馍时，路遥这样写道："严峻的生活把他赶上了这条尘土飞扬的路。他不得不承认，他现在只能这样开始新的生活。家里已经连买油量盐的钱都没了，父母亲那么大的年纪都还整天为生活苦熬苦累，他一个年轻的后生，怎好意思一股劲待下吃闲饭呢？"《平凡的世界》中对孙少平第一次外貌描写："他胳膊窝里夹着一只碗，缩着脖子在泥地里蹒跚而行。小伙子脸色黄瘦，而且两颊有点塌陷，显得鼻子像希腊人一样又高又直。脸上看来才刚刚褪掉少年的稚气——显然由于营养不良，还没有焕发出他这种年龄所特有的那种青春光彩。"当然，也还有少平在学校将半碗剩菜汤掺上开水后，将"焦黑的高粱面馍"掰碎泡进去，蹲在房檐下吃饭这一细节的描写。从以上摘录的片段，不难看出路遥对贫穷细腻而深刻的体味，这样的细节若非亲身经历或者切身体会，是无论如何也写不出来的。高加林、孙少平、孙少安他们每天面朝黄土背朝天地过着日复一日的艰难生活，在亘古不变的大自然面前，个人的一切努力似乎都无济于事。他们就是那片土地上生活着的人们的缩影，也只有在对他们如此艰难的生存条件有所了解的情况下，才能理解高加林为什么要拼死拼活，不择手段，想方设法地逃离自己的故土。但是路遥之所以成为路遥，并不仅仅是因为他写出了陕北那片土地上人们所经历着的苦难，也不是他对苦难入木三分的描写，路遥的难能可贵之处在于，他透过对苦难的书写，展现出了陕北人民在艰难生活中对生命的敬畏与对人格尊严的坚守。不论是高加林，还是孙少平，生活的贫困不仅考验着他们的辘辘饥肠，也刺痛着他们那年轻而敏感的自尊心。"他渴望穿一身体面的衣裳站在女同学的面前；他愿意自己每天排在买饭的队伍里，也能和别人一样领一份乙菜，并且每顿饭能搭配一个白馍或者黄馍。这不仅是为了嘴馋，而且是为了活的尊严。"这既是小说中孙少平内心卑微的呼唤，也是作家路遥年少时在无数个食不果腹的日子里对生活的希冀与期待。路遥曾在《答中央广播电视大学问》中写到他七岁的时候，因为家里已经没办法养活得起他，父亲带着他一路讨饭，直到讨到伯父家里，把他"掷"给了伯父。"掷"在《现代汉语词典》中的释义为"投、扔"，这一个"掷"字，可谓写尽了路遥当时的窘境与日后回忆起来时的复杂心情。在回答这份问卷的时候，距离这段不堪的回忆已经过去好多好多年了，路遥也已经凭着《人生》《平凡的世界》等小说佳作而享誉全国，走上了自己辉煌的人生之路。但是时间与事业上的成功似乎都没有抚平路遥内心的童年创伤。他没有用"过继"，因为他知道自己进入伯父家的方式远没有那么体面；也没有直接用"扔"，他要为父亲与自己保留那可怜的尊严，尽管前面已经交代了自己和父亲几乎接近叫花子的状态，但他知道自己毕竟是一个人，是一个有血有肉有意识的生命存在，父亲把他送给伯父家的形式，虽然并不体面，但和人们把不想要的"东西"扔掉还是不一样的，自己并不是父亲不想要的，而伯父家从生活条件来看似乎是一个比自己家更好的归宿；也没有轻描淡写地用一个"给"字一代而过，因为那刻骨铭心的伤痛实在无法让路遥轻易忘却。思来想去，他想到了"掷"，这个接近"扔"，却又不是"扔"的词，既写出了当时的真实状态，也为自己保留了一点点尊严。饥饿、贫穷、寒酸、卑微的童年及青少年生活深深地烙在了路遥的成长记忆之中，也时时提醒他要走出农村，走出父辈们的生活困境，通过努力改变自己的人生道路。这种强烈而坚定的奋斗心理，不仅影响着作家路遥，也影响着他作品中的人物，这一点，在孙少平这一人物形象上表现得最为突出。孙少平刚到矿上的时候，同行的一群县领导的子弟们都拿着丰厚的行囊，不是皮箱就是包铜角的大木箱，还有崭新的铺盖，而自己却只有"一身旧衣服，一只破提包，竟连一床起码的铺盖也没有"，但是他并没有气馁。"不知为什么，一种特别愉快的情绪油然漫上了他的心头。他想，眼下困难又算得了什么呢？不久前，你还是一个流浪汉，像无根的蓬丛在人间漂泊。现在，你已经有了职业，有了住处，有了床板……面包会有的，牛奶会有的，列宁说。哩嘿，一切都会有的……他立在院子砖墙边，自己给自己打了一会气，然后便转身回了宿舍。"这种面对苦难时的乐观主义情怀，是孙少平的，也是作家路遥的。正是这苦难的生活，培养了路遥坚韧的生存意志和强大的生存力量，也培养了他在一贫如洗的日子里体面地活下去的本领，生活条件越是艰苦，就越需要面对生活的勇气和魄力，以及坚贞不屈的铮铮傲骨，这既是苦难的馈赠，也是对苦难最好的回应。所以，在阅读路遥作品的过程中，读者时刻能够被作品中人物所携带着的那种超乎常人的生命力所感染。

当然，陕北除了艰苦的自然地理环境外，还有一个重要的因素是无法绕开的，那就是它其实还是新中国红色文化的摇篮，这也是影响路遥文学创作的一个重要方面。公元2021年正值中国共产党建党100周年，回顾党的百年历程，其中一个无论如何都不能被忽略的重要历史阶段就是延安时期。从1935年10月中央红军结束两万五千里长征，抵达吴起镇开始，以毛泽东为首的党中央就开始驻扎在陕北，一直到1948年解放前夕才离开。虽然其间也因国民党的大举进攻而不得不被迫撤离延安，但却从没有离开过陕北。陕西作家杜鹏程的著名长篇小说《保卫延安》，就曾对这段历史进行过真实而生动的描述。从1935年到1948年这13年间，以延安为中心的陕北地区一直是红色革命文化的中心，这13年现在也被学者称为中国共产党的延安时期。到后来，党中央和毛主席虽然离开了，但他们留下的红色革命文化却经久不衰，继续滋润着在这片土地上生活的人们。在充满着革命英雄主义和乐观主义的红色革命文化的熏陶下，路遥精神世界的构成也被潜移默化地影响和制约着。路遥小说中所渗透着的乐观主义精神和理想主义情怀，与陕北红色革命文化的感染是分不开的。

也正因为以上两方面因素的影响，使《平凡的世界》天然地拥有了一种励志的力量，从而影响了改革开放以来很多青年的成长。在西方文学史上，法国作家罗曼·罗兰的影响并不是很大，相比较，福楼拜的名气要大很多，尤其是他的《包法利夫人》，堪称小说史上的经典。但当它们被译介到中国后，命运却发生了翻天覆地的变化，在西方文学史上不那么突出的罗曼·罗兰，他的小说《约翰·克利斯朵夫》却在中国产生了非常大的影响，而福楼拜的《包法利夫人》却遭受冷落，甚至一度被排斥到禁书行列之中。主要原因就是《约翰·克利斯朵夫》有励志作用，它在青少年成长的关键阶段有一种激励作用，可以培养他们积极向上、乐观开朗的人生观。这种文学的励志作用，也是文学作品在传播接受中非常有意思的一种社会现象，尤其是在中国，励志文学可能更加受欢迎。路遥《平凡的世界》在艺术水准并不是特别突出的情况下，能够保持如此一种持久的魅力，与其饱含着的励志情愫是分不开的。路遥作品中所着力塑造的青年一代，无论条件如何艰苦，他们都从来没有放弃过生活的权利，而是咬紧牙，坚持下去。为了撑起一家人生活留在故土继续父辈们生活的孙少安，走出家乡在贫困与求知之间艰难求索的孙少平，面对生活与爱情毫无希望的田润叶，他们都在绝望与希望之间选择了后者，用拧干自己身上最后一滴血的决心来战胜生活中的重重磨难，为生活注入了一线生机，也改变了苦难本来的底色。

正是在以上三方面因素的合力影响之下，才有了文学家路遥，也才有了文学史上的《人生》和《平凡的世界》。但这一切，又都离不开路遥所生活的陕北地区特殊的自然地理环境。

二、关中——马平川—陈忠实

"八百里秦川尘土飞扬，三千万人民齐吼秦腔"，这句回肠荡气的陕西民歌中所说的"八百里秦川"，指的正是陕西的关中平原。与沟壑纵横的陕北相比，关中地形就显得平坦舒展多了，也因此经常被形容为一马平川。而秦腔，就是发源于关中地区的一个戏曲剧种，与陕北民歌信天游的原生态特征不同，秦腔似乎更显得开阔与包容一些，这一点从"三千万人民齐吼秦腔"中也可见一斑。那么，关中到底是一个什么样的地区呢？它的地理特征又如何呢？从地理位置来看，由于地处关塞要地，历史上曾有"天府之国"之称；从地貌特征来看，主要处于渭河平原，地势平坦；从气候特征来看，处于温带季风气候，温和多雨；由此可见，关中地区的自然地理环境明显优于陕北。如此优越的先天自然条件将关中变成一块易守难攻、土壤肥沃、依山傍水的风水宝地，也为关中地区的农业生产增加了天然的屏障。关中因此也成为整个陕西最适宜人类居住的地方，富庶的生活条件吸引了越来越多的人来此居住，所以关中地区已成为陕西省人口密度最大的区域。此外，关中地区正好处于黄河中下游地区，黄河是中华民族的母亲河，被母亲河滋养着的关中地区也自然会成为华夏文明的发祥地之一。学界20世纪90年代兴起的有关炎帝故里之辩中，在比较公认的四省五地之说中就有"陕西宝鸡说"，而宝鸡正处于关中地区；1963年在宝鸡出土的一尊名为"何尊"的青铜器上，发现了"中国"二字，被学界称为"中国"之源，这都很好地印证了关中地区是中华文明的重要发祥地。最重要的是，作为历史上十三朝古都的长安城，如今是陕西省省会城市的西安市，也属于关中地区。历史上先后有西周、秦、西汉、新莽、东汉、西晋、前赵、前秦、后秦、西魏、北周、隋、唐共十三个王朝曾在今天的西安城所在地建都，其中的西周、秦、西汉、隋和唐又都是中国古代国力强盛和文化繁荣的黄金时代。悠久的历史积淀和深厚的文化底蕴，再加上长期的政治经济文化中心，培养了关中地区的王者之气，既有"九天阊阖开宫殿，万国衣冠拜冕旒"的威严，也有"俱怀逸兴壮思飞，欲上青天揽明月"的魄力。以上诸多因素的共同影响也导致了关中地区儒家文化的兴盛。宋儒大家张载就出生于今天的西安，他创立的儒学重要学派之一——关学，就是因他是关中人士而得名的。其著名的

"横渠四句":"为天地立心,为生民立命,为往圣继绝学,为万世开太平"流传至今,激励着一代又一代仁人志士为天下、为人民、为国家、为社会而努力奋斗。正是在以上多重因素的综合作用下,凝聚着作家陈忠实毕生心血的、沉甸甸的《白鹿原》诞生了。也只有历史文化底蕴如此富饶的关中地区,才能撑得起一部《白鹿原》的博大与厚重。

陈忠实先生在《白鹿原》中写到两位先生,分别是看病先生冷先生和教书先生朱先生,在以白家和鹿家两大姓氏家族为主的白鹿村,他们毫无疑问地被排在了"外姓人"之列,但他们并没有像大多数外姓人一样被排挤冷落,相反,却得到了村民的尊重和爱戴。之所以会形成如此一种情形,与他们身上所携带着的儒家文化传统不无关系。冷先生是一个特别仁义的人:"冷先生看病,不管门楼高矮更不因人废诊,……穷得一时拿不出钱的人他不逼不索甚至连问也不问,任就诊者自己到手头活便的时候给他送来。"朱先生作为白鹿书院的教书先生,知识渊博,学问高深,不仅在教育学生方面有自己独特的办法,而且在为人处世方面又灵活又有道,从而在某种程度上也扮演着白鹿村村民精神导师的角色。儒者的精神底色构建了他们独特的人格魅力,使他们成为白鹿村的传奇式人物。作为白鹿村白氏家族族长的白嘉轩,也是一位深受儒家传统文化影响的本分农民。在陈忠实笔下,白嘉轩是一个理想主义的人物形象,他有担当、有威严、有爱心,想凭一己之力把白鹿原打造成乌托邦式的理想国度,他这种理想主义人格的形成背后与儒家文化中的关学有着不可分割的密切关系。在整部《白鹿原》中,作家陈忠实对白嘉轩这一人物形象自始至终都保持一种肯定的态度。那么一个有趣的问题来了,白嘉轩和陈忠实是一种什么样的关系呢?我们显然不能简单地在他们之间画上等号,但也不能粗鲁地无视他们之间那千丝万缕的关联,尤其是存在于他们身上的某种内在的精神品质。有关这样的问题,陈忠实生前并没有像郭沫若那样发出"我就是白嘉轩"似的自我独白,但是作为一名研究者,我们却可以在逻辑推理与资料互证中求得答案。

陈忠实还有一个比较引人注目的地方就是,在他的创作历程中,给人的感觉就是一生只写了一部《白鹿原》。之所以这样说,并不是陈忠实一辈子真的只写了一部小说,其实他还写了很多作品,包括一些中短篇小说、散文和随笔等,但是能引起学界或社会关注的就只有《白鹿原》,其他那些都是除了专门研究陈忠实的人之外,几乎是无人知晓的。这也从一个侧面说明陈忠实一辈子创作的最好作品,就是长篇小说《白鹿原》。但这略显单薄的唯一,却并没有影响陈忠实走向当代文学的前沿与中心,他反而凭借着这唯一的《白鹿原》,于1997年获得了中国第四届茅盾文学奖;而小说《白鹿原》也于2019年被选入"新中国 70 年 70 部长篇小说典藏"丛书系列；由《白鹿原》改编的同名电视剧也获得上海电视节"白玉兰奖"；除此之外，《白鹿原》还被改编为电影、舞剧、话剧、秦腔等多种艺术形式被搬上荧幕与舞台，以不同的面貌出现在观众面前。在现当代作家中，一生以一部作品驰骋文坛的现象实属罕见，这也就导致我总有一种错觉：《白鹿原》不是陈忠实写的，而是冥冥之中有一种神秘的力量附着在陈忠实身上，借陈忠实手中的笔完成了这部传世佳作。就像我们所熟悉的《红楼梦》一样，学界对它的作者是谁到目前为止都争论不休，但我却觉得，不论是哪个具体的个人，对于《红楼梦》来说，都只是一个力量的载体。《红楼梦》是上帝之作，是上帝那种神秘的、强大的艺术意志在支配着曹雪芹或高鹗完成了这部旷世杰作。也因此，我有一个不知道能不能成立的想法，那就是，好的作家犹如上帝，他可以创造一个世界。而陈忠实，就不愧为这样的作家。"人生写一部'白鹿原'足矣"的玩笑话，所道出的，可能正是很多视写作如生命的作家之心声。我是 2011 年才有幸第一次见到陈忠实先生的，虽然认识也晚，见面次数也少，但这似乎并没有妨碍我们之间的友谊，唯一不幸的是，在认识五年之后的 2016 年 4 月 29 日，突然得到了先生去世的噩耗。2016 年 5 月 5 日上午，我在西安殡仪馆参加了先生的遗体告别仪式，当时那种盛大的场面给我留下了非常深刻的印象。当时中共中央七大常委都给陈忠实先生敬献了花圈，更重要的是，在西安殡仪馆，簇拥了成千上万的西安普通民众、先生的忠实读者，他们当中有些可能也同我一样，是从外地专门赶来送先生最后一程的，黑压压一大片将殡仪馆挤得满满的。其中就有后来不幸英年早逝的作家红柯，他当时手里拿着一本发表过《白鹿原》的《当代》杂志，高高地举在人群当中，以这种特殊的方式为陈先生送行。陈先生非常安详地躺在棺材里面，如他生前所说的"我要创作一本死了以后，可以放在棺材里垫头作枕的书"那样，他脑袋底下就枕了一本厚厚的《白鹿原》。

陈忠实去世以后，有很多悼念性的文章，也有很多怀念的文字，其中令我印象最深的就是贾平凹先生的评价。贾平凹用 12 个字来为陈忠实盖棺论定："关中正大人物，文坛扛鼎角色"。这 12 个字，我认为是对陈忠实先生的一生准确、到位、精练的评价。我们不妨对这 12 个字进行一番咬文嚼字的探讨，"关中"在此明显是一个双关词，它一方面指陈忠实的出生地，另一方面，也指《白鹿原》所描写的人物和故事的发生地。"正"和"大"也有双重含义的，它的第一重含义首先指陈忠实本人是一个光明正大的人，他为人的品行是端正的、高尚的、纯洁的，这是对陈忠实个人道德人格的一个充分的、高度的认可与肯定。它的第二重含义，需要跟《白鹿原》里面的人物形象联系起来理解。《白鹿原》中的一号主人公白嘉轩，他是白氏家族的族长，也是白鹿村的中流砥柱，在历史风云变幻的关键时刻，他总是能带领白鹿村人走出困境，是配得上"正""大"二字的。这里的"关中正大人物"既是在说陈忠实，也是在说《白鹿原》。接着再看"文坛扛鼎角色"。"文坛"首先强调陈忠实的事业和工作领域，他所从事的领域不是科学界、哲学界，而是文学界，他是一名文学家，是属于文坛的。"扛鼎角色"是对他在文坛的身份定位，即在文坛的影响力。"扛鼎"是一种形象化的表达，指陈忠实文学创作成就之高，撑起了中国当代文坛的一片天，他和《白鹿原》在文坛具有"扛鼎"般的地位。需要注意的是，"正""大""扛鼎"这样的形容词，一般人是无法与其相匹配的，必须是人格和成就二者兼备的人才能担当得起，可见贾平凹对陈忠实与《白鹿原》表达了多么崇高的敬意。

贾平凹之所以能对陈忠实做出如此精准的评价，肯定与他们多年的朋友关系、与他对陈忠实的深刻了解分不开。但还有另外一个重要因素就是，贾平凹抓住了造就陈忠实的那片土地——关中，他是先把陈忠实放在关中，再把关中放在整个中国，整个文坛，在这样的层面上来对陈忠实作出评价的。

三、陕南—秦岭—贾平凹

既然本文是从文化地理学角度对三位作家进行考察，那就免不了先对陕南的文化地理环境进行一番分析。陕南从自然条件上来说，属于比"关中"不足，比"陕北"有余的"中不溜儿"状态。但是陕南有个得天独厚的地方，就是它北靠秦岭，南依大巴山，处于战国时期秦国和楚国的交界处，素有"秦头楚尾"之称。而秦国和楚国又是当时国力最强的两个国家，秦是典型的北方国家，楚是典型的南方国家，陕南夹在中间，自然也成了南北荟萃之地，形成了"秦风楚韵"的文化特色。贾平凹出生的商洛就正好处在这个中国南北文化碰撞交流的地方。陕北和关中都毫无疑问是在大的北方文化的范畴之中，但是到了陕南，它就成了南北文化的杂糅。而在中国，南北还是有很明显的区别的，一个地处长江流域，一个地处黄河流域，从文化层面来看，北方更多的以儒家文化为核心，南方则更多的以道家文化为核心。这样的文化地理环境也就决定了贾平凹之所以是贾平凹，而不是路遥，不是陈忠实。

从文化发展的角度来说，不同文化之间的交流碰撞是非常重要的。如自然界风霜雨雪天气的形成需要不同气流的交融、碰撞一样，一种新的文化的产生，也离不开各种文化之间的交融、汇合。五四新文化运动就是典型的例证，可以毫不夸张地说，没有五四新文化运动，没有新旧文化的碰撞、交流，就不会有中国现当代文学这一学科的生成。

新文化运动发生的最主要原因就是中西文化的大碰撞、大交流。19世纪末20世纪初，随着国门的打开，西方的科学、哲学、思想、教育、文学等书籍开始大量地被译介到中国。它们被引进之后，对中国的本土文化造成极强烈的冲击，中西文化开始形成一种对抗局面，二者对抗、碰撞的结果就是造就了五四新文化运动。在五四新文化运动的大背景之下，才有了1917年"文学革命"的提出，也才有了现代白话文学的形成。具体到贾平凹个人，他之所以能在文艺界取得那么丰硕的成果，除了他是一位天才作家外，也与他出生、成长在得天独厚的陕南地区密不可分。贾平凹的文学艺术天赋毋庸置疑，但天赋这东西毕竟是看不见、摸不着的东西，我们也无法对其进行量化。但商州地区得天独厚的文化地理环境对贾平凹的影响，却是显而易见的。这里所谓的"得天独厚"，具体到贾平凹身上，就是特指南北文化上的交汇、碰撞。在这种文化融合中长大的贾平凹，南、北两种文化特征都在他的生命中留下了明显的痕迹，也造就了他文学作品的独特风格。如果说北方文化是一种高山文化：雄浑、厚重，南方文化是一种水的文化：空灵、细腻的话，那么贾平凹的作品就是山与水的融合，既雄厚壮丽，也阴柔灵动，北方文化的阳光健美，和南方文化的隽永秀丽在他的作品中都有体现，这就是贾平凹作品的独特之处。像路遥的作品就不具备这样的特征，他和南方文化是一点都不搭边的，我们也无法用空灵、柔美、细腻等词来形容路遥的作品。这就说明地域特征确确实实潜在地滋养、影响着作家作品风格的形成。天赋异禀的贾平凹，在南北文化的双重润泽下，写作时候便如虎添翼，创作出的作品也更加多元、包容。而且与路遥、陈忠实相比，贾平凹所擅长的艺术种类也更加丰富多样，而且每一种类都取得了不亚于小说创作的成绩。也因此，如果说路遥、陈忠实更多情况下只能被称为作家，而贾平凹在某种程度上却是可以被称为一名艺术家的。

　　之所以说贾平凹是一名艺术家，就在于他身上浸透着中国传统文人的精神品质。中国传统文人大都多才多艺，琴棋书画样样精通，在才艺双全这一点上，贾平凹也毫不落后。据我了解，贾平凹的书法和绘画在业界是很有一些影响的，尤其是书法，更是造诣深厚，甚至说贾平凹是一名非常优秀的书法家都不为过。他的画也很有特色，以拥有奇特的想象力而著名，他没有经过绘画方面的科班训练，但中国美术出版社却给他专门出版《贾平凹画集》，由此即可见他绘画之魅力所在。当然，相对于文学创作，书法也好、绘画也罢，不管多具特色，多么突出，都只能算在贾平凹的"副业"里边，文学，才是他真正的"主业"。现代文学有五种文体：小说、诗歌、散文、报告文学、戏剧，这五种文体中的小说、诗歌、散文，贾平凹都有所涉猎。我们都知道贾平凹是小说大家，散文大家，但是很少有人知道他其实还是一位优秀的诗人，陕西师范大学就曾出版过他的诗集。至于散文，就更无须多言了。贾平凹在散文领域所取得的成绩，是学界有目共睹的，甚至有人认为他的散文比小说好，而且他的多篇散文被选入中小学教材，足见他散文创作成就之高。不过，在我个人看来，贾平凹写得最好的还是小说，我还是更愿意把他看成是一名杰出的小说家。截至目前，贾平凹在大陆公开发表或出版的长篇小说作品已达18部之多。对此也有人争议，觉得贾平凹小说创作速度之快，数量之多，作品质量会不会无法保证。产生这样疑问的主要原因就在于我们总是习惯性地把创作所用时间的长久作为评价一部作品优劣的标准，我们总是给"十年磨一剑"以更多的认同，而对"妙手偶得之"却心存偏见。其实评判一部作品的好坏，单从作者创作过程的耗时量是毫无意义的。要想知道一部作品到底是好还是不好，最简单的办法就是走进作品，阅读作品，在阅读中体味它的语言特色、叙事技巧、思想内涵等等，并在忠于自己阅读感受的基础上做出相关判断。至于作品的创作时间，这个是因人而异的，不同的作家有不同的写作方式，一个作家与一个作家的写作状态也不尽相同。对于贾平凹来说，写作就是"我有使命不可息"，写作是他的生存方式，也是他的生命意识。在写作中，他拥抱万物，"身所盘桓，目所绸缪，以形写形，以色貌色"，为文坛贡献了一部部优秀的文学作品。再加上南北文化的碰撞交融，使贾平凹看待天地万物的心态也更加包容、开阔，在他的写作世界中，真可谓"山河扶绣户，日月近雕梁"，"天地入吾庐"。他企图在小说创作中涵容全部的生命，用文学的方式开拓、润养自己的灵魂，以求成就一番诗意人生、艺术人生。对于文学创作来说，并不是说写得时间越长，这个作品就越好，写作速度、写作时间与作品的思想艺术高度是不成正比的。有的人写作慢，10年才能写出一部长篇来，有的人写作就是快，常常一部作品接着一部作品，但只要他们的作品具备相当高的思想艺术水准，就必须得到充分的肯定。这方面最典型的例证，即是陈忠实和贾平凹。陈忠实一辈子只写了一部《白鹿原》，而贾平凹却著作等身，但是我们在评价他们作品的时候，却既不是以作品数量为尺度，也不是以创作速度为准绳，而是以作品本身所凝聚着的思想艺术品质来进行评价的。因为对贾平凹来说，他可能就是思如泉涌，对这个世界总是有话要说，他有好多对生活的发现，对生命的感悟，都要通过小说的形式呈现出来。我就经常在想，也会和朋友探讨，对于贾平凹来讲，他最怕的是什么呢？我们讨论的结果总会不约而同地一致，那就是，贾平凹的最怕，恐怕就是剥夺他写作的权利。笛卡尔的哲学命题是"我思故我在"，而贾平凹是"我写故我在"。从《废都》的众声喧哗，到《秦腔》与茅盾文学奖结缘，再到《山本》的从容淡定，截至2020年发表在《当代》杂志的《暂坐》，不知不觉间，贾平凹已经为文坛贡献了18部长篇小说，而且每一部都堪称经典，影响广泛。更为重要的是，这一路走来，贾平凹都在不断的自我超越中寻求着艺术的突破，生命的突破。那么，到目前为止，哪一部小说是贾平凹最优秀的作品呢？这个问题也许在当下短时期内还不能找到很好的答案，因为它是需要时间来证明的。但是按照我个人的理解，觉得到目前为止，在贾平凹的长篇小说作品中，以下四部是最值得关注的，我甚至曾开玩笑地说它们是贾平凹的"四大名著"，那就是《废都》《秦腔》《古炉》和《山本》，当然这只是我个人一点粗浅的理解与看法，仅代表我个人的意志。

此外，不得不说的就是贾平凹小说的语言特色，贾平凹不愧为中国当代最得汉语神韵的作家之一。在中国，由于有着不同于西方的独特的审美范畴，抓住了汉语的神韵，也就抓住了文学创作的灵魂。因为中国的文学作品历来注重的都不是情节，而是传神，传神可以说是中国几千年的艺术精髓之一。从汉语写作的角度来说，语言是非常重要的一个方面，一部中国现当代文学史上，能被称为文体家的作家其实是屈指可数的，但贾平凹毫无疑问就是其中之一。

之所以会选择以上三大家，是因为到目前为止，他们都有经得起时间考验的作品存世，这也足以证明与他们相关的那些研究也同样具有不容忽视的价值和意义。《平凡的世界》从1986年首次出版至今已有36年，《白鹿原》和《废都》都是1993年问世，距今也有将近30年了。这就意味着像路遥的《平凡的世界》、陈忠实的《白鹿原》、贾平凹的《废都》这样的作品，它们已经经过了30多年时间的检验和历史的淘洗，已经基本完成了一次初步的文学经典化的过程。也就是说一部小说它在问世30年之后，还有人在关注，在阅读，在研究，那就说明它有被阐释的空间，有存在的意义和价值。如果再过30年、50年，仍然还有人去关注路遥、关注陈忠实、关注贾平凹，关注《平凡的世界》、关注《白鹿原》、关注《废都》，那它们就是真正的经典了。就像鲁迅的小说《狂人日记》一样，从1918年最初发表到现在已经跨越100多年了，在经过100多年的时间检验以后，仍然被大家热切地关注着，讨论着，这就说明它已经成为中国文学史上、中国小说史上的经典。经典不是自封的，它是由读者、研究者和时间来判断的。

行将结束本文之前，我还想做一点最后的声明：虽然本文是从文化地理学的角度切入，对陕西文学三大家做了一个粗浅的梳理考察。但需要注意的是，一方面我们固然要强调文化地理因素对作家创作的潜在影响和制约，这是一个不容忽视的客观现实。但另一个方面，我们也要避免陷入到简单的文化地理决定论的窠臼当中，不能简单地从"一方水土养一方人"的观念出发，认为一个地方的作家他就肯定会成为一个什么样的状况，没那么简单。无论如何，简单的文化地理决定论，这个观点是不可以有，也是不成立的。

我们只能讨论一定区域的文化地理环境在多大程度上会影响到一个作家的文学创作，这只是一种思维方式，一个认知路径，但并不等于说单纯的文化地理环境就能决定一个作家的整体创作状况，它只是其中的一种因素而已。

（作者单位：《小说评论》编辑部）

共名歌唱与个性独舞[*]

——以《创业史》为例论柳青对十七年文学的超越

韩　蕊

内容提要：柳青小说《创业史》具有十七年文学创作共有的时代特征，小说奠基并滋养了陕西当代文学，在今天仍能引起学界的研究兴趣，自有其独特的个性文学魅力。它以时代生活为创作主题，在表现阶级斗争同时展现乡民多元矛盾冲突；关注乡村底层民生，塑造的时代英雄梁生宝有高大全之嫌，其他艺术形象则立体丰满，性格具有变化和发展；小说思想的深刻性与叙事的文学性相结合，超越了同时代的同类题材作品。

关键词：《创业史》；时代特征；个性风格

作为十七年文学的经典代表之作，柳青《创业史》不可避免地烙有时代印记，其写作秉承毛泽东《在延安文艺座谈会上的讲话》精神，小说洋溢着浓烈的革命理想主义，浅显的文字与生活化的语言均体现着文艺为大众服务的宗旨。然而，在众多的十七年小说小说当中，《创业史》能够奠基陕西文学，启迪滋养陈忠实、路遥等一批陕西作家，并为学界所持续关注，自是有其时代共名之外的决定性因素。究竟是什么使得这部描写合作化到初级社，充满了时代特征的长篇小说今天读来仍令人感动？作家又是以怎样独到的文学风格，超越了时代局限，使作品呈现出永久的文学魅力？

---

* 基金项目：陕西省社会科学基金项目"建国 70 年陕西小说青年农民形象流变研究"（2021H004）研究成果。

一、阶级矛盾与多样冲突

1950 年代的合作化运动及农业社的建立是我党在建国初期农村工作的重中之重，作为党的优秀干部，柳青积极投身到这一在当时看来是伟大的社会变革当中。1952 年 9 月，柳青以长安县县委副书记身份参与到皇甫村的农村工作中，而作为作家，他的文学创作则是对自己工作生活环境的真实反映，是一种与彼时政治意识形态及社会结构同构化的叙事，即以文学话语描述这种新型社会建构的合理性与必然性。而新制度的建立必然要消除与之相对立的旧秩序，合作化运动正是土地改革成果的承接和进一步发展，土改中贫农与地主富农的矛盾也必将有所延续。《创业史》中贫农与富农进行了不可调和的阶级斗争。作为小说主人公的贫农梁生宝以私谋公、公而忘私，为合作组买稻种节约每一分钱，还倒贴自己的工时，分稻种又是先人后己最终自己不够了；富农姚世杰则为保住自己的财富藏粮卖粮，变换方式剥削他人，以老婆坐月子为由雇用栓栓媳妇素芳，并趁机胁迫通奸。富农从经济来源到个人品德均是卑鄙低劣的，他们时刻梦想着回到过去自己的好日子。小说描写两者面对面的冲突并不多，但其间的对比却是黑白分明的。十七年文学二元对立式的思维和书写方式，好人身上全是优点，坏人则一无可取之处的特点，在《创业史》中也以共名状态呈现，这是十七年文学共有的时代徽章。

柳青认为，小说"作品不是故事发展过程，不是事件发展过程，不是工作和生产过程，而是人物的发展过程，是人物思想情感的变化过程，是作品中要胜利的人物和要失败的人物，他们的关系的变化过程"[1]。《创业史》以丰富的笔墨为我们展现了乡村社会结构的历史变革，但作家更为关注的是变革中的各阶层的人，以及他们之间错综复杂和发展变化的关系。如果我们把《创业史》作为一部改革小说来看，阶级斗争就变成了变革派与失利派的冲突，富农姚世杰与中农郭世富等在合作化中丧失了以前的既得利益和优越的社会地位，他们必定要与代表新生力量的梁生宝们较量一番。除了这个主要的不可调和的矛盾之外，《创业史》还表现了众多人物间多层次的冲突关系。新阵营中就存在着先进与落后、公德与私欲的摩擦。梁生宝与郭振山同样是共产党员，且后者工作能力强群众声誉好，但当土改完成后，郭逐渐丧失了当初的锐气，敷衍和逃避生产队事务，甚至猜疑埋怨梁生宝，坐等看年轻人的笑话。究其原因是私

---

[1]　柳青：《在陕西省出版局召开的业余作者创作座谈会上的讲话》，收录蒙万夫等编《柳青写作生涯》，百花文艺出版社 1985 年版，第 107 页。

心作祟，在拥有自己的土地之后一心想着个人的生活和小家庭的富足。因为同是党员，顾全大局的梁生宝表现出对彼此摩擦的尽量宽容和忍让，尊敬这个自己的入党介绍人。

所有的变革都不是一帆风顺的，虽有国家政权作为强有力的保障，农村改革的先锋仍然会有来自各个阵营的阻力，相较于尖锐对立的敌我矛盾，描绘新事物与旧传统矛盾的艺术叙述，或许具有更为深刻而久远的思想艺术和审美价值。土地改革、合作化等制度方面的革命，可以借政权的力量以近乎强制的方式快速实现，而人生活与生存的思想意识，特别是千百年来形成的传统观念及沿袭的风俗习惯，以及由此积淀而形成的文化心理结构，则很难在短时期内改变。于是小说中出现了梁生宝与继父梁三老汉的戏剧冲突，这种冲突又因前者毋庸置疑的优势而呈现出喜剧色彩。在顾大家还是管小家的不同选择中，最终是梁生宝所代表的时代精神和党员境界占了上风。梁三老汉在埋怨儿子全身心为公家而不管自己小家创业时，梁生宝是冷处理，让老人在事实面前自己发生转变，最终认可年轻人的选择。相较于和姚世杰、郭世富的暗斗，梁生宝父子的争执是村民们有目共睹的，与姚世杰的尖锐斗争中，加入与梁三老汉的喜剧冲突，紧张沉重的话题显得轻松许多，小说因此充满张力，叙事节奏也张弛有度。

即使新事物内部也不是风平浪静的。梁生宝与改霞的爱情美丽而脆弱，他们之间有着人尖子的互相吸引，但也恰是共有的骄傲使彼此擦肩而过。与改霞爱情的短暂和决然只是衬托出梁生宝一心为公的高尚品质，最终由刘淑良这个完全是女版梁生宝的形象代替改霞，解决全书中最重要的情感纠葛，他们组建的革命家庭一定使梁生宝以双倍于从前的精力，投身到蛤蟆滩的农业建设中去。其实这里仍然是白玫瑰或红玫瑰、母亲型或女儿型妻了的问题，以梁生宝的社会主义新人形象，他注定是要与白玫瑰或母亲型妻子结合，英雄的一切都以革命工作为中心，个人的儿女情长从来不占优先地位。柳青为此做了极好的注解："除了他们的理想，他们觉得其他的生活简直没有趣味，为了理想，他们忘记吃饭，没有瞌睡，对女性的温存淡漠，失掉吃苦的感觉，和娘老子闹翻，甚至生命本身，也不是那么值得吝惜的了。"[①]

《创业史》以梁生宝为中心构筑了多层人际关系，放射状的多元化冲突最终形成小说矛盾多方向的张力，丰富了小说内容，也显示出小说的别具个性，在众口一声的共名时代书写了自己的个性见解。

---

① 柳青：《创业史》，陕西人民出版社 1991 年版，第 91 页。

二、高大全式英雄与多元动态群像

一部经典的小说总会有一批艺术形象长留读者的心里，《创业史》也不例外。陈忠实这样评价《创业史》里的人物："截至今天，《创业史》里头的那个梁三老汉、郭世富、姚世杰、梁生宝、徐改霞，依然在我的脑子里栩栩如生，作为中国乡村的典型人物，似乎还没有哪部作品能把这些人物掩盖了，更别说抵消了。"①

早在《创业史》出版之初，冯牧、邵荃麟、严家炎等人就先后发表了讨论梁生宝及梁三老汉形象的文章，作者柳青也亲自撰文商榷，讨论得激烈，触及各种不同的观点，却都不妨碍梁生宝这个承载着作家全部理想、热情和喜爱的年轻人，成为当代文学人物长廊中的经典——一个大公无私带领群众走社会主义道路的新人形象。在柳青心目中，梁生宝不仅是小说结构的最重要因素，而且还是作家的审美主体，是作家的历史观和世界观的载体，《创业史》塑造的时代英雄完全印证了无产阶级是人民群众中的先进群体，只有他们才是可以依靠的社会主义建设的中坚领导力量。如十七年文学中的所有主人公一样，梁生宝性格和品质的突出特点是高大全，零缺点无缺憾的完美使他须仰视才见，不要说蛤蟆滩再找不出第二个，读者自己也只有赞叹而不敢苟同。梁生宝是出离一般人群的，惟其如此才成其为英雄，被母亲以拖油瓶方式带到继父家里，多少会有些自卑，继父的关爱又使他健康地成长，在成为预备党员后一心扑在集体的事情上，甚至选择终身伴侣也是首先要有利于互助合作工作的开展。

时代共名下的主人公高大却同时呈现出单一扁平，倒是其他次要人物形象因"缺点或不足"及复杂多元而显得立体丰满，且前后呈现动态的发展变化。在讨论梁生宝的同时，严家炎先生就认为梁三老汉是小说中最成功的典型人物，因为"艺术典型之所以为典型不仅在于深广的社会内容，同时在于丰富的性格特征，在于宏深的思想意义和丰满的艺术形象的统一，否则，它就无法根本区别于概念化的人物"②。作为根植于中国社会历史文化思想土壤之中的梁三老汉，其性格及思想在柳青笔下是连泥带水的，是和作家生活在一起血脉相连的最熟悉的乡村农民，柳青曾表示"两种社会的交替我想在梁三老汉的身上体现出来……几千年封建的传统意识，改造起来十分困难。生产资料的重新分配，在短时间内可以实现，农民思想意识的改造就不那么简单，是个十分艰难漫长的

① 陈忠实：《我读〈创业史〉》，《秦岭》2009 年冬之卷。
② 严家炎：《关于梁生宝形象》，《文学评论》1963 年第 3 期。

过程"①。梁三老汉的底色是善良，自从将宝娃母子引进家门，他就像生父一样爱着这个孩子，为他的每一步成长而激动，他对于梁生宝的父爱也是造就后者大公无私的一个主要因素。梁三老汉从自私固执到乐于奉献，不计报酬也要帮助初级社饲养牲口，性格的多面与发展是"意识到的历史深度"和"细节的真实性"的完美结合，在丰富蛤蟆滩人物群像的同时增添了小说的阅读趣味。新旧并存的性格历来是小说人物成功的重要法宝，《家》中的高觉新、《四世同堂》中的祁瑞宣等等均是因为新旧交替而呈现出性格的复杂与多面，并在文学史上留下足迹的。柳青用细腻而深刻的笔触描摹出了梁三老汉在历史巨变中的迟疑摇摆，以及他摆脱摇摆走向新生的历史必然性，立体、发展的人物性格使梁三老汉可触可亲。

改霞是另一个作家着墨较多的形象，从纯真骄傲、勇敢幼稚到成熟自信，这个人物一开始就吸引着读者的目光，后来却与梁生宝劳燕分飞，人们在遗憾之余就对改霞颇有微词，实际上柳青根本就是要"打破英雄配美人的传统表现方法，在我的书里英雄和美人没有结合，因为他们有不可调和的矛盾"②。其实恰是这不可调和的矛盾使得徐改霞的形象具有了光彩。拥有坚强内心，认定道路就一直走下去是改霞的性格，这样的性格必定不会逆来顺受隐忍生活，在感情狂欢过后，面对实实在在的锅碗瓢盆的时候，二人间真是有不可调和的矛盾，所以改霞的离开是明智的选择，由此也可看出她的聪明和作家的尊重生活现实。无独有偶，后来路遥在《平凡的世界》中对于孙少平和田晓霞的感情也做了同样的处理，只不过田晓霞更富于理想化，最终只能用意外事故来结束和礼赞她的生命，而男主人公都是和结过婚的温婉女性在一起，应该说这其中有着《创业史》的深刻影响。

关于郭振山，作家塑造这个人物的目的，是要表现共产党掌握政权以后，党内一些不好的倾向和党员身上一些不好的东西。土改中的大能人、轰炸机，互助合作时完全没有了当时的锐气，甚至故意给梁生宝使绊子，到最后因利益与姚世杰同流合污，也正是郭振山的形象反衬出了梁生宝的纯粹与可贵。其他如有万、高增福、欢喜、任老四、素芳等等，着墨不计多少，无不形象丰满个性分明，相较之下梁生宝、刘淑良倒是比较扁平，或许用心最多效果不一定最好，松弛的心态更容易塑造充满生机的艺术形象。

正如本节开头所引陈忠实的话，《创业史》中这些复杂多面的人物今天看来仍是栩栩如生，作家尊重生活的现实主义使得小说获得了超越性，在那个众声合唱的共名时代，跳出了作家最具魅力的个人独舞。

---

① 刘可风:《柳青传》，人民文学出版社 2016 年版，第 407 页。
② 刘可风:《柳青传》，人民文学出版社 2016 年版，第 410 页。

三、思想的深刻性与叙事的文学性

和大多数十七年作家一样，柳青的身份首先是国家干部，从 12 岁加入共青团到 1938 年进入延安，一直到 1978 年去世，他忠诚于党忠诚于人民。写作《创业史》时，柳青担任长安县县委副书记，全程参与了皇甫村的农业建设，经历了从合作化到初级社高级社的变革，他热爱身边这群质朴的农民，他的创作可以称为是真正的底层写作。他关注的对象是中国最底层的乡村农民，甚至是农民中赤贫的弱势群体，他的书写重点却不在展示这一弱势群体的生活苦难和生存艰辛，而是更关注他们的精神层面，通过对底层民众底层生活的深度挖掘，展示乡村民众在适应和推动社会变革中不断自我完善与提高的精神历程。为写好底层，柳青直接生活在所要表现的对象中间，放弃相对优越的城市生活环境，举家迁往长安县皇甫村，这不是文艺工作者一般性的体验生活，而是真正地扎根乡土民间。作家与周围农民建立起血脉亲情，感同身受地了解他们的生存生活状况及内心思想感情，甚或站在农民的立场看待和思考党的各项政策，特别是互助合作化运动。对党建设事业的忠诚、与农民心灵相通的情感和立场，以及自身的深厚的文化素养，使得柳青对于农村问题的思考较其他作家要深入和透彻，看到农民接受新事物抛弃旧传统，特别是克服自身功利私欲小农思想时精神转变的阵痛和艰辛，及时发现政策执行过程中的过火行为或疏漏之处。对农民的血脉亲情使得在作品出版时，柳青也考虑到了农民的需要，一定要有简装本，方便他们购买和阅读。

以《讲话》精神为主导，《创业史》无论是梁生宝这一正面新人典型形象的塑造，还是关于合作化运动的系列深入思考，都显示出柳青高度的革命热情，小说以革命的发展的观点，从矛盾斗争的视角去观察生活，描写生活，揭示生活的本质及其趋势。但在饱含革命热情表现时代前进趋势的同时，作家尤其重视现实主义的真实性原则，柳青认为"虚假的都是张狂的，也是一时的；真实的都是朴素的，也是永久的"[①]。他的写作的确是朴素的，更是真实的。《创业史》的写作紧贴乡村民生，书中的主要人物都有生活原型，作家自己也化身其中的杨书记。初读《创业史》，陈忠实就震惊了："梁三老汉、梁生宝、郭世富、富农姚士杰、改霞，这一茬人物，我在我们那个村子一个一个都能找到相对应的形象。我的这个村子和柳青的那个村子相隔大概也就是六七十里路。越到后来我越相信，《创业史》的人物在任何一个村子都能找到相应的生活人物。"[②] 为了人物形

---

① 柳青：《狠透铁》，《柳青小说散文集》，中国青年出版社 1979 年版，第 324 页。
② 陈忠实：《我读〈创业史〉》，《秦岭》2009 年冬之卷。

象的准确和性格发展的逻辑真实，小说着重表现了生活细节的真实细腻。改霞去找秀兰，从秀兰妈的搭腔上就听出老人家并没有生她的气；梁三老汉穿上里外全新的厚实棉衣暖和得行动起来笨手笨脚，对继子梁生宝有意见，却想着趁生宝不在家正好大闹他一场；郭世富在籴粮时买卖双方手藏在草帽下捏手指搞价钱；梁大在把大黑马交到社里合槽时，将皮缰绳换成了旧麻缰绳；特别是人们耳熟能详的"梁生宝买稻种"一节，梁生宝舍不得吃干面，五分钱买碗汤面，要两碗面汤就着母亲给烙的馍，解决了吃饭问题；雨中行走的梁生宝头顶一个麻袋，身披一个麻袋，为省住宿钱，来到火车站售票处，"生宝划着一根洋火，观察了票房的全部情况。他划第二根洋火，选定他睡觉的地方。划了第三根洋火，他才把麻袋在砖墁脚地上铺开了"[1]。主人公心系集体、醇厚朴实又不失细致的形象，正是在这众多的鲜活细节中跃然纸上。这些细节都是通过人物的感觉和人物的心理来表现的，作家在作品中把自己"变成这个人物"，柳青常常一个人在书房里扮演各种角色，揣摩人物心理，琢磨情节细节。关于细节他有自己独到的见解：

> 艺术的永恒，是细节的永恒，那么细节就既要生动，也要丰富。生动，就是说细节活生生的，每一个细节都合乎人物的性格和场景的内部特征，虽然这是作者经过安排、移植和改造过的生活，但读者看起来就像真的发生过一样，它要经受住最熟悉被描写对象的那些人的推敲。丰富，不是作者挖空心思找细节，而是细节排着队让作者选择哪些是典型的东西，这一切都必须有作者丰富的生活积累做基础。[2]

所有《创业史》细节的真实和丰富直接反映了柳青对于乡村农民及其生活的极度熟悉，也直接呈现了作家对于这一底层群体的同一立场和深厚感情。

柳青《创业史》的语言极具个人特色。小说语言呈现出双重特征，即人物语言的口语化通俗化地域化性格化，和叙事语言的热情诗意与深刻哲理的相互掺杂。前者是作家细腻敏锐观察力的表现，梁三老汉的形象主要是通过他又实在又风趣的语言来塑造的，对于继子梁生宝的称呼的从亲切关爱的"宝娃"到讽刺的"梁老爷""梁伟人"再到后来尊重的"梁主任"，展示了他思想的前后转变；向卢支书告梁生宝的状，没有被认可："'看看看！'老汉摊开了两只树根手，'我说你们在党的是一家人，一点没说错！一家人看见一家人亲嘛！你们说话一个调调，你们全姓共，是不是？'"[3]不满意任老四喂养牲口的

---

① 柳青：《创业史》，陕西人民出版社1991年版，第87页。
② 刘可风：《柳青传》，人民文学出版社2016年版，第180页。
③ 柳青：《创业史》，陕西人民出版社1991年版，第255页。

水平,知道社里没有其他人可用,主动请缨:"'为啥不寻我呢?'梁三老汉非常惋惜地说,'你的眼睛总是看远不看近,我比他们谁都合适嘛。早知道你们社委会有这困难,我自报也要当这饲养员!'"①偏激执拗而又可亲可爱的形象闻其声如见其人。

叙事语言则渗透着作家深厚的文学素养,特别是西方文学影响巨大,柳青大量地阅读过中西文学名著,仔细研究作家的创作手法,自己写作中遇到瓶颈,便干脆停下来重新进行研究性的精读,寻找突破的途径和方法。除了小说结构和人物塑造有所借鉴外,语言也深受影响。一是善于景物描写,如描绘渭河平原春景一段,诗情画意,极富美感:

> 渠岸、路旁和坟地上的迎春花谢了,肥壮而且显得挺大方的蒲公英开了,温柔而敦厚的马兰花啊,也在路旁讨人喜欢哩……庄稼院周围的榆、柳、椿、槐,汤河两岸的护地白杨,都放出来鲜嫩的光彩。庄稼人们出外做工的,出外做工去了;搞副业生产的,搞副业生产去了;爱看戏的,成天在周围的乡镇上赶会去了。整个蛤蟆滩田野间的花绿世界,变成各种羽毛华丽的小鸟嬉戏的场所了。百灵子、云雀、金翅、画眉……统统处在恋爱阶段;南方来的燕子,正从稻地水渠里衔泥,筑巢;而斑鸠已经积极地嚼柴垒窝,准备孵卵了。②

二是小说叙事语言的热情高热度强,强烈的参与意识使得小说常常出现极富哲理的旁白式议论,最脍炙人口的便是"人生的道路虽然漫长,但紧要处常常只有几步,特别是当人年轻的时候"③。甚至直接抒发自己作为叙事者的感慨,在写到梁生宝买好稻种归来时,难以抑制对于笔下人物的喜爱而赞美"这个身强力壮的小伙子"④!这一特点深深地影响了后来陈忠实和路遥的小说创作。

思想的深刻性和叙事的文学性,使《创业史》超越了同时代的其他作品,扎实的文学功底和良好的文化素养使柳青截然有别于"一本书作家"。十七年文学创作主体是党的文艺工作者,相较于五四时期成长起来的学者型作家,这些从革命到文学的文艺战士普遍文学素养有欠积累,小说创作可谓从事底层书写的多,而具有深厚文学功力的少,"一本书作家"的作品看起来是及时地反映了时代生活,也能引起一时的关注式阅读热潮,但是,文学魅力的缺乏要么使作品无法长时期持续阅读或反复阅读,要么很难再创作出

---

① 柳青:《创业史》,陕西人民出版社1991年版,第709页。
② 柳青:《创业史》,陕西人民出版社1991年版,第283页。
③ 柳青:《创业史》,陕西人民出版社1991年版,第213页。
④ 柳青:《创业史》,陕西人民出版社1991年版,第92页。

第二部经典之作。《创业史》在同样的时代出现，直到今天仍在引起学界的关注和热议，打破了共名状态下时代性和久远性相矛盾的普遍定律，不能不说是作家极具个性的文学魅力使然。

（作者单位：西安建筑科技大学文学院）

文献与问题：关于中国现代文学文献学的若干观察与思考

易　彬

内容提要：从整个中国现代文学研究的局势来看，现代文学文献学的知识理念也已成蔚然之势，新成果层出不穷，令人欣喜。笔者近年来一直致力于中国现代文学文献学的理论建构与实践形态相关研究。本文是基于笔者所关注的新材料的发掘、书信的整理、口述的采集、版本的校勘、年谱与传记的编撰等方面的文献中所遭遇的问题，来谈论如何从理论建构与实践形态这两大层面来把握中国现代文学文献学的相关问题。

关键词：中国现代文学；文献；问题；理论建构；实践形态

2013年的时候，当时我手头上已经完成了作家年谱、评传和综合研究等著作，诗歌版本编年汇校类著作出版在望，作家口述类著作已经成形，大部头的作家往来书信集也开始整理，而从整个中国现代文学研究的局势来看，现代文学文献学的知识理念也已成蔚然之势，新成果层出不穷，令人欣喜。正因为受到多方因素的鼓动，有了"中国现代文学文献学的理论建构与实践形态研究"这么一个体例宏大——实际上也是过于宏大的选题。如今，从理论建构与实践形态这两大层面来把握中国现代文学文献学的工作，还远未到可以归结的时刻，所以，这里主要就是从个人这些年来的研究实际和所遭遇的种种"问题"说起。①

---

① 本文为《文献与问题：中国现代文学文献研究论衡》（社会科学文献出版社，2020年）一书的导论，此次在出版稿的基础上有所修订。又，因是导论，部分文字有评述性质，所涉观点或材料，因见于本书中，此次未一一注明。

就文献形态而言，这些年来我更多关注的是新材料的发掘、书信的整理、口述的采集、版本的校勘、年谱与传记的编撰等方面——最近几年来，因为曾在世界汉学重镇荷兰莱顿大学访学的缘故，对荷兰汉学以及中国文学域外传播、中外文化交流方面的文献也有较多关注。当然，在具体研究之中，也还会涉及其他领域。如下所分若干板块，不过是为了论说方便所做的大致归类而已。

一、新材料与新问题

"全集不全"是一个普遍的现象，辑佚可谓作家文献整理的常态性工作；而随着各类书刊资料、作家专题文献的持续整理，"新"的东西总会浮现出来。对于此类现象，我更愿意从"新材料与新问题"的角度来看取。陈寅恪在《陈垣敦煌劫余录序》中尝言："一时代之学术，必有其新材料与新问题。取用此材料，以研求问题，则为此时代学术之新潮流。治学之士，得预于此潮流者，谓之预流（借用佛教初果之名）。其未得预者，谓之未入流。此古今学术史之通义，非彼闭门造车之徒，所能同喻者也。"[1] 就总体而言，现代文学文献学乃是"此时代学术之新潮流"，一位研究者要撞上"敦煌劫余录"那般能引发"新潮流"的"新材料与新问题"，断不是易事，但扎扎实实地从文献入手，乃是学术之基本要义。发现一件或一批新的材料或不至于即刻改变局势，但经年累月，持续推进，当能终有所获。

我个人这些年所搜集的文献，如作家档案卷宗、成形的作家口述资料、为数巨众的书信以及所发掘的报刊资料、作家集外文等，从比较宽泛的意义来看，均可谓之为"新材料"。即以档案为例，其特别效应已经得到学界的认可——且不说各类零散的档案材料在坊间受关注、为买家们所热捧的程度，最近一二十年来，作家档案材料的处理业已呈现出新的动向，被收录作家全集或专题出版，其中如较早出版的郭小川的检查交代（小传、自我鉴定、检查交代等）和批判会记录，共有40余万字[2]；新近出版的《冯雪峰全集》（2016年）用两卷篇幅收录的"外调材料"，更是多达80余万字。这些被认为是"具有重要历史研究价值的学术研究史料"，"标志了二十一世纪中国人对待历史文化遗存态度的进化"[3]；"有助于更切近地了解这一时期文学和作家的历史处境，和文学的'生成

---

[1]　陈寅恪：《金明馆丛稿二编》，上海古籍出版社1980年版，第236页。

[2]　郭小川：《郭小川全集·补编》，广西师范大学出版社2000年版；郭晓惠等编：《检讨书——诗人郭小川在政治运动中的另类文字》，中国工人出版社2001年版。

[3]　王锡荣：《虽是交代材料，也有史家品格——从〈冯雪峰全集〉收录"交代材料"谈起》，《文汇报》2017年1月17日。

方式'的性质"，推动"'当代文学'研究的改善和深化"。① 我个人较早时候将搜集到的
较多穆旦档案编入《穆旦年谱》（中国社会科学出版社 2010 年），新近又结合原本应归入
档案卷宗、但已流散坊间的几批材料，作《从新见材料看穆旦回国之初的行迹与心迹》
（《扬子江评论》2016 年第 5 期）、《"自己的历史问题在重新审查中"——坊间新见穆旦
交代材料评述》（《南方文坛》2019 年第 4 期），相关讨论均引起了一定的反响，亦可见
作家档案受关注的程度。

　　基于此，就实际写法而言，我个人处理"新材料"的主要旨趣是试图借此"以研求
问题"，即将其放置相关文学史问题之中加以讨论。如《战争、历史与记忆——兼谈中国
现代文学与现代历史互动的新动向》（《创作与评论》2016 年第 22 期），借助近年来的一
些肖像展、口述史、历史遗迹的田野调查、重见天日的历史图片以及借由新的历史语境
的激发而衍生的小说，揭橥了若干重新进入历史的路径以及现代文学与现代历史的互动
这一老话题的新动向。《集外文章、作家形象与现代文学文献整理的若干问题——以新见
穆旦集外文为中心的讨论》（《文学评论》2017 年第 4 期），即从个人集外文的状况拓展
到中国现代作家文献的搜集与整理工作方面的诸多问题：较多集外文的存在意味着作家
的既有形象面临着新的调整；而辑佚成果的较多出现则孕育了文献学工作的新动向。较
多穆旦集外文既能揭示地方性或边缘性报刊之于文献发掘、时代语境之于个人形象塑造
与文献选择的特殊意义，也能凸显文献权属、历史认知等方面的话题。又如《新时期以
来翻译出版事业的见证——关于施蛰存与彭燕郊通信的初步考察》（《扬子江评论》2016
年第 3 期），以新发现的彭燕郊致施蛰存的九封信为出发点，勾描了两人之间并不为人所
熟知的交往情况，呈现了新时期以来文学翻译事业层面的诸多内涵，最终则是指向往来
书信集与作家间"互动行为"的研究——对于作家间"互动行为"的关注也是一种比较
重要的学术动向，即在面对文学现象时，不能止于"文坛掌故、文学谈助或名人轶事之
类"，而应"回到一个朴素的原点，重新定义文学活动的性质及其与作家自身、和他人和
社会到底是个什么样的关系"，应对作家（们）的文学行为展开"实存分析"，进而探究
其"文学史意义"。② 从"关系"的梳理到"文学史意义"的获取，此一过程将进一步凸
显问题，打开更多的研究路径。

　　不嫌夸张，本书以"文献与问题"为题，亦是包含了以"新材料"来"研求问题"
的含义。

---

　　① 　洪子诚：《历史承担的意义》，郭晓惠等编：《检讨书——诗人郭小川在政治运动中的另类文字》，中国工人
出版社 2001 年版，第 362—365 页。
　　② 　解志熙：《相濡以沫在战时——现代文学互动行为及其意义例释》，《新文学史料》2011 年第 3 期。

二、版本与校勘

对于版本的关注是传统学术的基本要义之所在。现代文学文献整理与研究在此一方面显然一度多有失范之处，其中亟待解决的问题主要体现在两方面：一方面，文献整理缺乏相对统一的规范，相当部分的作家作品集，特别是多卷本文集或全集没有得到非常规范的校理，缺乏前后一贯的版本原则，或必要的校注说明。另一方面，实际研究也多有失范之处，缺乏精确的版本原则，不加区分地对待一个作品的不同版本，任选一个版本所得出的结论却是统指性的，将有损"批评的精确"或导致"阐释的混乱"。为现代文学研究提供扎实可靠的文献基础、在文献使用上把持必要的规范与尺度乃是当务之急。

金宏宇教授对于现代文学文献复杂的版本状况的勾描和论断值得特别注意：传统意义上的"版本学"视域"很难让我们去发现版本的文学特性"，"版本批评"则可以"把版本研究延伸至小说批评之中"。为了使现代文学研究"真正具有有效性和严谨性"，要确立三个基本的版本原则，即在文学批评或单个作品的研究中，要具有版（文）本精确所指原则；在文学史的写作中，应秉持叙众本原则；在文学作品的经典化过程中，应遵从新善本原则。①

我目前所做此方面工作兼有版本和校勘的双重含义，已成形的著作即《穆旦诗编年汇校》（北京大学出版社 2019 年），旨在集合所掌握的穆旦诗歌的全部版本进行汇校。现代重要作家之中，穆旦是一个对写作反复进行修改的诗人——或可归入最勤于修改的诗人之列。目前所见穆旦诗歌总数为 156 首，存在异文的将近 140 首，异文总数超过 1600 条——几首改动特别大、近乎重写的作品如《神魔之争》《隐现》等，尚不在其列，所涉范围之广、版本状况之复杂均可见一斑。进一步看，穆旦诗歌的修改行为主要发生在 1940 年代，放诸 20 世纪中国文学这一更大的语境，此一行为并不具备时代典型性。最典型——最能见出时代因素的修改主要发生在新中国成立之后，"在修改的问题上，1950 年是一个分界线"，作家"修改旧作的主要动因，是为了迎合一种新的文学规范，表现新的国家意识形态"，"是有知识分子的改造运动作为背景的"。②换言之，对于 1940 年代的穆旦而言，并没有如后世写作者那般承受着强大的历史压力，其修改动因主要是基于诗艺层面的考虑，即追求一种更为完善的诗学效果。循此，不妨将穆旦诗歌的修改行为称为一种典型的诗人修改，正如研究者所指出的，穆旦对于语言"高度敏感"，其"精致

① 金宏宇：《新文学的版本批评》，武汉大学出版社 2007 年版，第 55—63 页。
② 金宏宇：《中国现代长篇小说名著版本校评》，人民文学出版社 2004 年版，第 8 页、第 18—19 页。

的打磨、锻炼的功夫"，"与卞之琳所谓的中国诗歌艺术的古典精神有关"，也有来自英美新批评派"细读小说批评方法的影响"。修改，即可视为"打磨、锻炼"的表征。① 与时代政治因素的疏离恰恰从另一个角度彰显了穆旦的诗人本色——彰显了穆旦的修改行为所独有的诗性价值。

正因为穆旦诗歌版本所存在的繁复状况，我撰《诗艺、时代与自我形象的演进——编年汇校视域下的穆旦前期诗歌研究》（《中国现代文学研究丛刊》2018 年第 3 期）、《个人写作、时代语境与编者意愿——汇校视域下的穆旦晚年诗歌研究》（《中国现代文学研究丛刊》2020 年第 4 期）两文，旨在通过细致讨论揭示作家个人修改行为之中诗艺因素的效应，以及作家写作与时代语境、个人境况之间的特殊关联；同时，也试图凸显作家文献整理过程中较易出现的一些问题，并进一步辨析作品的写作时间和异文的厘定以及作品整理者的相关意图等问题。

放诸现当代文学史，作家作品的汇校本是 1980 年代方才出现的一种新的文献整理类型。一个现代文学作品往往可能有不同的版本形态，如手稿本、初刊本、再刊本、初版本、修订本、定本等。常见的整理行为即是选定某一版本，其他版本弃之不顾，或仅仅加上简单的版本说明。汇校本则是以某一版本为底本，同时，通过注释方式将其他版本中的异文一一呈现出来。一般性的文学作品整理是静态地呈现一位作者在某一时段的写作，其功能是单一性的；而汇校本则往往可以动态地呈现出一位作者的艺术构想、修改意图及其与时代语境之间的内在关联，其功能可谓是综合性的。不过，从实际出版来看，作品的汇校本出版可说是困难重重的。1983—1991 年间曾出版过《〈女神〉汇校本》《〈围城〉汇校本》等 6 种。在中断一段时间之后，又曾连续出现两种，即《〈女神〉校释》（2008 年）和《边城（汇校本）》（2009 年），近期则有《〈骆驼祥子〉汇校本》（2019 年）。其中金宏宇等人完成的《边城（汇校本）》被列为"中国现代文学名著经典汇校丛书"的第一部，2017 年，金宏宇教授主持的国家社科基金重大项目《中国现代文学名著异文汇校、集成及小说演变史研究》立项，本人为子课题《近百年新诗名作（以诗集为中心）异文汇校、集成及小说演变史研究》负责人。相信以此为契机，现代文学名著汇校的系统工作将全面展开，文献学视域下的小说整理出版和研究局势值得期待。

以此来看，《穆旦诗编年汇校》着眼于穆旦的全部诗歌作品，可谓是契合了当下勃兴的中国现代文学文献学知识理念，既能有效地展现穆旦这样一个重要作家诗歌写作的全貌，对现代文学文献学建设特别是版本与校勘应该也能起到积极的推动作用。

---

① 王毅：《几位现代中国诗人的文学史意义》，《中国现代文学研究丛刊》2001 年第 2 期。

三、书信与日记

书信作为一种私性的、且逐渐消逝的文体，也是当下文学研究中值得特别重视的文献类型。

书信的整理与研究也是我这些年来的工作重点所在，主要围绕彭燕郊（1920—2008）展开。此一工作目前已成规模，目前已经发表彭燕郊致施蛰存、叶汝琏、严文井、陈耀球、陈实等人的信以及罗念生、施蛰存、卞之琳等人致彭燕郊的信，已成形的有《彭燕郊陈耀球往来书信集》（百花洲文艺出版社 2020 年），彭、陈二人通信达 660 余封 36 万余字；《彭燕郊陈实往来书信集》也已初步整理完成，其中彭燕郊致陈实的信即超过 350 封，字数超过 30 万字。彭燕郊以诗人著称，但也足可称得上是卓有成效的书信家。

但坦白地说，2005 年开始做彭燕郊口述的时候，受限于阅历和资料，对彭燕郊当年所从事的诸种工作了解并不够深入，也完全没有想到日后有机会参与整理其书信——这方面工作的逐步展开已是 2011 年之后的事情。因为这方面的缘故，我对作家书信有比较多的关注。从目前观察来看，现代阶段的作家书信已得到充分发掘，如今虽也有相关书信面世，但已比较零散，总量有限。新中国成立之后到 1970 年代中段的书信，因为特殊原因，多半已被毁弃。1970 年代后期以来的书信则是在持续的整理与发掘之中。目前坊间所流传的书信集，如《范泉晚年书简》、《施蛰存海外书简》（2008 年）、《萧乾家书》（2010 年）、范用所存友人书信集《存牍辑览》（2015 年）、《罗孚友朋书札辑》（2017 年）等，所录多是新时期之后的书信。再进一步看，知名文化人物、从事文艺组织工作的人士（如出版机构的编辑）以及民间文献搜集者，所存书信量应该是比较多的，整理空间还非常之大，直可说是当代文学新材料、作家集外文发掘的重要源头。彭燕郊与文艺界知名人士的大量通信，即得益于 1980 年代初期以来所筹划乃至主编一系列外国文学译介丛书，如"诗苑译林""散文译丛""犀牛丛书""现代散文诗名著译丛"以及《国际诗坛》《现代世界诗坛》等。

但历史语境和阅读风尚总在变化——时代潜移，世事变迁，历史的遗忘也总在发生。回首当年，与彭燕郊有过联系的各路文艺界人士多达百数十人，一时之间，长沙成为译稿集散之地，相关出版物也曾引起热烈的反响。但随着时间的推进，这些幕后工作逐渐淡出了读者视野——我个人的经历大概算是比较典型的一例，2005 年夏，我着手进行彭燕郊晚年口述的工作，此一工作断断续续进行，外国文学译介活动方面的话题可说只是泛泛而谈——生年也晚的我最初对此感受并不明显。期间，张桃洲兄曾提醒我可特别留意包括编委、具体操作等方面的情况，龚旭东老师也希望能多挖掘一些相关细节。经由他们提醒，又专门检索了相关资料，对原先问题进行了若干修订和扩充，于 2008 年初将新的提纲送到彭家，但遗憾的是，随着那一年春天彭燕郊先生遽然离世，问题（历史）终未能继续打开。

正因为对于历史状况有着直接的感知，近几年来我曾反复申述过彭燕郊的晚年文化身份问题，认为其有"借助译介活动来推动当代文艺发展的自觉意识"，而这最终"大大地拓展了彭燕郊的文化身份，有效地凸现了他在 1980 年代以来的文艺建设之中新的、独特的作用"。[①] 基于这种观察，相关论文的内容旨向即往往从彭燕郊而廓大到新时期以来作家（翻译家）们的文化身份、时代语境等方面的话题——放到新时期以来的文化语境当中，像彭燕郊这般年届晚年、饱受磨难但依然汲汲于文化事业的人士并不在少数，如袁可嘉等人主编多卷本《外国现代派作品选》、绿原数年间主编《外国诗》等。而从部分书信来看，即便是那些年长于彭燕郊的文坛前辈，如罗念生、施蛰存、沈宝基、罗大冈、卞之琳等人，所谈也都是读书、写作、编选（译）、出版，时有事多、做不完的感慨，彼此之间还多多鼓气，以期共进。因此，更多彭燕郊文献的整理过程，特别是阅览众多文坛前贤书信的过程，也是一个文化不断累积的过程。越深入，越能真切地感受到文化的温度。

对于现当代学人日记我也有保持了相当的关注度，对穆旦、吴宓、胡风、贾植芳等人的日记有专题梳理，也会参与整理当年从事俄语文学翻译、但如今已不为人知的陈耀球的日记（总量有十数万字），但总的说来，相关工作的展开度还比较有限，只好留待他日再说。

四、口述与年谱

这两者都是偏向于传记类的文献（研究专书），也是本人近年来的重点工作所在。

口述是中国现当代作家文献发掘的新方向。在内容和空间上，口述历史之于现当代文学研究都会有重要的拓展。就实际呈现的材料而言，本人在这方面所做若干工作并非严格意义上的"口述历史"，而是一般层面的人物访谈，若从传记理论的角度来说，其间兼有自传和他传的含义。

最初的工作始于 2002 年对于杜运燮、杨苡、江瑞熙（罗寄一）、郑敏等穆旦同学的采访，谈话稿发表时题为《"他非常渴望安定的生活"——同学四人谈穆旦》（《文汇读书周报》2002 年 9 月 27 日）。之后，围绕穆旦家属、同事、友人也做过一些访问，包括邵

---

① 易彬:《晚年彭燕郊的文化身份与文化抉择——以书信为中心的讨论》,《中国现代文学研究丛刊》2015 年第 3 期。

燕祥、申泮文、冯承柏、来新夏、魏宏运与王黎夫妇、王端菁与李万华夫妇、刘慧（穆旦外甥女）以及穆旦儿子查英传、查明传等，在穆旦研究之中，对此多有采信。接下来的工作有两种：一种是 2005—2008 年间的彭燕郊口述，相关文字最终结集为《我不能不探索：彭燕郊晚年谈话录》（漓江出版社 2014 年版）；最新的工作则是荷兰汉学家的系列访问。

关于口述历史资料方面的话题，我在《呈现真实的、可能的作家形象——说新版〈穆旦年谱〉，并说开去》（《新文学史料》2018 年第 4 期）中结合穆旦研究有过较多讨论，这里从资料准备的角度来谈谈。

具体到做口述，准备工作始终是非常必要的，得熟悉对象，有针对性地准备资料与问题，要让受访者觉得你就是准备最充分的、问题最独特的那个访问者。如果可能的话，可以将访问提纲预先送到受访者手里，给受访者一定的准备时间。记忆的打开方式有时候是非常重要的，独特的问题、充裕的时间，都能很好地激活受访者的记忆。就是我实际展开的工作而言，关于穆旦的访问，稍后进行的多半是临时联络的，资料准备有仓促之处，未充分拟定访问提纲，更无从事先送达受访者手里。对于彭燕郊的访谈基本上都是按照既定计划展开的，即先比较广泛地阅读各类资料，分专题拟定比较详尽的提纲，然后开展谈话。期间，彭燕郊也会提出一些可讨论的话题。准备比较充分，谈话周期比较长，也就有着更好的访谈效果。

相较之下，对于荷兰汉学家的访问有着特别的难度。总的说来，此前的作家访问工作经验在此派上了用场，所有访问都是有计划进行的，即事先大致沟通，制定访问提纲，现场访问之后，再通过邮件往返或者现场校对文稿。实际形成的访谈稿大致都可说是属于话题明确、内容充实、层次清晰、语言干净的类型——过于口语化、前后重复的情形都做了技术处理。难度在于，荷兰汉学虽是由来已久，对于其历史状况的研究也已非常丰富，英文版、中文版都有"荷兰汉学史"一类著作，但近二三十年来，荷兰汉学家们在中国现当代文学方面所做的大量工作，还缺乏系统的、有效的梳理，受关注度还远远不够，大量的工作和故事还不为国内读者所知晓。这为前期资料的准备平添了不小的难度，主要只能从荷兰文资料入手——对一位完全不谙荷兰语的研究者来说，这样的工作实可谓困难重重。可以说，完全是凭借一种笨功夫，为了准备访谈和搜集中国文学在荷兰接受与传播的资料，先后借阅了 200 多种书籍，将相关信息一一检出，为每一位汉学家制定了比较符合其汉学生涯的访问提纲——相比于国内的相关工作，其间的难度或更甚之。先后采访近十位荷兰汉学家，包括汉乐逸（Lloyd Haft）、哥舒玺思（Anne SytskeKeijser）、柯雷（M. van Crevel）、贺麦晓（Michel Hockx）、林恪（Mark Leenhouts）等。总的来看，困难归困难，但从最后的结果来看，有近十篇长篇访谈，再加上数种中国现当代文学在荷兰接受与传播的专题论文，足可辑成一部《中国现当代文学在荷兰》（暂定名）。

再回到口述工作本身。须知记忆往往有不可靠之处，访问之后，资料的核实是必不可少的。口述历史中的很多问题，特别是因史实错乱而缺乏足够可信度的现象，固然肇因于受访者有意无意的记忆错漏，也和采访者的素养和主观失误有不小的关联。难题在于，在面对更为个人化的历史叙述的时候，无法"印证补充"的情形往往是多有存在——在某种程度上，更可能是一种常态。即以关于穆旦的访谈为例，多位历史当事人的回忆，其间亦有相互抵牾的现象。有当事人对他人的"历史问题"提出了质疑，认为其口述（回忆）并不准确，是在粉饰历史、美化自己。这一度影响了笔者对于材料的取舍，但在穆旦"年谱""评传"一类著述之中还是保留了多种声音。

此外，还有一重经验，即受访者个人立场、时代语境等方面因素都会对实际谈话产生影响。目前所出版的彭燕郊晚年谈话录是经过其本人审订、有过若干修饰的，最初的谈话应该要比现在所看到的更为丰富——也可能更为精彩。在荷兰汉学家访谈稿的定稿过程之中，也同样存在受访人基于某种审慎的考虑而对文稿进行洁化处理的情形。纵观各类访谈稿，有你一言我一语的样式（有的文稿连哈哈大笑、起身拿东西之类情形都会记录下来），有通篇不过几个问题而回答都是长篇大论的样式，也还有其他的样式，难以考察其中是否也存在类似情况，但有一点值得注意，在有文献参照的情形之下，参照受访者的其他小说，比照相关细节，也是进入历史的一种特别的方式。

为作家编订年谱，就研究思路而言，其实是中国文学研究中比较老套的做法，个案研究，编年（作品编目、谱表编写等）先行。我个人在这方面算是有较多积累，出版过《穆旦年谱》（中国社会科学出版社2010年；修订版已经提交，将在近期出版），初步完成《彭燕郊年谱》（超过30万字），也对相关年谱著作有过讨论。于此之中，有几个感受特别明显：

一个是材料的选取。20世纪的文化语境盘根错节，复杂难辨，作家年谱、传记的撰写很有必要突破谱（传）主的单一性材料的局限；而且，这种突破的力度越大越好——突破越大，越能呈现出广阔的传记知识背景，也就越能呈现出复杂的时代面影。当然，不同的谱主也须分别对待，像穆旦这般材料较少的谱主，可尽可能采取穷尽式方式来处理材料，并辅之以适当的外部材料；而对于像郭沫若、艾青这样的著名人士，如何把握材料的广度与必要的尺度之间的平衡，看起来也是不小的难题。

一个是档案的困扰。档案的效应自不待言，即如当初几经周折方才获得比较完整的穆旦个人档案和学校的相关档案，如果没有这批档案，不仅穆旦人生经历的很多重要节点无法查实，穆旦与新中国文化语境之间的内在关联多半也只能停留在猜想的阶段。所以，我非常认同目前学界的一个说法，如果当代档案解密的话，当代文学史、文化史、思想史都将可能会有重要的乃至根本性的改变。当然，在目前的情势之下，类似话题也无法深究，研究者总会受到各种时代因素的限制，此即一例也。

再一个，还想特别提及网络资源的积极意义。以彭燕郊年谱为例，在比较短的时间内，就完成了十来万字（2013 年的数据），个人所藏相关图书资料固然是比较丰富，但电子期刊资料的效应非常明显，用主题词"彭燕郊"或者"彭燕郊＋××"搜索，可以搜出五花八门的线索来，其中最出乎意料的一类是由地方政府机构（政协）编辑的、未公开发行的地方文史资料。此类材料往往在别处全无线索，在图书查阅过程中也断难撞见。① 这种资料采集上的便利无疑值得充分利用，但电子资料和纸质资料是否准确对应，文献的非完整性对于作家与相关语境的认识是否会有影响，也并非可以简单忽视的问题。

五、期刊、选本与作品集

1990 年代以降，期刊研究一度是一个不小的热点，一时之间，新成果不断涌现，但目前似有某种学术疲劳之势，尤其是对于现代阶段的期刊的研究。近年来，有学者提到应重视地方性或边缘性报刊，即是这种学术态势的反映。数代学人在整理现代作家文献的过程中，文化事业发达地区的或与重要作家相关的报刊已得到了反复检索，积累了丰厚的成果，报刊文献的开掘空间日益狭窄；但地方性或边缘性的报刊还具有相当大的开掘空间，俨然成为作家文献辑佚非常重要的来源，学界对于废名、周作人、冯雪峰、冰心、曹禺、老舍、沈从文、穆时英、胡风、卞之琳、汪曾祺等重要作家集外文的较多开掘，即是基于对此类报刊的细致翻阅。我对于《南开高中学生》《火线下》等刊物的研究，大致即可归入此类。

下延到当代，报刊则还有着非常大的研究空间。各类文学报刊自不待言，各类非文学报刊也可能有一定的文学版面，值得规整；研究类报刊的数量也非常之大，其中如《新文学史料》即值得特别注意。这份 1978 年创刊、至今已出版近 160 期的刊物，就其实际容量而言，早已超过了现代阶段的绝大部分刊物，已有足够的研究空间；而就其实际内容而言，"这个丛刊以发表五四以来我国作家的回忆录、传记为主，也刊登这个时期有关文学论争、文艺思潮、文艺团体、流派、刊物、作家、作品等专题资料，刊登有关的调查、访问、研究、考证，还选登一些过去发表过的比较重要但现在不易看到的材料和

---

① 比如中共恭城县委党史办公室 1988 年编辑的《党史资料汇编（解放前部份）》，有《彭燕郊同志谈李春讯同志的事迹》一文，为彭燕郊 1982 年 4 月所作，所谈为 1947—1948 年间在桂林监狱的情形。

文物图片，以及当前有关文学史工作的动态、报道和对已出版的中国现代文学史的介绍、意见等"。四十年来，刊物的总体宗旨基本保持不变——前述文字出自 1978 年第 1 期的《致读者》，除了最末一小段之外，至今仍刊登在杂志的封底。但一个堪称文学史或者思想史的命题是，即如四十年来现代文学研究总体语境的潜移，"史料"概念的演变——特别是其与时代语境、政治风潮、学术纷争乃至相关人事之间或隐或显的关联，显然都是饶有意味的话题，值得深入探究。若说《新文学史料》是一部四十年来现代文学研究的微观史，当不为过。我曾指导研究生完成硕士学位论文《新时期以来胡风形象的历史演变——以〈新文学史料〉为中心的讨论》（肖尊荣，2018 年），对相关话题有非常直观的认识。不过目前对于《新文学史料》的专题研究仅两三篇，可见还有很大的后续研究空间。

选本和作品集方面的话题也值得注意。鲁迅曾言，"选本所显示的，往往并非作者的特色，倒是选者的眼光。"①回到具体历史语境，顺着作者的"眼光"，往往能探究出其间复杂的历史纠葛。多卷本作家文（全）集的出版，因文献的全面、新颖（往往有不少新披露的材料），亦能引发一些重要的议题。就我所关注的情况来看，较早完成的《政治理性与美学理念的矛盾交织——围绕闻一多编选〈现代诗钞〉的诗学辩诘》（《人文杂志》2011 年第 2 期），试图勾勒选本背后"政治"与"美学"的纠葛，也即人与历史的纠葛。后因参与《中国新诗百年大典》编选工作的缘故（长江文艺出版社 2013 年，为第八卷主编），对所入选的"湖南诗人"做过专题讨论，涉及历史影响与当下传播方面的话题。实际上，即以第八卷为例，罗寄一、俞铭传这两位被湮没的诗人也可堪再讨论。

新近出版的作家全集，我特别留意了十卷本新版《罗念生全集》（2016 年）、五卷本《吴兴华全集》（2017 年）和十卷本《朱英诞全集》（2018 年）。就文学史而言，三位都属于比较边缘的人物，而从全集编撰的角度来看，三套全集恰可说是三种不同的形态，所触发的研究状况与文学史命题值得注意。

《罗念生全集》属修订再版，总体局势未动，基本上仅是后一两卷及附册有较大增补和调整。罗念生留给世人更为主要的形象无疑是古希腊文学的翻译者与研究者。其作为新诗人和新诗理论建设者的名声则长期不彰。文献的长期散佚显然是一种妨碍。初版全集的这方面资料也有较多遗漏，新版则有大幅增加，全部新诗和诗论文章集合起来，够得上单独出一册比较厚实的《罗念生新诗与诗论集》。也即，随着新版全集的出版，罗念生作为新诗人和新诗理论建设者的形象终于有了比较清晰而完整的呈现：一个创作量并不大但"很勇敢的"、有着"冒险尝试精神"和特殊诗学抱负的诗人，一个执著于新诗

---

① 鲁迅：《"题未定"草（六至九）》，《鲁迅全集·6》，人民文学出版社 1981 年版，第 421—422 页。

形式建设的理论家。①

《吴兴华全集》属大幅重编——此前为两卷本《吴兴华诗文集》（上海人民出版社2005 年）。作家研究的深入发展往往得益于新文献的发掘乃至成形的文献专书的出现，对于吴兴华这般曾经在较长一段时间之内被文学史所遮盖的人物的研究而言，多卷本全集的出现显得尤为重要。由两卷到五卷，新增了一批诗歌、一部书信集和一批翻译材料，其中，从手稿和期刊新辑录出的百余首诗歌有助于读者更好地窥见吴兴华诗歌创作的全貌，《风吹在水上：致宋淇书信集》对于了解 1940—1952 年间吴兴华的个人生活、文学创作、翻译与诗学理念则是多有助益。当然，仍有若干诗文遗漏，而且，全集的编校体例也有再商榷之处。②

《朱英诞全集》属新编。对于一位名声微薄、仅仅出版过一些零散的作品集的诗人而言，陡然推出十卷本全集，着实令人称奇。根据介绍，朱英诞创作生涯长达五十年，共约有 3000 首新诗、1300 首旧体诗，并对新旧诗歌均有研究。全集所录大量作品均是"从未面世"。一些评论者称之为"富矿"，但即如对"潜在写作"或"地下文学"的评定，如何评定朱英诞的写作与现代派诗的关联③、那些"从未面世"的诗作及其文学史意义，实际上也可能是一个不小的难题。

六、融合文献、小说与文学史视域的综合性研究

并不难发现，上述研究，无论是新材料的发掘，还是对于书信、年谱、口述、域外汉学等方面的研究，均可说是在"文献学"整体视域这一认知范围之内。在实际研究之中，主要运用中国现代文学文献学的方法与知识理念，诸如辑佚、校注、考证之类。这些方法主要从传统古典文献学方法发展而来，也依据中国现当代文学的实际状况做出了若干重要的拓展。同时，鉴于中国现当代文学文献的整理尚缺乏普遍周知的规范，对相关技术性的因素也是多有关注。

时至今日，这些方法自是无须再做普及，但这里想强调的一点是，在新材料、各类惯常的文献类型的整理与研究方面，类似操作可谓理应如此，但从一个普泛的层面来看，即如朴学方法、新批评理念在相关潮流散去之后，仍能得以贯彻，我个人还是致力于文献学知识理念作为一种常态运用于实际研究之中。现当代文学研究所面对的更广大的内

---

① 参见易彬：《更不如今还有——作为新诗人和新诗理论建构者的罗念生》，《书屋》2017 年第 3 期。
② 参见易彬、谢龙：《全集、作家形象与文献阈域——关于吴兴华文献整理的学术考察》，《广州大学学报》2020 年第 5 期。
③ 参见解志熙：《"采薇阁"外也论诗——朱英诞的迷盲与现代派诗的问题》，《文艺争鸣》2019 年第 7 期。

容其实是一种常态性的存在，它可能没有复杂的版本状况，也并非总是"新""佚""补"之类的文献——从一个更长的历史维度来看，"新材料"虽确有一时之效，最终还是会统合为常规材料。也即，在一般性的研究之中，亦应以文献为基础，广泛而细致地运用文献材料，结合精当的小说分析和必要的文学史视域，从而达成对作家、小说、时代与文学史的综合认识。这也即解志熙教授所强调的文献学作为文学批评与文学史研究方法的重要性，简言之，即"强调面对作为语言艺术的文学小说，文学研究者在发挥想象力和感悟力之外，还有必要借鉴文献学如校勘学训诂学家从事校注工作的那种一丝不苟、实事求是的治学态度与比较对勘、观其会通的方法，而如果我们能够这样做，那也就有可能将文献学的'校注法'引申为批评性的'校读法'——一种广泛而又细致地运用文献语言材料进行比较参证来解读小说的批评方法或辨析问题的研究方法"。[1]

我也努力朝这些方面做过一些写作尝试，也曾循着一些不同的路向展开，《"滇缅公路"及其文学想象》（《中国现代文学研究丛刊》2007年第4期）将"滇缅公路"视作一个独立的对象，融合历史小说、诗歌（包括一定量的修改）和多重历史因子，旨在揭示相关文学想象背后的复杂的历史况味。《历史语境、文学传播与人事纠葛——"副小说"视野下的〈呼兰河传〉研究》（《新文学史料》2016年第3期）首先是应和了近年来兴起的"副小说"研究理念，同时也是一种历史性的研究——以近八十年的时间跨度来考量，旨在回溯历史语境，并揭示某些个人记忆与人事纠葛之于历史叙述的效应。《"命运"之书：食指诗歌论稿——兼及当代诗歌史写作的相关问题》（《扬子江评论》2018年第6期），是将作家个人写作历程梳理、小说分析以及各种历史文献的细致参读结合起来，凸显了个人写作与时代语境的纠葛以及相关的文学史写作的话题。

或许也可以从历史学的角度来看取，严耕望先生曾谈到新的稀有史料的运用与普通史料的研读问题："新的稀有难得的史料当然极可贵，但基本功夫仍在精研普通史料。新发现的史料极其难得，如果有得用，当然要尽量利用……运用新的史料很容易得到新的结论，新的成果，自然事半功倍。""研究者要凭史料作判断的依据，能有机会运用新的史料，自然能得出新的结论，创造新的成绩，这是人人所能做得到的，不是本事，不算高明。真正高明的研究者，是要能从人人能看得到、人人已阅读过的旧的普通史料中研究出新的成果，这就不是人人所能做得到了。"[2]中国现代文学研究与现代历史研究的互动关联，在近年来的研究之中得到了明确的申述[3]，历史学和文学虽有差异，但基本道

---

① 解志熙：《老方法与新问题——从文献学的"校注"到批评性的"校读"》，《考文叙事录——中国现代文学文献校读论丛》，中华书局2009年版，第18页。

② 严耕望：《治史三书》，辽宁教育出版社1998年版，第23页。

③ 王彬彬：《中国现代文学研究与中国现代历史研究的互动》，《文艺争鸣》2008年第1期。

理也还是相通的。

余　论

　　如上所述，主要是基于个人研究而提出的观察和思考。回顾中国现代文学文献学知识理念的发展历程，我个人愿意将 2003 年在北京召开的"中国现代文学的文献问题座谈会"视作一个重要的节点。会议所达成的八条"共识"[①]，涉及现代文学文献工作内外的诸种事宜，初步显示了建立中国现代文学文献学的自觉意识。近二十年来，现代文学文献工作取得了丰厚的成绩，文献学知识理念日益深入，但也面临着各式各样的难题——也正是基于对近年来中国现代文学文献学研究局势的判断，2016 年，本人在当时任教的长沙理工大学召集了"中国现代文学文献学的理论与实践"国际学术研讨会，希望相关议题引起更多关注。会上，中华文学史料学学会副会长刘福春老师呼吁建立中国现当代文学文献学科[②]，其急切之状，犹在眼前。不过，刘福春老师随后受聘于四川大学，其呼吁正逐步落实，"四川大学率先成立二级学科中国现代文献学"，于 2020 年，"开始面向全国招收博士研究生"。[③] 基于此，尽管文献工作存在这样那样的困难，对其前景，我始终还是抱有热切的期待。

（作者单位：中南大学文学与新闻传播学院）

---

① 解志熙：《"中国现代文学的文献问题座谈会"共识述要》，《中国现代文学研究丛刊》2004 年第 3 期。
② 关于刘福春的文献工作历程，参见易彬：《"文献工作应该有自己要达到的高度和深度"——刘福春的新诗文献工作》，《传记文学》2021 年第 9 期。
③ 周文：《赓续蜀学传统，构建现代文献体系》，《新文学史料》2022 年第 2 期。

现场叙写与历史建构的"内在矛盾"*

——王林剧本《火山口上》的批判研究

袁洪权

内容提要： 中国现当代文学史上，王林属于被遗忘的作家。因在当代文学历程中经历了《腹地》与《火山口上》的批判，他被进行了文学史的"冷处理"。本文围绕剧本《火山口上》在 1952 年 7 月前后的批判，探讨这部写于 1936 年 12 月关于西安双十二事变的"现场叙写"剧本在写作观念上的特殊性，以及它在共和国初期文学的"历史建构"规范下的矛盾之处。对王林《火山口上》的批判，仍旧属于共和国初期文艺界的"内部清理"，但这对于作家的政治身份并没有产生冲击。

关键词： 现场叙写；历史建构；内在矛盾；王林；《火山口上》

在中国现当代文学史上，王林是曾留下过深深足迹的作家，但令人遗憾的是，他也是中国现代文学史被遗忘、当代文学史上被批判的著名作家①。尽管从事中国当代文学史教学与研究，但在 2008 年以前，笔者并不知道作家王林，更不知道作为作家的王林创作过什么样的文学作品。笔者过眼过的中国现当代文学史及小说史、戏剧史著作，包括《中国现代文学三十年》《中国现代小说史》《中国当代文学史》《中国现代文学史1917—1997》《中国现代小说史》《中国当代文学思潮史》《中国当代文学发展史》《中国

---

    * 基金项目：教育部 2019 年度重大招标项目《中国现代文学批评史料编年整理与研究》（19JZD037）和西南科技大学研究生精品课程《中国现当代文学史料学》（20JPKC06）的阶段性成果。

    ① 王林之子王端阳先生为王林百年纪念文集写的前言中的文字说明："在展示抗战文学的展馆面前，仔细观察，非但没有我父亲的著作，甚至连他的名字都没有。王林确实被现代文学'遗忘'了。"王端阳：《前言》，《被遗忘的王林：王林百年纪念文集》。进入中国当代文学，王林以长篇小说《腹地》遭遇批判，该小说是中国当代文学史上第一部被批判的长篇小说。

新文学史稿》①等，均没有涉及王林的小说创作、戏剧创作及其人民共和国初期遭遇批判的相关细节②。

可以说，王林被中国现当代文学史遗忘得"干干净净"③。这对一个作家的文学创作、对中国现代文学与当代文学图景的描绘而言，显然是不公平④、不恰当的。2003年出版《晋察冀革命文化艺术人物志》这本工具书时，王林列入"已故人物部分"作了比较全面的介绍，这里抄录如下：

　　王林（1909—1984），原名王弢，河北衡水县人。1930年春在北平加入共青团，是年在青岛大学转为共产党员并担任地下党支部书记。1932年夏因领导罢课斗争被学校开除，后逃亡到上海做工，并参加"左联"，从事进步戏剧活动。1934年返回北平从事学运，1935年参加"一二·九"爱国学生运动。这个时期开始文学创作，曾出版长篇小说《幽僻的陈庄》等。1936年被党派往西安，做东北军的工作。西安事变前后，创作了独幕话剧《打回老家去》《火山口上》《黎明——一二一二之晨》。"七七"事变后，回到家乡参加开创冀中抗日根据地的工作。抗战初期，任冀中火线剧社社长，曾创作《活路》《警号》《火把》《家贼难防》等话剧。长期担任冀中文建会、文联负责人，积极开展乡村文艺活动，热情扶植群众文艺创作。与孙犁等人主编的有十万群众参加写作的《冀中一日》，成为记录抗战斗争历史的一代文献。1942年，在日寇残酷的"五一"大"扫荡"中，与群众同生死、共患难，并作为"遗嘱"写出了20多万字的《腹地》初稿，记录下冀中人民的壮丽斗争。解放战争期间，

---

① 此处的《中国新文学史稿》指的是王瑶先生的著作，二十世纪八十年代由上海文艺出版社出版，这个版本刚好删掉了五十年代版本的附录《新中国成立以来的文艺运动（1949年10月至1952年5月）》。其实在这个附录中，王瑶谈到了作家王林被批判的事情。

② 钱理群、吴福辉、温儒敏、王超冰：《中国现代文学三十年》，北京大学出版社1999年版；夏志清：《中国现代小说史》，复旦大学出版社2005年版；洪子诚：《中国当代文学史》，北京大学出版社1999年版；朱栋霖主编：《中国现代文学史1917—1997》，高等教育出版社1999年版；朱寨主编：《中国当代文学思潮史》，人民文学出版社1984年版；程光炜、孟繁华：《中国当代文学发展史》，人民文学出版社2002年版；王瑶：《中国新文学史稿》，新文艺出版社1953年版。

③ 2007年，《中国现代话剧文学史》出版时，提及剧本《火山口上》，这是文学史第一次提及这个曾产生影响的剧本，但文字相当简单，这里做摘引："西安张寒晖领导的'一二·一二'剧团的《火山口上》，都很受欢迎。其中，《火山口上》由王林编剧，是以'西安事变'为背景的"。(《曾庆瑞赵遐秋文集》（第5卷），中国传媒大学出版社2007年版，第511页。) 所以，任彦芳指出，"六十年，没有对这样一位伟大的真实反映历史的作家，给予公正的评价。至今无论是现当代文学史，还是中国广大读者，对王林并没有在文学史给予应有的地位，中国广大读者对这位伟大的作家并不了解"。任彦芳：《他永远站在冀中大地上》，《被遗忘的王林：王林百年纪念文集》，自印本，2009年，第34页。

④ 2009年11月4日，在王林迎来百年诞辰的时候，中国现代文学馆、天津市作家协会、解放军出版社联合举办了"纪念王林百年诞辰暨《王林文集》出版座谈会"，与会的文学前辈和当代学者都认为，"王林是不应该被遗忘的，而《王林文集》的出版也标志着历史记忆的恢复"。

奔忙在战斗前线并参加土改，写了大量通讯报道，还创作了小说《五月之夜》、中篇小说《夜明珠》和剧本《死蝎子活毒》《亲骨肉》等在报刊发表或出版。1949年1月进入天津，任市总工会文教部长。之后陆续出版了短篇小说集《十八匹战马》、中篇小说《女村长》《五台山下》，还编写了天津共运史话《播种》。1956年出版了《站起来的人民》；1963年完成了《一二·九进行曲》，于《新港》连载，1980年完成西安事变全貌的长篇小说《叱咤风云》，在上海出版。[①]

　　这份对王林的作家介绍文字，其实还是遮蔽了他的部分文学创作活动。查阅相关文献，我们知道1984年王林去世之后，天津的百花文艺出版社和北京的解放军文艺出版社出版过王林两种著作：一为《王林选集》上下册，收录王林生前创作的重要文学作品，这算是作家选本的一种表现，书前有吕正操（时为全国政协副主席）的《序言》，对王林的创作与为人有很高的评价，书后有张学新的《后记》，对编辑过程和作家王林的为人有所涉及；一为长篇小说《腹地》，此为1949年天津新华书店出版社版本的"修订版"，书后的《后记》是一则文学史料，尤其值得研究者注意："这本小说的初稿，写于一九四二年冬到翌年夏。当时正值日寇对于冀中平原敌后抗日民主根据地疯狂地进行所谓'五一大扫荡'。我相信中华民族抗战必胜，但不敢幻想自己能够幸存到最后胜利。为了给这场伟大的神圣的民族自卫战争留下一点儿当事人的见证，我就守着洞口动起笔来，随时写随时藏在墙窟窿里，对于全书的结构和人物的考虑，是谈不到的。全国解放以后进入大都市，又忙于参加接收工作，没有经过认真的加工就匆忙由新华书店出版了。三十多年来一直使我惴惴不安，觉得有愧于英勇战死者和同时代的人民群众。这次加工修改，几乎等于重写，希望对于冀中平原根据地军民粉碎日酋冈村宁次亲自指挥的所谓'五一大扫荡'斗争的英雄史迹能表现其万一。能否如愿，尚待读者评定。"[②]修订版《腹地》与原稿相比差距颇大，修改、改动、删削甚重，是中国当代文学史上重要的文学现象，值得学界重视与梳理。

　　从上面的介绍文字中可以发现：王林在中国现代文学史中的确有深深的"足迹"。1932年，王林参加左翼文艺运动，在沈从文的指导下，先后创作过《幽僻的陈庄》《这年头》《龙王爷显灵》等小说；抗战期间，王林进入冀中地区，担任过火线剧社社长、冀中文协主任，创作有剧本《活路》《警号》《火把》《老虎》《打回老家去》《火山口上》《家

① 晋察冀革命文化史料征集协作组编：《晋察冀革命文化艺术人物志》，山西人民出版社2003年版，第7—8页。
② 王林：《后记》，《腹地》，解放军文艺出版社1985年版，第476页。

贼难防》等①，被同时代人称为"冀中的莫里哀"②，在晋察冀解放区文艺界（特别是冀中文艺界）有着深远的影响力。中华人民共和国成立后，王林接受时为天津市党委书记黄敬的"建议"，留在天津担任市总工会文教部长③。居留天津，王林经历了两次全国性文艺批判运动：一是长篇小说《腹地》（1950年5月）的"批判"；二是独幕剧本《火山口上》（1952年7月）的"批判"。目前，有关长篇小说《腹地》的艺术价值及文学史地位的评价论述文章，立意都比较高，发表文章的刊物关注度也非常高，相关评述的文章主要有以下几篇：

（1）谢小萌：《隐蔽的革命文艺分歧——王林日记中的赵树理》，《现代中文学刊》2021年第1期，第95至100页。

（2）张平：《"现实主义"的末路？——王林〈腹地〉的再讨论》，《现代中文学刊》2019年第1期，第30至39页。

（3）邹华：《关于〈腹地〉小说命运的美学思考》，《中国现代文学研究丛刊》2017年第3期，第150至158页。

（4）杨联芬：《"红色经典"为什么不能炼成——以王林〈腹地〉为个案的研究》，《现代中文学刊》2015年第2期，第4至20页。

（5）刘卫东：《王林：解放区作家的另类写作》，《中国现代文学研究丛刊》2013年第5期，第112至119页。

（6）曹霞：《论"十七年"文学批评的主题与意识形态的规约：从王林的〈腹地〉及其批判说起》，《佳木斯大学社会科学学报》2012年第2期，第63至68页。

（7）董之林：《"旁生枝节"对写实小说观念的补正：以〈腹地〉再版为关注中心》，《文学评论》2012年第1期，第192至203页。

（8）邢小群：《"〈腹地〉事件"引起的思考：从新中国成立后被批判的第一部长篇小说谈起》，《南方文坛》2009年第6期，第69至73页。

（9）王端阳：《王林和他的〈腹地〉》，《新文学史料》2008年第2期，第50至59页。

这些研究成果对学术界产生很大影响，重读《腹地》成为当下中国当代文学教学的重要工作，包括南开大学、天津师范大学、中国人民大学和首都师范大学等高校，相继

---

① 胡可：《忆前辈剧作家王林》，《被遗忘的王林：王林百年纪念文集》，自印本，2009年，第9—12页。
② 张学新：《冀中的莫里哀》，《火山口上》，解放军出版社2009年版，第291—294页。
③ 王端阳：《父亲王林和黄敬》，《被遗忘的王林：王林百年纪念文集》，自印本，2009年，第297页。

开展了对王林这部长篇小说的"关注",揭开了中国当代文学研究中一条隐秘的线索。相比较而言,研究界对王林戏剧创作的关注相对比较冷淡①,目前涉及他戏剧研究的文章更有限②,包括他共和国初期出版的剧本《火山口上》,显然都是被遗忘之列的作品,至于他冀中时期的剧本创作的研究,也只是 2009 年推出《王林文集》之后才逐渐开展起来,但相关成果还是太少,与他的戏剧贡献是并不相称的。

一、旧作需"注述"③:《火山口上·前记》之解读

下面,我们重点围绕《火山口上》这部被遗忘的剧本进行研究,进而考察共和国初期晋察冀文人在当代文学的命运问题。1949 年 10 月,天津读者书店构建了一套大型文艺丛书,取名为"十月文艺丛书"。这是地方文艺出版社建构大型文艺丛书的一种"尝试",它与人民共和国初期的两套文艺丛书"中国人民文艺丛书"④ 和 "文艺建设丛书"⑤ 有着内在的"张力"。王林的独幕剧《火山口上》,列入"十月文艺丛书"之一种,1951 年 2 月初版,印数为五千册。1952 年 7 月全国文艺界思想改造时,"十月文艺丛书"受到《文艺报》的严厉批判。针对"十月文艺丛书"的建构,《文艺报》一方面对萧也牧、路翎等当前现实生活题材的写作提出"批判",一方面对旧作的出版提出"批判"。旧作首当其冲,受到批判的"旧作",正是老作家王林的剧本《火山口上》:

> 王林同志以西安事变为背景的独幕剧《火山口上》,就是在"十月文艺丛书"中得到了出版的机会。这个剧本,连作者自己也认为是"在地下埋藏了十四年的古董",它的技巧是很"原始"的。但作者和编辑者都没有认真地考虑它有无现实意义,就拿出来出版了。⑥

---

① 从王端阳编辑的《被遗忘的王林》(自印本,2009 年)中,笔者看到学者陈建功、张洪义、董保存、石坚、林希、冉淮舟、任彦芳、兰草、邢小群、黄桂元、藏策、张志强、阎立飞等人都把论述的重点集中在《腹地》的讨论上,对其他文艺创作涉猎较少。

② 期刊网里研究王林戏剧的论文只有一篇:李俊慧的《"冀中的莫里哀"——王林戏剧创作思想与演出活动综论》(《文教资料》2014 年 4 月号中旬刊)。

③ 从《前记》的阅读中笔者发现,作家王林的"注述",其实就是今天的"注释",为了贴近剧本的历史语境,我们仍旧采用王林先生的提法。

④ "中国人民文艺丛书"系解放区文学实绩的冀中展现,编辑时间从 1948 年至 1953 年,由新华书店(后改为人民文学出版社)陆续出版,对建国初期文艺界阅读产生重要影响,对解放区文艺的文学史地位的奠定产生深远影响,周扬、陈荒煤、康濯、赵树理等参与编辑这套文艺丛书。

⑤ "文艺建设丛书"系共和国初期建构的大型文艺丛书,编辑时间从 1950 年至 1952 年年底,由三联书店(后改为人民文学出版社)出版,1952 年 10 月全国文艺界整风运动结束之后,这套丛书停止编辑,丁玲、赵树理、老舍、康濯等参与编辑此丛书。

⑥ 简平、李枫:《评"十月文艺丛书"》,《文艺报》1952 年第 13 期(1952 年 7 月 10 日)。

具有革命老作家资格的王林出版最有原始记录的革命历史剧本，却遭致了批判，这到底是怎么回事？为了重新勾勒批判剧本《火山口上》的历史及其文学史、思想史的价值，我们还得从《火山口上》的"现场叙写"的现实主义文学观（即批判中所谓的"原始生活"之说法），与人民共和国初期革命历史题材书写规范之间的矛盾分析入手。这里不得不提及的是《火山口上·前记》，它充分体现了王林坚守的文学观念。

说王林的剧本《火山口上》终于得到了出版的机会，这句话一点不假。1950 年 10 月 12 日，王林在日记中写道，"今天将《火山口上》出版前记赶出，等付印了。"[1]1950 年 11 月 12 日，"另一事就是《火山口上》已出版，议定书刚签定。"[2] 真正拿到这个剧本的样书，则是 1951 年 2 月 24 日的事情，"《火山口上》送来二十本，立刻分发送赠出去。"[3] 剧本《火山口上》要出版的执着理念，在他的脑海里不断"闪现"。为应对剧本的出版，他专门写了《前记》，这为我们重新进入这部剧本，提供了一些思路和角度。为了便于后面论述的开展，这里先抄录这份材料：

前记[4]

在地下埋藏了十四年的《火山口上》要出版了。在这十四年当中，中国历史经历了多少大事件，起了多大的变化，因此，关于这个剧本的一些历史问题，需要注述一下。当时有一位署名"大戈"的看了这戏的演出，曾经在西安《文化》杂志上写了四五千字的批评和介绍。可惜现在搜罗不到了。目前能见到的，只是在张庚同志编的《四十年来剧运编年史》油印本上，有这么一段记载：

一九三七，民国二十六年，丁丑。

国共第二次合作。七七抗战，上海八一三事变。一月，一二·一二剧团再在西安公演《火山口上》。

庚按：一二·一二剧团是东北军中一批救亡青年，所谓"一伙流浪汉，一群爱国犯"所组织的。开始活动于"九一八"五周年纪念日……至双十二事变不过三个月中间，他们已演出了《中华的母亲》《回春之曲》《苏州夜话》《喇叭》《压迫》《打回老家去》等剧。而《打回老家去》一剧，是由王林编的，以东北军的士兵为题材，剿共为背景。因为非常抓住了观众的情绪，所以博得了意想不到的效果，观众哭得

① 王林未刊日记（1950 年 10 月 12 日）。
② 王林未刊日记（1950 年 11 月 12 日）。
③ 王林未刊日记（1951 年 2 月 24 日）。
④ 2009 年，解放军出版社出版《王林文集》时把此文处理为《后记》，反而是不对的，这里特作说明。

鼻子发酸。当场尚有一个剿匪总部的士兵放声大哭，被官长逐出会场，怕扰乱秩序。……王林又以双十二事变为背景，写了一个独幕剧《火山口上》。新年在易俗社演出，在剧情顶点时，观众怒吼之声，使提示者湮没在声浪之中。甚至有观众立起来叫喊。时有人著文评云："《火山口上》清晰地明白地解释给观众听，一二·一二事变究竟是怎么一回事，为什么要有一二·一二事变的行动。"第一天演出后风闻到了前线，于是竟有许多军官告假回来看这戏了。直到和平结束前，尚有许多官兵返家嘱咐朋友："《火山口上》再演的时候，你可给我捎个讯，我一定告假回来看看。"此后此剧团即以一二·一二命名。后又作过咸阳与幽州的公演。……

西安双十二事变的主角是张学良。"九一八"沈阳事变的时候，他奉了蒋介石的密令："不抵抗"。后来到法西斯德、意转了一遭回国后，带领着从关外逃进关来的旧东北军，在湘、鄂、赣帮助蒋介石进行反共反人民的内战，也挺卖力气。可是在这反革命的内战里，他和他部下也感受到了中国共产党和中国人民红军"对内和平，对外抗战，帮助东北军打回老家去！"的政治号召，同时，又受到了"一二·九""一二·一六"全国救亡运动的影响。中国红军长征到了陕北，内战中心转到西安的时候，张学良当时是蒋介石内战的副司令，经过几番争取，他才下决心要接受中共的抗日号召。为了吸收新的血液，充当旧东北军的政治骨干，他就通过革命组织和东北救亡总会，秘密招集了一批流落在关里的东北青年，和因为参加爱国运动而被蒋介石政府当局目为"爱国犯"，加以开除、通缉和逮捕的平津学生。这一批青年来到西安，住在东城门楼上，下边有蒋介石的军宪特秘密监视，准备随时逮捕。上边就有张学良将军的卫队二营"保镖"。双十二事变的当天午间，他们才公开出现在西安大街上。于是一般人把这帮青年叫做"东城门楼学生队"。我也是其中一个。双十二事变前，我们曾经打算编一个代表我们这帮青年特点的队歌。我写了个歌词，由梁琰同志谱了出来，唱了出去，很多人不满意，可也流传起来。这个歌词也很有历史趣味，抄在下边吧：

我们是一伙流浪汉，/我们是一群爱国犯。/家乡，家乡，一片沃野的家乡，/早成了倭寇的屠场；/自由，自由，救亡图存的自由，/已经被汉奸剥夺得丝毫没有。/看啊，全国的愤怒已到沸点，/全世界的革命浪潮正在狂卷，/同学们，/我们要掀起全国抗日的暴风，/我们要站在世界浪头的先头，/冲啊，勇敢地往前冲！

还有一点应该说明的，是关于改编《打回老家去》剧本的经过。原来我们决定用上海出版的话剧本《打回老家去》。因为剧情，实在和具体观众太不接近，同志们就分派我改写。我写，当然就顺便用陕北反共反人民内战前线上东北军的生活了。同时又借中国红军在火线上向东北军喊话的口气，另写了一个《中国人不打中国人》

的歌子。剧本早被人忘掉了，这个歌子后来却流行起来，在历史上起了一定的作用。（曲子是徐瑞林同志谱的）

最后还有一点应该说清的，就是《火山口上》这个剧本不是双十二事变后才写的。双十二事变前不久，我就计划好了写这么一个剧本。当时的腹稿是"纯悲剧"：国特利用一个失足女子毒害抗日军官，这个失足女子觉悟之后用抗日军官的手枪打死国特，最后自己也在悲痛中服毒自杀。当时"我的家在松花江上"歌曲的作者张寒晖同志听了，认为一切都很好，就是结局不好。他认为抗日军官不能死，结局要有明确的出路，才是新写实主义。我回去了就写，对于结局还在苦恼。写了正好一半，爆发了西安双十二事变。于是我的矛盾解决了，就成了现在的收场。

新年演出以后，得到了意料不到的效果。于是引起了国际友人史沫特莱女士的注意。她要翻译成英文，用广播电台向世界广播出去。但是当时的西安军警督处长孙铭九，怕影响因保送蒋介石回南京而被扣押起来的张学良将军的安全，而没有叫广播。

事到如今，已经十四年了。这十四年当中，它被风雪和潮水浸湿着，幸而是油印本，还能看得清楚。这也许是一个可喜的古董。

今天蒋匪特务已经不能利用统治地位，公开杀害人民了。但是它的隐蔽活动，因为有美帝国主义的支持，一时还会蠢蠢欲动，每个人必须提高警惕。然而同时，它在历史上所做过的滔天恶行，也不应该泯没。

这个剧本，要叫今天的东北同胞们看来，一定是很沉痛的。可是就因为这种沉痛，使人们勇敢地团结起来，使人们更勇敢地接受了中国共产党和毛主席的领导，于是乎中国才有今日！

这是当时的原作，除了错白字改正过来以外，没有什么增减。西安双十二事变，将来或者可能成为历史家和历史剧作家的有趣材料，可是目前还不会有人有心情拿它当创作主题。这个在历史上曾经昙花一现的剧本，今天看来，它的写作技巧是很原始的。可是它不无可取之处，也许就在于它也原始地保留住了历史的真实。

一九五〇年十月十二日在天津

在《火山口上·前记》的文字里，王林有这样的"交代"："在地下埋藏了十四年的《火山口上》要出版了。在这十四年当中，中国历史经历了多少大事件，起了多大的变化。因此，有关这个剧本的一些历史问题，需要注述一下。"[1] 1950年10月倒推十四年，

---

[1]　王林：《火山口上·前记》，知识书店 1951 年版。

那正是 1936 年。从 1936 年 12 月算起，至 1950 年 10 月，中国大地的确发生了很多重大事件：国共联合抗日、抗战胜利、中华人民共和国成立。当然，最重大的政治事件，莫过于中华人民共和国的成立，它是二十世纪世界历史中的重大事件。但是，正如王林所说，"因为这种沉痛，使人们勇敢地团结起来，使人们更勇敢地接受了中国共产党和毛主席的领导，于是乎中国才有今日！"王林此时内心里对《火山口上》剧本出版的"初衷"，显然与共和国初期的历史诉求之间有本身的一致性，这就是历史地展现中国革命的历程。但要真正理解这个过程，以及理解剧本作者的创作初衷，它的确需要"注述"（这里也可称之为"注释"）。否则，共和国初期的读者们会对《火山口上》的剧情、主要人物产生疑惑，甚至带来阅读上的误解或歧义。

或许，这正是王林写作《前记》的重要原因。重新解读《前记》并做出"注述"，是今天研究界得以进入剧本的有效途径。那么，哪些地方需要我们今天进行"注述"呢？在我看来，至少有三个方面是需要"注述"的：一是《火山口上》曾经遭遇出版"夭折"，二是王林摘引张庚《四十年来剧运编年史》对这一问题进行详细的梳理，三是一篇旧材料《评〈火山口上〉及其演出》的"解读"。下面我们分别来看这三个问题。

1. 注述一：王林致吕正操和万毅的两封信件

我们不得不先从王林 1946 年的日记谈起。1946 年 4 月 28 日，王林在日记中写道："王亢之看了《火山口上》，说应该寄给东北老吕去想法出版，尚有政治作用。我就如此做一做，同时还给万毅去一信，万可能见过这出戏。不过，要先寄给白晓光——现在晋察冀编辑增刊。"[①]这里的"老吕"，指的是吕正操（1904—2009），时为东北民主联军副司令员；万毅（1907—1997），时为东北人民自治军吉辽军区副司令员、东北民主联军第七纵队司令员、辽北军区司令员。两封信的内容如下：

吕司令员：

总算熬到今天了。今天生活比较安全，吃喝也强了，可是人们还想着你们在冀中的情形，有的就梦将来找你们去。北京话："骨头！"你看过一半的我那长篇小说《平原上》早被敌人烧光了。"五一"扫荡后我在六分区又写了二十多万字的《腹地》，一九四四年四月入山整风，又写了六幕话剧《伟大的两年间》，描写"五一"后的两年斗争的。《腹地》前半是描写"双十纲领"颁布后的冀中民主政、经、文、武的繁荣和健全，后半是"五一"大扫荡的环境紊乱和斗争。我都誊写出来了，但是没有人看，更没有可能演出和出版。因为现在没有你们在时的"闲在"。

---

① 王林未刊日记（1946 年 4 月 28 日）。

一九三六年"双十二事变"时,我以东北少壮军人反内战、要求抗战与国特以东北人制东北人为背景,而以"双十二"为转机,写了个独幕剧《火山口上》,当时在新历年节即在西安易俗社连演出三场,又到咸阳骑兵集团军内连演三场。效果奇强,史沫特莱与另一美记者要用无线电广播出去,但怕影响副司令安全,所以没有叫他广播。事到如今,蒋介石又在蜚言浮躁,说自己抗过日。于是我又想起我这《火山口上》剧本来了。这剧本在拥蒋抗日口号下被压迫多年了,似乎今天应该出土和蒋介石对对口供了。

不是夸海口,这剧本根据的是当时真实材料,甚至连口吻惟妙惟肖。不是我"发表欲"臭气冲天,我实在觉得出版了有作用。这作用若不叫别人鼓吹,我尚无此勇气。今将此《火山口上》剧本寄你们出版也许有顾虑,但权当受一次物质损失,用一某某社印行,总算对"双十二事变"与因此无期被押的张学良将军略表纪念,可乎不可?

此致

敬礼

王林

一九四六年四月二十八日晨①

万毅将军:

你一定不认识我,但我永远记得你。"双十二"前,你到东城门楼上学生队里讲过一次话。"双十二"后,我听说你被扣,抗战前又传说你在山东被扣,下落不明。我们学生队同学们见了面即谈你。七大中委宣布后,我们才算最后放了心。

"双十二"事变后,我写出了个剧本《火山口上》。在西安易俗社与咸阳演出多次,你是否看过?当时收效极大。今天我也认为叫东北"九一八"后生青年知道知道你们在关内从事抗日活动的困难和作用。此剧本我已寄给吕司令员,你若当时曾见此剧本演出,即请介绍一番。否则作罢。

人心向东北。从"双十二"前想到今天,真有无穷的感想。你们恐怕没有闲工夫想这些闲事,我们让东北青年应该知道这些事。意下如何?②

王林给吕正操写信,主要谈及《腹地》的不被理解、剧本《火山口上》被掩埋的基

---

① 王林:《致吕正操司令员的信》,《火山口上(戏剧集)》,解放军出版社 2009 年版,第 226—227 页。
② 王林未刊日记(1946 年 4 月 28 日)。

本情形。但他给万毅写信，主要目的却是希望他对观看《火山口上》的情况向吕正操做一番介绍。王林希望得到吕正操、万毅两位东北区高级将领的帮助，让剧本《火山口上》能够出版，因为它涉及"'双十二事变'与因此无期被押的张学良将军略表纪念"，也希望那段历史能够"让东北青年应该知道这些事"。处于冀中的王林曾为东北军军人，此时看到东北沦陷区得以复原，打算把《火山口上》涉及张学良将军抗战的戏剧融入东北民众的政治教育之中，他希望这个剧本此时可以出版，以便实现它的政治价值。但这个剧本在东北战事纷飞的年代，并没有如作家的愿望，它的出版计划最终夭折了，是否仍旧涉及和张学良的命运相关联，我们至今不得而知。王林对此有自己的感受，"事到如今，已经十四年了。这十四年当中，它被风雪和潮水浸湿着，幸而是油印本，还能看得清楚。这也许是一个可喜的古董"①。从这里可以看出，剧本《火山口上》1936 年 12 月创作之后，尽管在戏剧界有影响，但它只停留在戏剧的观赏活动之中，而小说一直没有得到出版。1946 年 4 月，《火山口上》本来有出版的"机会"，但还是一晃而过。1950 年 10 月知识书店出版《火山口上》，终于让这个埋没了十四年的剧本得以出土，不过此时它的确成了"古董"。

2. 注述二：张庚《四十年来剧运编年史》

王林提到的《四十年来剧运编年史》油印稿本，是戏剧史家张庚对 1898 年至 1938 年中国剧运活动的编年。此油印本笔者至今未曾见过，但这部分内容已经收录在《张庚文录》第七卷，冠名为《话剧运动大事编年》。②油印本中有这样的文字记载："一九三七，民国二十六年，丁丑。国共第二次合作。七七抗战，上海八一三事变。一月，一二·一二剧团再在西安公演《火山口上》。"张庚为这一则剧运大事记写了"按语"（此按语和王林在《前记》中的引述有差别）：

　　　一二一二是东北军中一批救亡青年，所谓"一伙流浪汉，一群爱国犯"所组织的。开始活动于"九一八"五周年纪念日，活动分子有刘味根、赵野凡、王隽闻等。到双一二事变，不过三个月中间，他们已经演出了《中华的母亲》《回春之曲》《苏州夜话》《喇叭》《压迫》《打回老家去》等剧。而《打回老家去》一剧，是由王隽闻编的，以东北军士兵为题材，"剿共"为背景。因为非常抓住了观众的情绪，所以博得了意料不到的效果，观众哭得鼻子发酸。当场尚有一"剿匪总部"的士兵放声大哭，被官长逐出会场，怕扰乱秩序。不久，西北政训处大道剧社结束，原班演员组织了解放剧社。他们约了一二一二共同作新年公演，王隽闻乃以双一二事变为

①　王林：《前记》，《火山口上》，知识书店 1951 年版。
②　张庚：《张庚文录》第 7 卷，湖南文艺出版社 2003 年版，第 360—565 页。

背景写了一个独幕剧《火山口上》，新年在易俗社演出。"在剧情顶点时，观众怒吼之声，使提示者湮没在声海之中，甚至有观众立起来喊叫。"当时有人写了剧评说："《火山口上》清晰地、明白地解释给群众听，一二一二究竟是怎么一回事，为什么要有一二一二的行动？……"第一天演出后，风闻到了前线，于是竟有许多军官告假回来看这戏了。直到和平结束前，尚有许多官兵这样嘱咐朋友："《火山口上》再演时，你可给我捎个信，我一定告假回来看看。"此后，剧团即以一二一二命名，作过咸阳与幽州的公演。①

按照王林对《火山口上》创作时间的"回忆"，这部独幕剧创作完成于1936年12月19日。我们知道，剧本完成的前一周（即12月12日），西安刚刚发生了震惊中外的"双十二事变"②。剧本围绕的正是"双十二事变"前后青年人的革命成长历程，王林对此有这样的回忆：

> 双十二事变前我开始写着一个剧本。描写封建的东北军在日寇步步侵略和蒋贼卖国求荣的"攘外必先安内"的无耻口号和逼迫下，如何彷徨苦恼，受到中共和中国人民红军"帮助东北军打回老家去"的口号感召，东北青年军人如何兴奋和要求冲破蒋贼亲日政策，自动抗战。而蒋贼特务又如何下毒手破坏这个爱国的又是眷爱故土的伟大革命运动。这个剧本，写成以后叫《火山口上》。刚写出一半，就发生了双十二事变。下一半写出以后，新历年上由学生队"一二·一二"剧团在易俗社演了出来。因为密切反映着这个震动世界的事件，所以在人心动乱中的西安军民中，引起很大的激动。我又当演员，又轮换着当提示。③

王林对战争时期的文学与社会责任有自己的独特理解，他认为："这正如同演戏演到高潮一样，我不能中途退场。作为一个文艺写作者，我有责任描写这一段斗争历史，我不能等事过境迁，再回来根据访问和推想来写，我要作为历史的一个见证人和战斗员，来表现这段惊心动魄的民族革命战争史。那时，我就是这样同领导述说的。"④ "责任""见证人""战斗员"的描述性词语，表达的正是王林坚守的文学观念。他对现实主

---

① 这里，笔者对王林在《前记》（收录在《火山口上》）中对张庚油印本的摘录进行研究，发现其有诸多摘录错误，最后直接引用张庚的原材料。张庚：《话剧运动大事编年》，《张庚文录》第7卷，湖南文艺出版社2003年版，第531—532页。

② "双十二事变"，在后来的历史叙写中都被称为"西安事变"。

③ 王林：《史沫特莱女士——中国革命患难中的朋友》，《王林文集4》，解放军出版社2009年版，第229页。

④ 刘绳：《在王林的记忆里》，《作家与冀中》，花山文艺出版社1983年版，第143页。

义有着自己的真实把捉，脱离了三十年代左翼文艺的叙述策略，与当时正在兴起的"国防戏剧"运动有着密切的配合，当然这得益于他接受了张寒晖的建议，"他认为抗日军官不能死，结局要有明确的出路，才是新现实主义"[①]。作为一位在小说创作中显示出才华的文学青年，王林转入戏剧文学的创作，但他的文学观的脉络其实是一致的。

　　3. 注述三：白文《评〈火山口上〉及其演出》

　　白文的《评〈火山口上〉及其演出》，显然是研究《火山口上》的一篇重要文献资料。这对我们重新进入《火山口上》的历史现场有着重要的价值。所以，王林在《前记》中提及此文对于《火山口上》的"意义"，有相关的文字予以说明。该文发表于《文化周报》1卷10期，出刊时间为1937年1月17日。这篇文章对戏剧家张庚产生了深刻的影响，在油印本《四十年来剧运编年史》中，他就把剧本《火山口上》放置在1937年1月这一时间序列中，列为次年（1937年）剧运历史上重大的事件，而直接的材料来源就是白文的这篇文章。可见，当年《火山口上》在西安及咸阳演出的影响力以及传播的深度。八十年代，身为国务院副总理的谷牧在他的回忆录里，也谈到了《火山口上》当年的影响力，"史沫特莱等国际友人和外国记者也看过该团（指的是一二·一二剧团）演出的由王林编写的话剧《火山口上》，并到后台慰问演员和编剧，表达祝贺和支持。"[②]王林在追忆史沫特莱的文字里，也谈到了这个细节：

　　　　有一天正忙得满头大汗，忽然有人说史沫特莱女士来访问我。……看后她要翻译成英文，用广播电台广播出去，让全中国全世界了解双十二事变的真正原因和真正力量。但是因为张学良将军为了争取全国共同抗日，护送蒋介石回南京，当时东北军负责人认为广播这出戏，揭露蒋介石罪恶太甚，怕影响张学良将军的安全，所以没有叫广播。[③]

　　如果不是出于保护张学良将军之人身安全的需要，或者是巩固抗日民族统一战线的需要考虑，《火山口上》将成为抗战前夕中国现代戏剧史上最先走向世界的重要剧本之一。王林的内心深处，对这个剧本的牵挂或许有这方面的思考。

　　的确，白文的《评〈火山口上〉及其演出》是《火山口上》这个剧本在西安和咸阳演出活动的最近评价，它的史料价值非同一般。这篇文章认为，《火山口上》能够获得成功，主要在于"它充分地把握了现实的真实，也就反映了真实的本质。它暴露了现实

----

　　① 王林：《前记》，《火山口上》，知识书店1951年版。
　　② 谷牧：《谷牧回忆录》，中央文献出版社2014年版，第37页。
　　③ 王林：《史沫特莱女士——中国革命患难中的朋友》，《王林文集·4》，解放军出版社2009年版，第229页。

的黑暗面，也指出了现实的光明面"，同时指出剧本存在的问题，"这一般地可以分为编剧、导演和演员的表演三个方面"："编剧者努力于文字的创作，还欠注意于舞台面的想像（象）"；"导演的技巧是比较的生疏，对于每个场面的布置不能很活泼，以至演出商不能有更大的发挥"；演员方面，"女主角是更难演的角色"，"特务员是全剧中最难讨好的角色"。①

二、"古董式"的现场叙写：《火山口上》体现出的"戏剧观"

我们回到《火山口上》的写作上。剧本的故事梗概为②：因蒋介石的"不抵抗"政策，东北军进入关内，1936年被派到西安坐镇剿匪，试图把西北的中国工农红军绞杀掉。因中国共产党的宣传政策强调"中国人不打中国人""停止内战，一致对外"，引起东北军下级军官和士兵的强烈共鸣。剧本女主人公梅丽英的父亲也是这样的东北军高级军官，名叫梅世昌，但在国民党特务王权时、白天民的谗言下他不幸身亡，死后还被制造了很多流言蜚语。梅丽英到西安来找父亲，希望父亲能够资助她去上海继续读书，但在西安遍寻父亲而不得。父亲的下级军官史果航一直在调查梅世昌的死因，尽管隐隐之中有线索，但他不能确定。此时，梅丽英到西安后没有钱，特务白天民和王权时经常出入梅丽英的宾馆。善于玩弄女人的白天民和梅丽英谈起了恋爱，而白天民和王权时，正是害死梅世昌的真正凶手，这一切梅丽英并不知道。史果航拟往东北军前线去，此消息不小心被梅丽英透露给白天民。白天民和王权时想利用梅丽英的"美人计"，结果掉这位进步青年军官的性命。当史果航和梅丽英再次见面时，史果航告诉了梅丽英杀害她父亲的真正凶手，就是她正在热恋的对象白天民。知道真相后梅丽英很是沮丧和自责，"我真该死！我真没脸皮活在这世界上啦！我竟爱上了害我父亲的刽子手"。在史果航的开导下，梅丽英鼓起了勇气，夺过手枪打死了白天民，在兵谏的声浪中，参加到伟大的斗争浪潮中去，"我们的热血，已经变成了一团火！走，我们赶快跟这座火山一块燃烧去！"

剧本取名为"火山口上"，其实是一种客观的现实政治环境或政治形势的现实主义描写，它立足的是对当时西安政治局势的正面描写，剧本中也提到了这种所谓的"火山口"，只是借用了反面人物、国民党特务王权时之口说出的，"日本公使川越，说中国充满了极容易燃烧的反日气体，一处点着，即刻会漫（蔓）延全国，这个比喻很好。可是我觉得

① 白文：《评〈火山口上〉及其演出》，《文化周报》1卷10期（1937年1月17日）。
② 关于《火山口上》的故事梗概，本来王林先生有回忆与总结，但在读剧本的时候，我发现他的回忆是错误的，这里不予以采用。王林：《我怎样学习写话剧的》，《火山口上（戏剧集）》，解放军出版社2009年版，第272页。

那种热情，好像地心火一样，时时刻刻想冲破了地层而喷发出来"，"并且还接近火山"，"火山喷发也和大水决口一样，最初极其细小，可是只要冲出来一点，立刻就会冲成大火山"。双十二事变前夕的西安政治局势，的确像这个火山喷发口，抗日进步力量和反抗日的反动力量的较量一触即发。蒋介石想趁机解决东北军，并把西北的红军继续剿灭。最终，"火山口"在12月12日凌晨爆发，东北军实行"兵谏"，扣押蒋介石，和红军达成协议。在中国共产党的斡旋与谈判下，蒋介石接受了中国共产党的建议，实行联共抗日。剧本主人公梅丽英在进步军人史果航的启发和带领下，成为进步的女青年。这部剧本对后来王林文学观的形成，起着重要的纽带作用。前面我提及过他早期的创作如《幽僻的陈庄》《龙王爷显灵》，包括剧本《火山口上》在内，都是不可忽视的线索，正如冉淮舟所说，"王林同志因为参加'一二·九'运动和西安事变，'七七'事变后投身抗日战争，《幽僻的陈庄》没有接着写下去。不知道原计划写到何时止，我在校读时想，如果写到抗日战争，这无疑是一部史诗作品。也不知道丢失的反映冀中平原抗战初期斗争生活的长篇《平原上》，和这部作品有无联系。"①

在对王林的学术研究中，长篇小说《腹地》的受重视程度远远超过了《火山口上》，王林在日记中对《腹地》也有刻骨铭心的"关注"，那是他的一块"心病"②。有关《腹地》写作的回忆文字，我们可以看出对现实叙写的态度："关于反'扫荡'斗争的艰苦生活，我都如实地写进《腹地》中了。在那样残酷的环境里，得时时刻刻准备着牺牲，留在冀中的同志们，当时传着这样一句口头语：'端起饭碗来，也不一定能吃完这顿饭。'因为，敌人的点碉如林，汽车路、封锁沟密如蜘蛛网，随时随地都可能与敌人遭遇。我虽然坚信最后胜利一定属于中华民族，但并不敢幻想自己能够在战火中幸存。我就这样，像准备遗嘱一样，蹲在堡垒户的地道口上，开始了《腹地》的写作。"③王林在最初的戏剧写作上就有这样的观点，他回忆《打回老家去》就有类似的"说法"：

　　　　原来上海有易扬编的话剧《打回老家去》，我们本来打算排演它。可是它的内容距离我们的现实生活很远，于是由我执笔，以当时东北军的具体情况为素材写了个独幕剧，剧名仍叫《打回老家去》。④

---

① 冉淮舟：《〈王林文集〉校读记》，《被遗忘的王林》，自印本，2009年，第28页。

② 王端阳曾专门辑录王林日记对《腹地》的情感记录，分发给部分研究者阅读，取名为《〈腹地〉备忘录》，从中可以看出王林对小说《腹地》倾注的感情。王端阳：《王林和他的〈腹地〉》，《新文学史料》2008年第2期。

③ 刘绳、刘波：《在王林的记忆里》，《作家与冀中——十位作家访问记》，花山文艺出版社1983年版，第143页。

④ 王林：《我怎样学习写话剧的》，《火山口上（戏剧集）》，解放军出版社2009年版，第270页。

　　剧本在西安东城门楼的演出，的确产生了强烈的现实效果，据王林透露，"就是看这出话剧而鼻酸泪流、或放声大哭的卫队二营的官兵，在'双十二'的黎明前首先冲进临潼的华清池，冒着狂风暴雨般的扫射冲上五间厅，又跟踪追上骊山，把蒋介石从山窟窿掏出来的。"它和历史有着惊人的一致，这从侧面看出王林戏剧观念的现实主义的深厚基础，以及他对现实政治和现实环境的贴切理解。

　　王林写作《火山口上》的文学观到底是什么？在《火山口上·前记》中，作者有这样的交代：

　　　　还有一点应该说清的，就是《火山口上》这个剧本不是双十二事变后才写的。双十二事变前不久，我就计划好了写这么一个剧本。当时的腹稿是"纯悲剧"：国特利用一个失足女子毒害抗日军官，这个失足女子觉悟之后用抗日军官的手枪打死国特，最后自己也在悲痛中服毒自杀。①

八十年代回顾其话剧创作历程时，王林对《火山口上》有如下的文字：

　　　　西安事变前，东北大学的学生代表（也是北平学联的代表），因为躲避国民党特务的抓捕隐蔽在西安东城门楼学兵队。他向我述说了很多东北人和东北军的家属在"九一八"事变后流浪在关里的悲惨故事。蒋介石对日本帝国主义的侵略不抵抗，葬送了东北三省，使东北人尝够了亡省亡国的悲惨滋味。蒋介石害怕东北人和东北军跟中国红军合作抗日，就收买那些无耻的东北人当内奸出卖要求抗日复土的东北志士。我根据这些现实的素材，在"双十二"捉蒋前就开始酝酿话剧《火山口上》。②

　　王林为什么要特别强调，"在'双十二'捉蒋前就开始酝酿话剧"？这本身涉及的就是对他戏剧文学观念的理解。王林没有直接照搬易扬的《打回老家去》，而是结合东北军和西安的现实政治、现实环境来进行戏剧的建构。而在《火山口上》的写作过程中，他拟写成"纯悲剧"："酝酿时的结局是纯悲剧，史果航和王权时（应为'白天民'——引者注）在互相射击中都倒地身亡，梅丽英也悲痛自杀。"③但剧本写作过程中发生了震惊中外的双十二事变，为剧作家的结尾提供了新的启发，最终他采用了"现在的收场"。

----

① 王林：《火山口上·前记》，知识书店1951年版。
② 王林：《我怎样学习写话剧的》，《火山口上（戏剧集）》，解放军出版社2009年版，第272页。
③ 王林：《我怎样学习写话剧的》，《火山口上（戏剧集）》，解放军出版社2009年版，第272—273页。

王林在《火山口上·前记》中特别强调，《火山口上》是一个"可喜的古董"。这个剧本原稿为油印本，跟随王林出生入死长达十四年的时间，从侧面可以看出王林对这个剧本的情感。1950 年 10 月知识书店出版的时候，王林除了对错字和白字进行过订正之外，"没有什么增减"，也就是说，他按照剧本的原貌出版，而不是改写后的版本。其实，这一点对作家来说很重要，他可以修改而不做任何修改，到底是为什么？王林自己给出了答案，"西安双十二事变，将来或者可能成为历史学家和历史剧作家的有趣材料，可是目前还不会有人有心情拿它当创作主题。"我们知道，双十二事变的主角是张学良，对这样一位历史人物的历史评价，涉及中国现代思想史的方方面面，也涉及中国共产党有关历史和事件的评价。这是一个重大的历史题材，但这个历史题材不是文学家来定位的，它需要来自执政党及意识形态的把关人对历史事件的认定。

剧作家王林写作当年（1936 年）可以不考虑后来复杂的这些事，他考虑的问题很简单，"《火山口上》清晰地明白地解释给群众听，'一二·一二'究竟是怎么一回事，为什么要有'一二·一二'的行动？它暴露了法西斯的对抗日运动的阴谋阻挠，它暴露了法西斯为个人利益出发的对爱国运动的危害。它暴露了法西斯用什么方法在屠杀抗日分子，在杀害爱国青年。它也暴露了中国法西斯的卑鄙龌龊，生活的腐化，和贪生怕死，它更告诉我们法西斯怎样在进行更大的阴谋——'一二·一三'暴动。"① 王林一直没有忘记白文的那篇评论文章，或许正是白文在文中对"火山"深刻的观察，他认为，"九一八"事变之后的东北民众，五年的时间在他们内心深处形成了"一座火山"：

> 它已经融会成一座火山，流亡者在西北融会成一座火山，全国不愿做亡国奴的人们的血在西北总汇成一座火山，这火山已经不必再受高热度的影响，它只要有一个小孔就会爆发，轰的一声爆发。

"火山"作为喻体，形象地概括了 1936 年 12 月西安的政治局势，已为后来的历史事实所证明。王林置身其中，以艺术感悟的方式记录了这一真实时刻。但十四年后出版的历史语境，却不得不考虑这些复杂的事和复杂的人。一旦剧作出版，它必然步入公众的阅读视野。尽管王林觉得剧本"原始地保留住了历史的真实"，但这个"历史的真实"由作家个人界定之后，就是"真实"的历史常识吗？它能对现实文学规范起示范性作用吗？

---

① 白文：《评〈火山口上〉及其演出》，《文化周报》1 卷 10 期（1937 年 1 月 17 日）。

三、"历史建构"的意识形态化：共和国初期革命历史的"书写规范"

这里再回到《火山口上》的出版环境之中。众所周知，1949 年 10 月 1 日，新生的人民共和国诞生了。作为执政党的中国共产党开始为其政治合法性进行意识形态的建构，这种意识形态建构一方面得益于中国共产党意识形态部门的强大宣传攻势，一方面还得依托于作家、文艺工作者在文学作品中建构起来的"革命叙写"，后来被文学史家称为"革命历史书写"。黄子平注意到这种"革命历史书写"的重要性，在对革命历史书写的文类进行观察中，他特别留意"革命历史小说"的叙写："这些作品在既定的意识形态的规限内讲述既定的历史题材，以达成既定的意识形态目的：它们承担了将刚刚过去的'革命历史'经典化的功能，讲述革命的起源神话、英雄传奇和终极承诺，以此维系当代国人的大希望与大恐惧，证明当代现实的合理性，通过全国范围内的讲述与阅读实践，建构国人在这革命所建立的新秩序中的主体意识。"①也就是说，"政治宣传"成为这类作品最大的特点。

作为文艺界的实权派领导，周扬在共和国成立前夕的第一次全国文代会上，也强调对革命历史题材写作，他针对当时对革命历史题材写作的批评，提出了新的看法，表达了当时高层对这一问题的总体意见：

> 革命战争快要结束，反映人民解放战争，甚至反映抗日战争，是否已成为过去，不再需要了呢？不，时代的步子走得太快了，它已远远走在我们前头了，我们必须追上去。假如说在全国战争正在剧烈进行的时候，有资格记录这个伟大战争场面的作者，今天也许还在火线上战斗，他还顾不上写，那末，现在正是时候了，全中国人民迫切地希望看到描写这个战争的第一部、第二部以至许多部的伟大作品！它们将要不但写出指战员的勇敢，而且要写出他们的智慧、他们的战术思想，要写出毛主席的军事思想如何在人民军队中贯彻，这将成为中国人民解放斗争历史的最有价值的艺术的记载。②

周扬强调的是写"人民解放战争"，也就是抗日战争结束以后的战争题材，它带有明显的"限定性"。而在这些题材的写作过程中，主要思想的表达才是衡量作品成败的关键，

---

① 黄子平：《"灰阑"中的叙述》，上海文艺出版社 2001 年版，第 2 页。
② 周扬：《新的人民的文艺——在全国文学艺术工作者代表大会上关于解放区文艺运动的报告》，中华全国文学艺术工作者代表大会宣传处编：《中华全国文学艺术工作者代表大会纪念文集》，新华书店 1950 年版，第 90 页。

正如周扬所说，要写出指战员的勇敢、智慧、战术思想，进而写出毛泽东军事思想的伟大胜利，才是这类作品要真正追求和表达的。恰如当时柳青写作《铜墙铁壁》受到的评价那样，"这是一本描写陕北农民在第三次国内战争中支援前线的长篇小说，共十八万字。题材是一九四七年八月间的沙家店战役——西北战场的转折点。小说通过粮食工作来反映老根据地农民支援战争的活动，表现了农村党员、干部和群众如何不怕困难帮助人民解放军战胜蒋胡匪帮的。作品着重描写了粮站的负责人——一个年轻共产党员的英雄的高贵品质和自我牺牲精神。全书并贯穿着毛主席留在陕北和陕北军民一块坚持斗争的伟大作用。在小说的结尾，战役胜利结束以后，毛主席出现在广大的胜利的群众中。这本小说反映了：我们的胜利是人民群众和人民军队的力量在伟大正确的领导之下得来的。"[①] 而在书籍的内页显眼之处，还专门引用了《毛泽东选集》当中很重要的一段话来说明这种政治性表述，"同志们，真正的铜墙铁壁是什么？是群众，是千百万真心实意地拥护革命的群众。这是真正的铜墙铁壁。什么力量也打不破的，完全打不破的。反革命打不破我们，我们却要打破反革命。在革命政府的周围团结起千百万群众来，发展我们的革命战争，我们就能消灭一切反革命，我们就能夺取全中国。"有些研究者指出，这样的字眼成为理解这部小说的"钥匙"。人民共和国初期，包括《人民文学》在内，对这一类题材的关注不少，涌现出了不少作家[②]，包括刘白羽、徐光耀、梁斌、吴强等。1951年 6 月《解放军文艺》创刊之后，专门描写部队题材的作品逐渐增多，之后陆续推出"解放军文艺丛书"，成立重要的文学机构解放军文艺出版社。

在这样的政治环境中出版一部像《火山口上》的"旧作"，显然与这个时代是不相匹配的。首先在于，《火山口上》涉及中国现代史上重大的政治事件——双十二事变，其主角是张学良。张学良并不是共产党员，他是地地道道的旧军阀。如果按照当时的政治标准、阶级成分来衡量，张的手上还沾着革命者的鲜血。尽管张学良在西安事变这一重大社会问题上显示出了审时度势的政治抉择，站在人民和历史的时代要求上，推进了国内形势的良性发展，但张学良的性格还是值得探讨的。让这样一个有争议的人物进入共和国初期的文学史，恐怕没有一个作家来涉及整个题材，这正如王林自己的判断，"目前还不会有人有心情拿它当创作主题"。尽管王林认为剧本在五十年代的政治环境中有其价值：

---

　　① 书籍的"文学广告"。《文艺报》4 卷 11、12 期合刊，封底页。
　　② 《人民文学》在第一卷总结时，专门提到，"一年来，我们发表作品的字数将近两百万，内容比重，则反映部队的最多，反映农村的次之，反映工人的最少。"《人民文学》编辑部：《编后》，《人民文学》2 卷 6 期（1950年 10 月 1 日），第 102 页。

今天蒋匪特务已经不能利用统治地位，公开杀害人民了。但是它的隐蔽活动，因为有美帝国主义的支持，一时还会蠢蠢欲动，每个人必须提高警惕。然而同时，它在历史上所做过的滔天恶行，也不应该泯灭。

这个剧本，要叫今天的东北同胞们看来，一定是很沉痛的。可是就因为这种沉痛，使人们更勇敢地团结起来，使人们更勇敢地接受了中国共产党和毛主席的领导，于是乎中国才有今日！①

王林立足的剧本价值有两个方面，一是它的现实价值，一是它的历史价值。现实价值中，他希望剧本能够提示人民对美帝国主义保持高度的警惕，注意蒋匪特务隐蔽的活动。历史价值中，他希望东北同胞们不要忘记那一段痛苦的历史（1931 至 1945 年），希望在阅读那段痛苦历史的过程中，坚定时下中国的道路选择，更勇敢地接受中国共产党和毛主席的领导。不过，王林的这种出版意图，和此时的历史语境之间形成了某种张力性的矛盾。文艺批评家们可并不这样看待《火山口上》，对他提出了严厉的批评，说："这个剧本，连作者自己也认为是'在地下埋藏了十四年的古董'，它的技巧是很'原始'的。但作者和编辑者都没有认真地考虑它有无现实意义，就拿出来出版了。"王林觉得有"现实意义"（指向的是当时创作的现实），但在批评者看来，《火山口上》已经失去了真正的"现实意义"（指向的是出版时间的现实）。

其次，从整个剧本情节的建构来看，这里面看不到共产党的人物形象，和中国共产党党组织的领导力量。在批评者看来，这对共和国初期读者的教育并没有真正的意义。王林对此应该很清楚，长篇小说《腹地》受到批评，主要原因就在于，"在刻画作者所选择的英雄的人物形象上，在处理干部的关系与党的领导上，这些内容的主要方面，无论从主题上说，从人物、题材、结构甚至语言上说，都存在着本质的重大的缺点。"②但回到《火山口上》的创作历史背景中来看，西安发生的双十二事变，其主导力量的确不是共产党在领导。尽管后来王林创作了长篇小说《叱咤风云》，描述到了共产党的领导力量，但小说的影响力还是很有限。而与四十年代在延安戏剧创作中很有影响力的剧本《同志，你走错了路！》《把眼光放远点》《子弟兵和老百姓》相比，《火山口上》的政治主题与它们相去甚远。周扬十分青睐《同志，你走错了路！》，曾对它有高度的评价，内容上"第一次在艺术作品中反映了我们党和八路军的内部生活及其思想斗争，处理了党内反倾向斗争的严重主题，反对了阶级投降主义"，形式上"突破了从来舞台语言、动作的某些旧

① 王林：《火山口上·前记》，知识书店 1951 年版。
② 企霞：《评王林的长篇小说〈腹地〉》，《文艺报》3 卷 3 期（1950 年 10 月 25 日）。

形式，相当地克服了过去话剧所常犯的洋八股和学生腔的毛病"。①

《火山口上》尽管是一个历史文献的读物，但在王林的眼里，他建构的是一种历史的现场感，而不是现场的历史感。或许，这才是人民共和国初期作家与批评者理解《火山口上》的差异之所在。批评家看中的，与作家想表述的东西，显然有很大的差别。王林在《火山口上·前记》中特别强调，《火山口上》"不无可取之处，也许就在于它也原始地保留住了历史的真实"。这才是我们真正进入王林戏剧观念的真正切入口。

结束语

作为王林的同时代人，鲍昌在追忆王林的文字中曾这样说道，"抗战八年间，他（指王林——引者注）没有离开晋察冀边区，基本上是在冀中根据地坚持工作，当过《冀中导报》社记者，当过火线剧社社长，当过冀中文化界抗日建国会副主任；到了一九四五年，他是冀中文艺界协会主任。"②王林在冀中文艺界的影响力很大，他被称为"冀中的莫里哀"，但这个"莫里哀"戏剧观念的最初形态，无疑体现在他的早期剧本《火山口上》。1952 年 7 月，这部剧本受到《文艺报》的点名批评，这是王林在人民共和国初期第二次被《文艺报》批评。《火山口上》从此消失在中国当代文学作品的选本之中，长达近五十年后的 1991 年，中国社会科学院文学研究所现代文学教研室编的《中国现代独幕话剧选 1919—1949》（人民文学出版社，1984 年 12 月版），才重新收录了这个剧本（1987 年《王林选集》出版时，剧本收录到选集之中）。

不过，王林颇看中《火山口上》这个剧本。尽管《文艺报》公开点名批评《火山口上》这部旧剧及其体现的文学观点，但王林在日记里居然提都不提《文艺报》的官方批评，反而在这年 12 月 12 日日记中这样写道："十六年来我还没有写出一个比《火山口上》和《中国人不打中国人》歌词更成功的东西，多惭愧！"③也就是说，在作家自己的内心深处，《火山口上》是一个难以超越的重要文学小说，尽管十六年过去了，他依然如此看待这个剧本的文学价值，并对自己创作的一些作品进行了否定。或许，正因为这个剧本具有的"原始"和"古董"之特性，才让王林在文学写作中一直坚守着这种观念，不管是在长篇小说《腹地》的创作及其相关批判中，还是在共和国初期的相关文学写作中，他都坚持着自己的文学观，没有发生变化。王林在共和国初期的这种文学点名批评，并没有对作家的政治地位造成影响，他仍旧担任天津地方政府重要的文化官员，并在实际

① 周扬：《关于政策与艺术——〈同志，你走错了路〉序言》，《解放日报》1945 年 6 月 2 日，第 4 版。
② 鲍昌：《王林的生平与创作》，《被遗忘的王林：王林百年纪念文集》，自印本，2009 年，第 238 页。
③ 王林未刊日记（1952 年 12 月 12 日）。

的生活中，不断反驳来自《文艺报》，甚至文艺界领导对他不公平的文学批评。

　　这从侧面亦说明，王林在中华人民共和国初期的文艺界，并不是文艺界当局和意识形态核心部门（包括中共中央宣传部）真正要清算的对象。对他的长篇小说《腹地》、剧本《火山口上》的批评，针对的仅仅是他文艺观中的具体观点。这属于共和国初期文艺界的内部矛盾，它处于被清理的位置而已。但新政权对王林政治身份，自始至终都没有产生过怀疑。当然，这很大程度上得益于他作为资格较老的革命者的这一政治身份。尽管王林在五十年代初期试图改编自己的文学作品为电影剧本，甚至提交共和国的国营电影制片厂摄制电影，但鉴于他文艺观念的特殊性，党的意识形态领导部门并没有让他的电影剧本及电影与大多数观众见面。

　　　　　　　　　　　　　（作者单位：贵州师范大学文学院文学·文化教育传播中心）

王德威学术思想研究述评

——以文学史观为中心

郭新琪

内容提要： 海外学者王德威的文学史观念在国内现代文学研究界产生了重要的影响，也引起了无数的争议与讨论，驳难质疑、支持赞同的声音皆有，呈现出两极分化的局面。本文在梳理学界对王德威的两部文学史著作《被压抑的现代性：晚清小说新论》《哈佛新编中国现代文学史》评价的基础上，探究评价不一的原因，辨析其中的洞见与不察。呼吁对王德威文学史观的研究，不应仅仅局限在"他山之石"的视角，更应进入到王德威所处的海外汉学语境，做出真正学理化的分析。

关键词： 王德威；晚清；五四；海外汉学

二十世纪八十年代中期，"重写文学史"成为现代文学研究界的热门话题。自此之后，该话题一直是学界的关注热点，三十多年来，各种文学史观念陆续登场，为现代文学研究带来新的理论话语资源的同时，也引发了无数的争议与讨论。在这场广义的"重写文学史"运动中，海外汉学家的"异域之镜"一直不断影响、冲击着国内的研究。特别是华裔汉学家夏志清、李欧梵、王德威的中国现代文学研究，形成了一个自成系统的传承体系，成为最重要的外部推动力。

作为三代传人的王德威，学贯中西，著作等身，经过多年的学术耕耘，形成了自己独特的研究版图和个人化的学术思想体系，这使他在"两岸三地"的文学界，尤其是中国现当代文学领域影响极大。"被压抑的现代性"理论、抒情现代性研究、"小说中国"的方法、华语语系文学的概念……显示了其学术思想的芜杂多样。在王德威的研究版图中，文学史的研究占据重要地位。他为国内现代文学研究界所熟识，正是其颇有惊世骇俗之论的"晚清现代性"文学史观，它挑战现代文学学科正统的"五四"起源论，重新整理出一条二十世纪中国现代文学的发展谱系，形成了全新的文学史叙事，在大陆现代文学研究界产生了强烈反响。自《被压抑的现代性》出版以来，其文学史观念不断补充和丰富，逐渐成为一个完善的体系。王德威的文学史理念和方法与大陆现代文学研究界的思路迥然不同，二者形成了有趣的对话，也引起了广泛的争论。在当今全球学术交流的大背景下，面临新一轮西学的冲击，梳理国内学界对于王德威文学史观的评价，辨清其中的洞见与不察，一方面，有利于国内外的学术交流与对话；另一方面，在批判性反思的基础上，避免对海外汉学的亦步亦趋、盲目追捧，保持自身的"学术自主性"[1]。

一、对"晚清现代性文学史观"的多元评价

关于"晚清现代性"文学史观的论述，最早出现在王德威《被压抑的现代性：没有晚清，何来五四》[2]一文，而全面系统的阐释则见于王德威的晚清小说研究专著《被压抑的现代性：晚清小说新论》。在这本书中，王德威借助对于晚清小说的研究，其文学史观念渐渐浮出水面。他反对主流文学史叙述中将晚清小说仅仅看作是一个从古代文学到现代文学的"过渡"阶段。相较于以写实主义、感时忧国、进化论等话语建构起来的以"五四"为主轴的单一现代性视野，他认为晚清文学是一个众声喧哗的万花筒，晚清作家们种种推陈出新的实验性创作，较诸五四，毫不逊色。"五四"并非中国文学现代性的开端，而是现代性追求变得窄化或是收煞的开始。因此有必要重新勘定现代文学的起点，评估晚清文学的文学史地位。

"晚清现代性"文学史观，看似将现代文学的起源推进到"晚清"，实则是文学史叙事的一次重写。因此，王德威的论述在大陆现代文学研究界引起了广泛的讨论，驳难质疑、支持赞同的声音皆有，大致形成了两极对立的局面。

通过对"晚清现代性"文学史观将近二十年研究成果的爬梳，笔者发现，学界主要以批评商榷的声音为主，且质疑的焦点主要在"晚清起源论"说。如冷露认为王德威虽然试图利用柯文"在中国发现历史"的方法，证明晚清文学现代性的"自生性"，但仍然不脱"冲击—回应"模式的影响[3]。冷露从王德威研究方法难以自圆其说的缺陷展开分析，质疑"晚清起源论"说。学者刘纳则以五四时期繁复多元的文学景观反驳王德威的

---

① 钟海波：《论西学东渐对 20 世纪中国文学的影响》，《甘肃社会科学》2010 年第 2 期。

② 该文作为导论收入《被压抑的现代性——晚清小说新论》（北京大学出版社 2005 年版）一书之前，曾收入王德威《想象中国的方法：历史·小说·叙事》（生活·读书·新知三联书店 1998 年版）；同文又以《被压抑的现代性——晚清小说的重新评价》为题收入王晓明编《批评空间的开创：二十世纪中国文学研究》（东方出版社 1998 年版）。

③ 冷露：《评王德威"被压抑的现代性"说》，《中国现代文学研究丛刊》2002 年第 2 期。

五四"窄化"论，认为王混淆了文学和文学史叙述，质疑其叙述逻辑。①通过史实的举证，刘纳肯定"五四"的价值意义，质疑"晚清起源论"的合法性。除了对现代文学起源问题的争论外，刘成勇则质疑王德威站在后学立场研究现代性话语的合理性。他认为正是这样的研究策略，导致建构和解构的话语纠缠在一起，造成了其论述存在着难以弥合的裂痕。②汪卫东的《"晚清现代性"的悖论与盲区》一文，属于对王德威"现代性"概念的质疑。他批评王德威由于对"现代性"概念缺少清晰的界定，故行文中多处自相矛盾。③

而在少有的赞同之声中，学者李杨的研究视角独特，他从两个方面阐述了"没有晚清、何来五四"的用意，对王德威研究理念和方法予以认同。从"重写文学史"角度，他认为其批判了五四文学的霸权，确立了"晚清现代性"的文学史价值，提供了另一种文学史书写方式；另一方面，他更倾向于将其理解为一个"知识考古学"意义上的解构命题，认为王德威意在挑战"起源论"本身，消除二元对立的文学史观，回到研究文学史本身④。李杨从后现代立场重新解读了"晚清现代性"的内涵，深入剖析和挖掘了王德威研究中的问题意识，注重阐释王德威深层的意图与诉求，为该问题的研究提供了别样的思路。夏伟《"吊诡"在晚清与"五四"之间》一文，中肯地分析了"晚清现代性"文学史观的得与失。对于学界对王德威的部分批评质疑，文章予以辩护并肯定其理论的合理之处，同时指出其论述的内在悖论之处，如"写实过敏""时代错置"等问题，可以说对王德威的理论做出了比较全面辩证的反思。⑤

通过对以往研究成果的梳理，笔者发现，对王德威"晚清现代性"文学史观的批评质疑，多围绕其学理上的破绽展开。学者们从其研究方法、理论背景等角度切入，通过层层剖析，辨析了"晚清现代性"文学史观的偏颇之处，有助于我们以更加理性的态度看待"晚清现代性"文学史观。其次，不论是认同还是批评，大多数学者的研究都聚焦在"五四"与"晚清"的关系上，对于"晚清现代性"文学史观复杂精细的理论设计的研究则少之又少。学者季进对该问题看得颇为透彻，"但对立的双方共同关心的话题却一致落在了'没有晚清，何来五四？'这个观点上，反倒对其具体的论证与探究的过程兴

　　① 刘纳：《也谈晚清和"五四"》，《社会科学研究》2009 年第 2 期。

　　② 刘成勇：《"没有晚清，何来五四"与中国现代文学起点问题》，《吉首大学学报（社会科学版）》2008 年第 6 期。

　　③ 汪卫东：《"晚清现代性"的悖论与盲区——以〈被压抑的现代性——没有晚清，何来"五四"？〉为中心》，《中国文学批评》2017 年第 4 期。

　　④ 李杨：《"没有晚清，何来'五四'"的两种读法》，《中国现代文学研究丛刊》2006 年第 1 期。

　　⑤ 夏伟：《"吊诡"在晚清与"五四"之间——论王德威〈被压抑的现代性〉之得失》，《南方文坛》2017 年第 2 期。

趣寥寥，更遑论做出应对和协商"①。而面对众多的争议之声，多年来，"温柔敦厚"的王德威并未做出回应，直至 2019 年，他将"没有晚清，何来五四"在修辞上做了一次颠倒，以《没有五四，何来晚清》一文正式回应了上述的种种质疑。王德威再次声明"没有晚清，何来五四"不是一个发生学层面的问题，而是考掘学意义上的问题，其目的不在于将现代文学的起源定于晚清，而是一种引发一种问题意识。"没有 / 何来"是一种辩证的修辞方式，旨在引起学者对一系列习而不察的"理所当然"保持警惕，反思现代性研究中存在的种种问题②。这也反映出研究中的不足之处，学界大都将"没有晚清，何来五四"这句话当成了一锤定音的结论，而没有去深究问号的含义，导致研究中视野的偏颇，以局部代替整体，忽视了王德威深层次的意图与诉求，出现了对王的部分误解。

二、新的争论场

近来，王德威主编的《哈佛新编中国现代文学史》（以下简称《新编》）出版，是其文学史研究领域的又一次重要开拓。这部皇皇巨著虽仍未在大陆出版，但早已吸引了研究界的目光。国内的一些期刊早已迫不及待地选登了这本文学史的部分内容，包括长篇导论《"世界中"的中国文学》和"哈佛版"文学史中部分文章，尤其是导论《"世界中"的中国文学》一文，是王德威对于本书的编写理念的一次系统介绍。对于看惯了大陆各种版本文学史的人来说，"哈佛版"文学史的确是异类：它不再借助线性发展的时间线索叙述文学思潮、作家作品，而是依据编年顺序排列 161 篇独立的文章，每篇文章聚焦特定的历史时刻、事件、人物及命题，以散点透视的方式，勾勒出现代文学的复杂面貌；它打破了"文学"的定义，将摇滚乐、漫画、网文、日记、书信等纳入"文学"的范畴；它忽视了主流的家国脉络，借用"华语语系文学"的概念为华文文学、少数民族文学所谓的边缘写作留有一席之地……的确是一次文学史书写方法的实验。

作为王德威的又一文学史力作，相较于《被压抑的现代性：晚清小说新论》一书，《新编》又补充了新的元素、内容，如他近年来大力提倡的"华语语系文学"概念；回应当下的媒介革命，对"文学"概念的扩容；"星座图"式的编写体例等等，都令人眼前一亮。若仔细考究，《新编》仍延续了"晚清现代性"文学史观的研究思路。譬如，"华语语系文学"的提法，与《被压抑的现代性：晚清小说新论》中借助对晚清小说的现代性研究，挖掘被压抑的日常生活叙事有异曲同工之妙，旨在为处于边缘地位的文学写作争得文学史的一席之地；《新编》中所谓时空的"互缘共构"，也呼应王德威此前提及的搅乱历史

①　季进：《论海外汉学与学术共同体的建构——以海外中国现代文学研究为例》，《文艺研究》2015 年第 1 期。

②　王德威：《没有五四，何来晚清？》，《南方文坛》2019 年第 1 期。

发展的线性迷思，以重构文学史诡谲复杂的面貌的诉求。这些都指向王德威文学史研究的基本逻辑：站在边缘展开与中心的对话，重构现代文学史"众声喧哗"的面貌。

　　尽管哈佛版文学史仍未在大陆出版，国内学界已开始了对于《新编》文学史观念（主要是《"世界中"的中国文学》即该书"导言"中的观点）的研究。综观现有的研究论文，主要是对文学史理念或是书写范式的阐释与评价，但其视角有所差异。一是站在宏观的视角，对《新编》的编写理念进行整体性的解读与分析。如陈立峰从文学观念的泛化、"星座图"式的结构方式以及文学史观强烈的解构主义色彩三个方面展开分析，认为其受到了西方新文化史学观念的影响①。陆丽霞也从分析哈佛版文学史的书写形态入手，认为其采用的是宇文所安所谓的文学文化史的方法②。二是自选角度，对《新编》一书的部分撰写理念进行详细解读。如季进的《无限弥散与增益的文学史空间》一文，着重讨论《新编》的小说形态及其理论立场，认为这部充满主观性、创新性的文学史，将对中国现代文学史的认知与建构有极大的启发性③。陈思和的《读王德威〈"世界中"的中国文学〉》一文，重点阐释了以"世界中"作为核心叙述的文学史观，并肯定"世界中"的核心叙述打开了研究视野，具有极强的包容性④。目前研究大多延续该思路，或是对该书的编写体例、断代与分期问题，或是对华语语系文学、"诗"与"史"对话关系等理论进行详细的阐释与分析，肯定哈佛版文学史的创新性实验对于国内文学史研究的借鉴和启发意义，故不再赘述。

　　在肯定的声音、宽容的态度之外，学界也出现了质疑之声。施龙《在"华语语系文学"中穿行的堂吉诃德》一文，在肯定《新编》在编写体例、叙史观念方面取得的重要突破的同时，质疑其反建制化的学术立场，批评"华语语系文学"的概念缺乏实际根基，透露出对王德威观念立场的意识形态的质疑⑤。顾文艳则认为《新编》借助时代错置的叙事法则和"偶然"的现代时空的搭建，"文学"与"历史"的辩证对话关系得以形成，从而使得这本文学史具有文学性特质。同时质疑这样编排设置略显混乱，为读者的阅读带来了一定的挑战，质疑理论的可行性⑥。

---

　　① 陈立峰：《西方新文化史视阈下的文学史书写——王德威主编的哈佛版〈新编中国现代文学史〉介评》，《中国比较文学》2019 年第 1 期。

　　② 陆丽霞：《弥散的话语空间与多维的历史图景——论哈佛版〈新编中国现代文学史〉的书写形态》，《当代文坛》2021 年第 3 期。

　　③ 季进：《无限弥散与增益的文学史空间》，《南方文坛》2017 年第 5 期。

　　④ 陈思和：《读王德威〈"世界中"的中国文学〉》，《南方文坛》2017 年第 5 期。

　　⑤ 施龙：《在"华语语系文学"中穿行的堂吉诃德——评王德威主编〈新编现代中国文学史〉》，《扬子江评论》2017 年第 6 期。

　　⑥ 顾文艳：《"偶然"的诗学——〈哈佛新编中国现代文学史〉中的"文"与"史"》，《当代作家评论》2021 年第 3 期。

总体看来，对于《新编》的评价，似有老调重弹之嫌，重现了对王德威著作《被压抑的现代性：晚清小说新论》或褒或贬的两歧局面。但相较二十多年前的激烈反应，学界对于《新编》的评价愈加理性。学者们能够深入海外现代文学研究的学术传统和历史语境，通过追本溯源式的梳理，探究其学术观点背后的思想资源与理论背景，对其研究做出学理性的阐释。但是对于哈佛版文学史的研究，尤其是对于各种文学史观念与研究方法的阐述，仍略显笼统，不够细致深刻。尤其是对于王德威的文学史观念在《新编》一书中的落实情况的论述，即理论方法的可行性研究少之又少，这或许与多数研究者仍未得见本书的"庐山真面目"不无关联。相信日后该书的大陆版本面世后，学界将会出现更多的研究成果与更加多元的声音。

三、何以评价不一?

王德威的文学史叙事，尤其是"没有晚清，何来五四？"的说法，在大陆学术界产生广泛的争议与反响，或赞或贬的背后与大陆学术理念的变化不无关系。九十年代以来，现代性话语取代八十年代的现代化叙事成为现代文学研究新的理论热点，而王德威以现代性作为方法的"晚清现代性"文学史叙事，正契合了九十年代的学术热点。王力求打破文学史的单一现代性图景，重构多元现代性景观，也打开了文学史研究的新空间，呼应了学术界求新求变的诉求，这成为很多学者赞成"晚清现代性"文学史观的原因。

而学界对王德威文学史观的驳难批评可以归结为以下原因。首先是王的文学史叙事指向对大陆主流文学史观的重写，从其五四立场即可窥见。

八十年代后期，晚清成为现代文学研究界新的学术热点，国内学界主张从历史的连续性重新看待"晚清"与"五四"的关系。1985 年，钱理群、黄子平、陈平原提出"二十世纪中国文学"的概念，提出将"二十世纪中国文学"作为不可分割的有机进程来把握，并将现代文学的起点置于戊戌变法的 1898 年。他们意识到"五四"时期的许多文学思潮与试验都是从戊戌变法之后开始的，较早地关注到晚清这个含混、暧昧的时代。"二十世纪中国文学"概念提出后，对现代文学史的研究与写作产生了巨大的影响，晚清文学的现代性要素也逐渐被关注与重视。1988 年，陈平原的博士论文《中国小说叙事模式的转变》是国内率先讨论晚清小说现代性的研究成果。延续"二十世纪中国文学"的研究思路，他认为中国小说自 1902 年起就开始呈现对传统小说叙事模式的大幅度背离，强调"新小说"家和五四作家共同完成中国小说叙事模式的转变。这说明现代文学研究界关注到了晚清与五四之间千丝万缕的联系，不再将近代、现代作为"新"与"旧"的二元对立完全割裂开来，而是将中国文学的现代转型看成一个动态的变化过程，这不能不说是研究中的一大进步。但是，对于晚清的种种研究均未摆脱将其作为一个从古典到现代的过渡阶段看待的理念，将晚清的一系列文学变革看作后来五四文学革命的序幕。陈平原在《中国小说叙事模式的转变》中直言 1898 至 1916 年的"新小说"具有过渡色彩，直到"1918 年《狂人日记》的发表为标志，在主题、文体、叙事方式等层面全面突破传统小说的藩篱，正式开创了延续至今的中国现代小说"[①]。这恰恰说明这依然是站在五四本位的晚清研究，强化了晚清与五四的因果关系，并未将五四与晚清对立起来看待，五四的权威并未被撼动。虽然"二十世纪中国文学"概念的提出，意在将文学史研究从社会政治史的比附中独立出来，指向了文学史叙事的重写，但可谓"进三步，退两步"，即使将现代文学的起点置于晚清，但启蒙主义、进化论思想仍然支配着文学史研究，总体看来仍囿于五四新文化的价值框架内。

而"晚清现代性"文学史观则显得激进得多，王德威在研究晚清小说的现代性时，不但脱离了五四的价值框架，而且是以五四作为他者展开的。在他的论述中，五四化身为一种僵化保守、蛮横霸道的压抑机制，不仅压抑了晚清以来种种不入流的文艺实验，也造成了文学史叙事的单一与僵化。而自现代文学学科建立以来，"五四"在现代文学研究界一直具有一种图腾式的意义，不但在文学史的断代分期中有着重要意义，而且五四新文化作为一种价值标准支配着现代文学的各种研究。王德威对五四新文学霸权的批判，就不仅仅是对于五四的一种反叛与质疑，更是对于一种既定的文学史写作秩序的反思与反叛。这触动了大陆文学史的生态网，因而招致一片质疑之声。

王德威海外华人的视角与方法，即国内研究界面对海外汉学的复杂心态也是一个重要原因。海外中国现代文学研究为国内研究带来新的理论话语资源的同时，也存在不少问题：国内研究界出现了对于海外汉学不加斟酌，盲目追捧的现象。近年来这种倾向已经逐渐改变和遏制，不少学者已开始对海外汉学进行批判性反思。这种反思"既有对传统汉学'东方主义'意识形态的省思和批判，也有对其'西方主义式'的利用和借鉴"[②]。

作为海外华人学者，王德威拥有多元身份构成，学贯中西的知识修养、身处异域的特定学术语境，与中国本土学者相比，有着完全不同的学术视野与方法。作为一位从中国台湾移民的华人学者，有着独特的文化身份意识，会不自觉地沾染了某种"离散情结"，延续夏志清、李欧梵的研究思路，倾向从边缘看问题，解构正统与典律，借助西方理论与研究方法重构一种众声喧哗的文学史叙事。王德威在一次访谈中对自己的研究特点也颇为自觉，"我受到学术训练的时候已经是欧美的结构主义与后结构主义的时代了，所以我可能不像夏先生那一代，对历史离乱有切身之痛。我对文学、历史、政治的关系也很

---

① 陈平原：《中国小说叙事模式的转变》，上海人民出版社 1988 年版，第 7 页。

② 季进：《海外中国现代文学研究的回顾与反思》，《中国社会科学报》2015 年 3 月 18 日。

有兴趣，但研究的角度自然偏向多元、解构的看法"①。的确，无论是其早期引发极大争议的"被压抑的现代性"观念，还是近年来对"抒情现代性"以及"华语语系文学"概念的极力倡导，都显示了他力图重构多元文学史面貌的学术追求。瞄准大陆现代文学史研究的空白或薄弱之处，以边缘解构中心，与大陆的文学史研究形成有趣的对话，也是王德威现代文学研究的重要思路。因此，王德威以后现代、后殖民、新历史主义等西方理论作为参照系研究中国现代文学，加之其一贯的反建制立场，引发国内学者对他的研究方法与西方理论背景的质疑，其解构中心与正统，追求多元并发的述史策略，也被有些学者质疑为内蕴着"海外汉学"的话语霸权与意识形态。

四、结语

通过对王德威的两部文学史著作《被压抑的现代性》《哈佛新编中国现代文学史》相关研究文献的梳理，笔者发现，既有真知灼见，也有不少偏见与误解。对于王德威文学史观，无论接受抑或批评，都应该秉持一种客观、理性的态度。一方面要看到王德威的观点为国内文学史研究开拓了新空间，有利于国内现代文学研究界取长补短，增进中外的学术交流与对话。另一方面，也不能忽视王德威所处的海外汉学的学术语境。只有在充分了解海外汉学的学术传统和历史语境、辨析其背后的思想资源和理论背景的前提下，才能对其研究进行真正理性的评价。

（作者单位：陕西师范大学文学院）

---

① 季进：《海外汉学：另一种声音——王德威访谈录之一》，《文艺理论研究》2008 年第 5 期。

张仲实对马克思主义
在中国传播的历史性贡献[*]

张积玉

内容提要：张仲实是 1925 年 1 月入党的老一辈无产阶级革命家，我国著名的马克思主义理论家、翻译家、出版家和著名文化战线社会活动家。他毕生从事马克思列宁主义理论的传播和研究，60 年如一日，孜孜矻矻，呕心沥血，为党的理论建设和我国文化事业的繁荣发展做出了重大贡献。然而，考察近年来有关张仲实的研究，从问题到成果均显散碎，缺乏系统和深度，尤其是对张仲实在中国传播马克思列宁主义的成就和贡献，大多按其生平及理论工作的时间先后作了纵向的考察，尚未见以理论问题为逻辑框架的系统研究。马克思主义在中国的传播主要是通过对马克思列宁主义著作的翻译、马列主义理论思想的研究阐释和理论书刊的编辑出版等途径实现的。张仲实一生曾经在上述三个领域长期辛勤耕耘，且都做出了不凡的成就。全面、科学、深入研究张仲实 60 余年坚持不懈在中国传播马克思主义的工作成就、历史贡献及其特点，可以为中国现代翻译史、编辑出版史、中共党史及现代文化思想史研究的深入提供相关观点、材料。与此同时，也可为新时代提振理论自信，坚持中国特色社会主义道路，促进青年一代增强共产主义理想信念，真信、真学、真用马克思主义，自觉学习、践行习近平新时代中国特色社会主义思想提供启迪。

关键词：张仲实；马克思主义理论；理论著作翻译；理论传播；理论研究；书刊出版

---

[*] 基金项目：2014 年度国家出版基金项目"张仲实文集（十二卷本）"（基金办〔2014〕1 号）阶段性成果之一；陕西省社会科学界重大理论与现实问题研究课题"张仲实与马克思主义在中国的传播研究"（2020DS013）阶段性成果之一。

张仲实是1925年1月入党的老一辈无产阶级革命家，我国著名的马克思主义理论家、翻译家、出版家和著名文化战线社会活动家。他毕生从事马克思列宁主义理论的传播和研究，60年如一日，孜孜矻矻，呕心沥血，为党的理论建设和我国文化事业的繁荣发展做出了重大贡献。1984年3月13日，中共中央编译局、中国马列著作研究会、中国翻译工作者协会和中国出版工作者协会四单位在北京人民大会堂举办了"庆祝张仲实从事马列著作翻译、研究50周年座谈会"，表彰他在翻译、研究和传播马列主义方面所取得的巨大成就。党和国家领导人习仲勋、王震、杨尚昆、邓力群、胡愈之，全国政协副主席杨静仁及首都思想战线有关部门负责人，理论界、翻译界、出版界知名人士260多人到会祝贺。国家副主席王震在讲话中指出，张仲实"很早就参加了革命，几十年来一直勤勤恳恳、忠心耿耿地为革命事业工作。革命战争年代，无论在环境十分险恶、白色恐怖异常严重的白区，还是在物质条件十分艰苦的解放区，张仲实同志都在孜孜不倦地宣传革命思想，传播马列主义真理。我在张仲实同志到达延安后才同他认识。当时张仲实同志就在从事马列著作的编译、研究和出版工作。后来他一直在这条战线上坚持战斗。仲实同志为传播马列主义奋斗了一辈子。他的这种革命精神是很可贵的，值得我们学习和发扬"①。中共中央编译局局长宋书声主持庆祝会，中共中央编译局顾问姜椿芳代表举办单位致祝词，有关方面负责人王惠德、吴文焘、王仿之等先后在会上讲话。《人民日报》、中央电视台、《文汇报》等媒体对庆祝会作了宣传报道。自此，翻译界、出版界和学术理论界开启了对张仲实的研究，有关回忆和研究文章相继见诸书报刊，《马克思主义理论家翻译家张仲实》《仲实：张仲实画传、忆念与研究》《〈路德维希·费尔巴哈和德国古典哲学的终结〉张仲实译本考》《〈家庭、私有制和国家的起源〉张仲实译本考》等研究著作先后出版。尤其吴殿尧撰著《中共党史人物传·张仲实》、杨金海撰著《马克思主义传播者的杰出代表——张仲实》等重要成果的发表，两卷本《张仲实文集》、十二卷本《张仲实文集》的先后出版，以及有关高校以研究张仲实为题的博士、硕士、学士论文通过答辩，一方面为研究工作提供了新观点和可靠的资料，同时又推动了研究工作的拓展和进一步深化。梳理近年来有关张仲实的研究，从问题到成果，尚稍嫌散碎，不够系统和深入，尤其已有成果对张仲实在中国传播马克思列宁主义的成就和贡献的论述，多按其生平及理论工作时间的先后作了纵向的梳理，尚未见以理论问题为逻辑框架的系统研究。

马克思主义在中国的传播主要是通过对马列主义经典著作的翻译、马列主义理论思想的研究和理论书刊的出版等途径实现的。张仲实一生曾经在上述三个领域长期辛勤耕

---

① 王震：《在庆祝张仲实翻译研究马列著作50周年会上的讲话》，张复主编：《仲实：张仲实画传、忆念与研究》，中央编译出版社2014年版，第205—207页。

耘，且都做出了不凡的成就，为马克思列宁主义理论在中国传播和党的理论建设做出了重大贡献。全面、科学、深入研究张仲实 60 余年坚持不懈在中国传播马克思主义的成就、贡献及其特点，可以为中国现代翻译史、出版史、中共党史及现代文化思想史研究的深入提供观点、材料。与此同时，也可为新时代干部群众提振理论自信，坚持中国特色社会主义道路，尤其促进青年一代增强共产主义理想信念，真信、真学、真用马克思主义，自觉学习、践行习近平新时代中国特色社会主义思想提供启迪。本文拟分关于理论翻译、理论研究、书刊出版和理论工作特点、结语五个部分展开论述。

一、关于理论翻译

张仲实一生坚持不懈专注于理论著作翻译工作，"时间跨度从 20 世纪 20 年代到 80 年代，涉及领域广泛，涉及语种丰富"①；其翻译成果包括马、恩、列、斯经典原著，有关阐释、宣传马列主义理论思想的著作及社会主义苏联有关经济、政治、文化、历史、教育等文献的编译介绍。

1. 关于马列经典著作的翻译

根据《张仲实文集》（12 卷本）"出版说明"所示："张仲实自 20 世纪 30 年代到 50 年代之间翻译或编译的马克思主义的经典著作 10 部，社会科学译著 13 部，理论研究译文 9 篇，时政评论译文 55 篇，文化发展译文 12 篇。"据笔者查考，以上统计数字尚存在不少遗漏。一是张仲实翻译、编译的马列经典著作，除《文集》收录的 10 部——恩格斯《费尔巴哈论》（即《费尔巴哈与德国古典哲学的终结》，生活书店 1937 年出版）、恩格斯《家族、私有财产及国家的起源》（即《家庭、私有制和国家的起源》，生活书店 1938 年出版）、斯大林《论列宁》（生活书店 1938 年出版）、斯大林《论民族问题》（生活书店 1939 年出版）、列宁《论民族殖民地问题》（解放社 1949 年出版）、《列宁斯大林论社会主义经济建设》上下册（人民出版社 1952 年出版）、《列宁斯大林论中国》（人民出版社 1953 年出版）、《马恩列斯毛论农民土地问题》（晋察冀新华书店 1947 年出版）、《马恩列斯论妇女解放》（新华书店 1949 年出版）等外，尚有他作为第一译者与曹葆华合译的 5 部译著未纳入统计。这些著作计有：列宁《论东方各族人民的觉醒》（辑译，人民出版社 1953 年版）、列宁《民族和殖民地问题提纲初稿》（人民出版社 1953 年版）、斯大林《中国革命问题》（人民出版社 1953 年版）、斯大林《论中国革命的前途》（人民出版社 1953 年版）、斯大林《与中山大学学生的谈话》（人民出版社 1953 年版）；以上列宁、斯

---

① 《〈张仲实文集〉出版说明》，《张仲实文集》（第 1 卷），中央编译出版社 2016 年版，第 1—3 页。

大林的 5 部经典著作，亦未收入 12 卷本《张仲实文集》。其二更为重要的是，延安时期和新中国成立后至他逝世 40 多年间，他的理论翻译和研究工作，主要是在党中央直接领导下的马列经典著作专门编译机构以集体合作的方式进行的，这一时期不署个人姓名的集体编译成果，其实是代表着他经典著作编译工作的最高水平，也呈现了他经典著作编译出版的最大成就。这其中，延安时期他受党中央安排担任党的第一个马列著作编译机构——马列学院编译部主任，负责 20 卷本《列宁选集》的编译工作，主要是根据俄文小说校订英译的译稿。张仲实曾讲道：延安解放社出版《列宁选集》20 卷，"是我国首次用文集形式出版列宁的著作"[①]；1941 年 1 月 25 日，他在延安《中国文化》第 2 卷第 5 期发表的《列宁底著作遗产——为纪念列宁逝世 17 周年而作》一文，在讲到他们正在延安编译、由解放社出版的《列宁选集》时，指出："显然的，中文版《列宁选集》底出版，将是马列主义在中国宣传上底一大进步！"[②]

延安时期译校出版的 20 卷本《列宁选集》，依据的是苏联马克思恩格斯列宁研究院编辑的 6 卷本《列宁选集》。1938 年 5 月，马列学院编译部成立后，解放社于 1938—1939 年两年间，曾翻印了莫斯科外国工人出版社已经翻译出版的中文版《列宁选集》之第 3、5、6、7、8、9、10、12、13 卷等 9 卷，大量发行到各解放区，配合了毛泽东提出的开展 "学习竞赛" 的号召，满足了广大干部学习马列主义理论的需求。1940 年后，《列宁选集》其余 11 卷各卷的译校，主要依据的是莫斯科版的英文版书稿。自此，张仲实开始承担以俄文原版校订《列宁选集》的工作。根据常紫钟、林理明主编的《延安时代新文化出版史》所述，"校订工作因为张仲实的参与而有了改变"；"从这几卷开始由张仲实负责从原文，即从俄文校订。不言而喻，这对提高译文质量，保证译文更忠于原著起了很大作用"。[③]

新中国成立后，张仲实主要在中共中央编译局从事马、恩、列、斯著作的编译工作。在 30 多年的时间里，参与领导、组织了党中央交付的《马克思恩格斯全集》《列宁全集》《斯大林全集》三大全集中文一版的编译出版工程，不仅是负责人，而且亲自校阅审定译稿，为这一党的理论建设的重大工程的完成做出了重要贡献。三大全集的编译出版是一件具有重大理论价值和政治意义的宏大工程，对马克思列宁主义在中国的传播起了重大作用，在党的思想理论建设史上留下了光辉一页。

中共中央编译局原常务副局长顾锦屏曾讲道："张仲实同志担任编译局副局长、顾问长达 33 年，他把自己毕生的全部精力献给了马列著作编译事业，为传播马克思列宁主义

---

① 张仲实：《学习列宁的理论遗产》，《人民日报》1959 年 11 月 7 日。
② 张仲实：《列宁底著作遗产——为纪念列宁逝世 17 周年而作》，《中国文化》1941 年第 2 卷第 5 期。
③ 常紫钟、林理明：《延安时代新文化出版史》，陕西人民出版社 2001 年版，第 82 页。

伟大真理作出了重大贡献。党中央给编译局规定的任务是，系统地有计划地翻译和出版马恩列斯的全部著作。张仲实同志同当时的局长师哲、副局长陈昌浩和姜椿芳同志一起，精心组织了《马克思恩格斯全集》《列宁全集》《斯大林全集》这一宏伟工程的设计和施工。张仲实同志有丰富的马列主义经典著作翻译经验。……他把自己的经验用于组织和指导三大全集的编译工作，他同其他局领导一起制定了《马列主义经典著作翻译校审出版程序》，严格规定了各道工序的职责，既调动个人的积极性，又发挥集体智慧。他们都十分重视译文的质量，经常告诫同志们必须以对党高度负责的精神翻译经典著作。马列著作理论性和科学性很强，翻译只有同研究相结合，才能正确地表达原意。在他们倡导下，翻译和研究相结合，成了我局同志在工作中遵循的基本原则。他们还强调译文要忠实于原著的意思，文字表达力求民族化。'意思准确，译文通顺'，成了衡量译文质量的标准。他们对贯彻中央的指示一丝不苟。为实现中央关于尽快出版三大全集的要求，他们组织全局同志以只争朝夕的精神投身于三大全集的翻译。张仲实同志还率先垂范，身体力行，亲自参加部分译稿的审定工作。经过局领导的精心组织和全局同志的埋头苦干，《斯大林全集》于 1956 年出齐，《列宁全集》第一版于 1969 年出齐，《马克思恩格斯全集》于 1984 年出齐。这是编译局全体同志对于党的理论宣传工作的巨大贡献。这一宏伟工程的完成，是同张仲实同志几十年来含辛茹苦、无私奉献分不开的。"① 张仲实在谈到翻译出版《列宁全集》中文版时曾说过：它虽是"大跃进"的产物，"但它的政治意义却很不寻常，给我国社会主义革命和建设事业提供了强大的马克思列宁主义思想理论武器"②。

张仲实对马列经典著作的编译，除图书外，还编译过一些重要理论文章。如 1934 年 1 月斯大林在苏共第十七次代表大会上的工作报告在苏联报纸上发表后，张仲实即及时译为中文，在《时事类编》（2 卷 9 期、10 期、11 期）分 3 期连载。该文分三个部分：一、世界资本主义的继续恐慌和苏联的对外形势；二、苏联国民经济的兴盛与对内形势；三、苏联共产党"党内生活"，共约 4 万余字。张仲实的译文，使中国广大读者及时看到了斯大林这一重要文献，在上世纪 30 年代的中国社会产生了很大影响。

2. 关于与马列主义理论思想相关著作的翻译

除对马列经典原著的编译外，张仲实还翻译了不少以马列主义理论观点指导研究、宣传阐释马列主义相关学科理论思想的重要著作。据不完全统计，计有著作十余部，这

---

① 顾锦屏：《为传播马克思主义真理奋斗不息——纪念张仲实同志逝世四周年》，张复主编：《仲实：张仲实画传、忆念与研究》，中央编译出版社 2014 年版，第 420—421 页。
② 张仲实：《我的经历》，张积玉、王钜春编著：《马克思主义理论家翻译家张仲实》，陕西人民教育出版社 1991 年版，第 58 页。

其中大多出版后因受读者欢迎，先后多次再版印行。这些著作主要有：

（1）［俄］普列汉诺夫著《马克思主义的基本问题》（为避免国民党查禁，出版时改名为《社会科学的基本问题》）。上海生活书店 1937 年初版，之后多次再版：1948 年，生活书店东北 3 版；1948 年，光华书店列入"马列文库"出版；1949 年，上海生活·读书·新知三联书店版；1957 年，北京人民出版社版；1961 年，北京生活·读书·新知三联书店版。

（2）［苏］拉皮杜斯、［苏］奥斯特洛威强诺夫合著《政治经济学教程》（中山文库）。1936 年，上海商务印书馆初版；1937 年再版。此书对马克思列宁主义政治经济学原理作了系统深入的论述，是学习政治经济学的重要读本，曾在 1920、1930 年代的苏联风靡一时，产生过很大影响，在我国也深受读者欢迎。

（3）［苏］列昂节夫著《政治经济学讲话》（原书名为《政治经济学初学读本》）。1935 年，上海生活书店初版；1949 年，新华书店版；1950 年，汉口版；1951 年，人民出版社版。该著对政治经济学原理作了深入浅出、生动有趣的论述，是初学政治经济学理论的优秀读本，深受我国读者的广泛欢迎。时人吴梦殊在《书报述评：〈政治经济学讲话〉》（《读书与出版》1937 年第 24 期）一文中指出："张仲实先生译的《政治经济学讲话》就是一本最切合于初学者和自学者要求的读物。它的出现对于一切饥渴似的求知者，可说是最丰盛而又清洁的粮食。"

（4）［苏］米丁著《哲学》（百科小译丛之一），译自苏联大苏维埃百科全书，以马列主义理论深入浅出地阐明了哲学的基本理论问题，在当时的哲学界具有权威性。1937 年12 月，上海生活书店初版；1938 年 2 月再版；1949 年 4 月实践出版社初版；1950 年 6 月生活·读书·新知三联书店 4 版。

（5）［苏］柯斯明斯基著《封建主义》（百科小译丛），译自苏联大苏维埃百科全书。1938 年 1 月，上海生活书店初版；1938 年 2 月再版；1939 年 2 月 3 版；1949 年，上海生活·读书·新知三联书店版；1950 年，北京生活·读书·新知三联书店再版。

（6）［苏］列昂节夫、［苏］莫洛托夫等著《社会发展简史》，系张仲实根据列昂节夫《政治经济学初学读本》《苏联新百科全书》、莫洛托夫 1947 年 11 月 6 日《在莫斯科苏维埃庆祝十月社会主义革命三十周年纪念节大会上的报告》编译而成。1948 年年底，解放社版；1950 年 2 月，第 3 版；1952 年，人民出版社再版；党的七届二中全会期间曾列入"干部必读"十二种书，作为新中国成立前后党员和干部理论学习、理论教育的重要读物。

（7）苏联文学顾问会编著《给初学写作者的一封信》。该书从理论和实践上阐发了青年作家如何写作、修养的问题，内容简明扼要，深入浅出。1934 年 9 月至 10 月，在《时事类编》杂志连载，大受我国青年读者欢迎。1935 年 8 月，上海生活书店初版，之后曾多次再版;1949年,北京生活·读书·新知三联书店再版。

(8)[苏]罗森塔尔著《辩证认识论》(百科小译丛之六)。1939年3月,上海生活书店初版;1946年3月,胜利后1版;1947年,胜利后2版;1947年,东北第1版。

(9)[苏]罗森塔尔著《新哲学读本》(新新疆丛书二辑之一),分上下册由文化书店1940年出版。时人树祥在《介绍新哲学读本一书》(《新芒月刊》1940年1卷2期)中评赞道:该书"文字通俗明了,译笔相当流畅而且非常忠实。对于各个论点和范畴,都有明确的探讨"。

在编译出版著作的同时,张仲实还从苏联《真理报》《世界经济与世界政治》《政治经济半月刊》《在马克思主义旗帜下》《布尔什维克》等重要报刊翻译、发表了不少以马克思主义理论观点写作、贯穿马列主义理论思想的文章。据初步统计,此类约有30余篇。重要的如:马扎亚尔《帝国主义第二次大战之火药库》(1933年9月)、穆辛娜《英美斗争与英帝国主义的手腕》(1933年11月)、瓦尔加《现阶段的世界经济恐慌》(1934年5月)、《日寇在中国战场上扫荡战略的历史根源》(1938年3月)、苏联《论国家之加强》(1939年2月)、罗森塔尔《发展乃数量变化的转化为质量变化》(1939年12月)、N.乌拉索夫《论社会主义社会底动力矛盾问题》(1939年2月)、F.高罗霍夫《论社会主义时代生产关系底完全适应于生产力》(1940年9月)、S.柯列斯尼柯瓦《苏维埃社会主义社会的动力》(1940年10月)、亚罗斯拉夫斯基《苏联人民伟大的保卫祖国战争》(1941年6月)、苏联《社会主义与个性》(1950年4月)、M.E.魏辛斯基《苏维埃爱国主义是社会主义社会的动力》(1950年5月)、M.列昂诺夫《批评与自我批评是苏维埃社会发展的规律性》(1950年7月)等等。这些文章的内容涉及哲学、文学、政治、经济、民族、历史等多个领域,在当时的我国读者中产生过积极影响。

3. 有关社会主义苏联经济、政治、文化、历史、教育等著述的编译

上世纪三四十年代,传播马列主义理论,一个重要的途径就是宣传世界上第一个社会主义国家苏联在政治、经济、历史、文化、教育、理论各方面建设所取得的成就。张仲实一生编译、出版了不少有关宣传、介绍苏联的重要著作与文章。生活在国民党反动统治下的中国民众,正是通过对社会主义苏联的了解,才直观地知道了什么是社会主义,进而接受马克思主义理论,懂得了革命的道理,选择了走革命道路。据统计,张仲实上世纪三四十年代编译的有关苏联的图书多部,编译的文章多篇。1938年年终,他在《苏联历史讲话》的《译者序言》中曾讲到,自己有一个宏大的设想——"编译一套《苏联研究丛书》",以满足当时"大为增加"的"国人研究苏联的兴趣"。[①] 然而,"在敌人疯

----

① 张仲实:《〈苏联历史讲话〉译者序言》,舍斯达柯夫:《苏联历史讲话》(苏联研究丛刊),张仲实编译,生活书店1939年版。

狂进攻、武汉紧急的当儿"译完该书，他就匆匆离开重庆去新疆开辟生活书店新基地了。虽《苏联研究丛书》的编译计划未能全部实现，但他编译、撰著的有关介绍、宣传社会主义苏联的著作、文章亦数量可观。其中译著重要者有：《苏联政治制度浅说》，1934 年 12 月，上海生活书店版；《苏联五年计划执行总结》（30 万字），1934 年交商务印书馆，未能出版，原因是出版社怕引起麻烦，不敢出版；《苏联新宪法研究》（编译），1937 年，上海生活书店版；［苏］伊凡诺夫等著《俄国怎样打破了拿破仑》（辑译），1938 年 3 月，汉口生活书店；［苏］A. 舍斯达柯夫编著《苏联历史讲话》（苏联研究丛刊），1939 年 3 月，重庆生活书店版；［苏］魏辛斯基、［苏］开罗夫等著《苏联的爱国主义教育及其经验》（编译），1951 年，人民出版社版。①

除译著外，张仲实还在《时事类编》《中苏文化》等报刊发表有关苏联的译文多篇，其中仅刊发在《时事类编》上影响较大的就有：高尔基《论苏联的文学》（高尔基 1934 年 8 月 7 日在全苏作家大会上的报告，1934 年 2 卷 25 期、26 期、27 期连载），法捷耶夫《我的创作经验》（1935 年 3 卷 3 期），S.P.《苏联的贸易政策与世界经济恐慌》（1933 年 1 卷 8 期），列温娜《两种收成——两种制度》及《真理报》原载《十五年来苏联和平政策成功大事记》（均刊 1934 年 2 卷 4 期），苏联国家设计委员会《苏联第二次五年计划第二年度（1934 年）之计划》（1934 年 2 卷 5 期），《苏联的书报出版事业》（1934 年 2 卷 15 期）等。这些译文大都含蕴马列主义理论观点和社会主义思想，传播了先进文化知识，在引导、帮助人们了解和正确认识苏联社会主义制度及其建设成就方面，产生了积极的影响。

基于扎实的理论功底和深厚的外语造诣，以及对待翻译工作态度极其认真严谨，张仲实的译著译文之质量广受好评。在延安与张仲实一起编译《列宁选集》的著名翻译家、中共中央编译局原顾问何锡麟曾说道："仲实同志在到延安之前，已译过不少马列主义的理论著作。他翻译的恩格斯《费尔巴哈与德国古典哲学的终结》和《家庭、私有制和国家的起源》以及斯大林《论民族问题》等等，是饮誉翻译界和学术界的著名译本。"②

2019 年，中共中央编译局原秘书长杨金海等主编了一套"马克思主义经典文献通考"丛书，学者田毅松在其《〈路德维希·费尔巴哈和德国古典哲学的终结〉张仲实译本考》一书中讲道："客观地说，《费尔巴哈论》是对中国人影响最大的马克思主义经典文献之一。人们对马克思主义尤其是辩证唯物主义的理解或多或少受益于《费尔巴哈论》。但是，

---

① 张积玉、王钜春：《张仲实著译年谱》，张积玉、王钜春编著：《马克思主义理论家翻译家张仲实》，陕西人民教育出版社 1991 年版，第 386—439 页。

② 何锡麟：《难忘的岁月——忆在延安与仲实同志相处的年代》，张积玉、王钜春编著：《马克思主义理论家翻译家张仲实》，陕西人民教育出版社 1991 年版，第 58 页。

很少有人注意到，在所有的《费尔巴哈论》译本中，张仲实的译本影响最大，也最值得做一番考证。"① 他认为："张仲实译本不可否认具有很强的学术价值和实践意义。""首先，《费尔巴哈论》张仲实译本在很多哲学术语的选择上都体现了学术性和专业性，这为今后的马克思主义经典著作翻译树立了榜样。""其次，张仲实译本做了扎实的解释性工作。在译文中，张仲实对恩格斯行文中的很多术语进行了译介……，进而为准确理解恩格斯的行文做了充分准备和铺垫工作。""最后，张仲实的《费尔巴哈论》译本在某种程度上蕴含着一种科学的翻译理念，指导人们在翻译的过程中应该使用中国人习惯的语言而非欧式语言来遣词造句。""更重要的是，张仲实的《费尔巴哈论》大体上确定了翻译的基本框架，确定了基本术语的翻译等内容。如果说，后人的成就是站在巨人的肩膀上，那么张仲实在某种意义上充当着巨人的角色，既推动了马克思主义经典的翻译工作，也为这些工作确定了标准。"②

刘曙辉在其《〈家庭、私有制和国家的起源〉张仲实译本考》一书中指出："《家庭、私有制和国家的起源》是恩格斯晚年最重要的著作之一，在马克思主义发展史中占有举足轻重的地位。""张仲实该著的译本是在延安时期学习马克思主义的大潮中应运而生，后经多次再版和重印，是目前发行量最大传播最广泛的早期译本。张仲实在翻译该著的过程中，以恩格斯的大量书信、著作等资料为基础，力求用恩格斯自己的思想和话语，全面、客观并真实地把握《家庭、私有制和国家的起源》的结构框架和主要内容，为读者提供一个可信赖的译本。张仲实译本的质量实属上乘，不论是细节上的行文措辞，还是对原著观点的精准把握，都完整地传达了恩格斯这部重要著作的主旨和唯物史观的基本原理，对于广大人民群众学习和研究马克思主义的基本原理，运用马克思主义的立场、观点和方法都具有重要的启示意义。"③ 由以上专家、学者的专业性评价可见，张仲实理论翻译的水平和译著的质量，是得到了翻译界、学术界一致充分肯定的。也正因为如此，才保证他在完整、准确翻译、传播马列主义理论思想方面取得了重大成就和贡献。

二、关于理论研究

张仲实的理论研究包括对马列经典著作思想的研究阐释、马列主义有关重要理论思想的研究探讨以及抗战宣传和国际政治、经济问题尤其社会主义苏联的研究与评论。

① 田毅松：《〈路德维希·费尔巴哈和德国古典哲学的终结〉张仲实译本考》，辽宁人民出版社2019年版，第26页。
② 田毅松：《〈路德维希·费尔巴哈和德国古典哲学的终结〉张仲实译本考》，辽宁人民出版社2019年版，第48—49页。
③ 刘曙辉：《〈家庭、私有制和国家的起源〉张仲实译本考》，辽宁人民出版社2019年版，第48页。

1. 对马克思、恩格斯重要著作及其思想的研究

（1）关于马克思对中国民族解放战争的同情和支持的论述

张仲实对马克思、恩格斯的研究，开始于抗日战争初期。1938年5月，他为纪念马克思诞辰120周年在《抗战》（三日刊）上发表了探讨马克思与中国革命关系的《同情于中国民族解放战争的马克思》一文，这是其研究马克思思想的第一篇专题文章。该文开头写道："现在苏联社会主义建设的成功的事实，更证明了马氏学说的正确"；"在今日中华民族怒吼起来，与日本帝国主义作生死斗争的当儿，遇着这位巨人的诞生一百二十周年纪念，当然有着重大的意义"。文章主要论述了马克思当年对欧洲资本家掠夺中国的诅咒，对我们的祖先反抗强暴表示的极大同情。他认为，19世纪中叶以来，随着欧洲资本主义侵略势力逐渐侵入和中国逐渐沦为半殖民地，各国资本家垄断舆论，竭力诅骂中国人民"野蛮"，编造成他们侵略的口实。而欧洲的一般民众因交通的不便，对中国的情况知之甚少，这时，"唯有马克思则高举着真理与正义的旗帜，站在中国方面"。他面对欧洲强盗对中国的进攻，中国境内发生的中英鸦片战争、太平天国运动、英法联军进攻广州和天津之役、帝俄趁火打劫占领东北黑龙江领域领土之举等重大事件，特别写作了两篇通讯，揭露事件真相，指斥了欧洲强盗无耻的侵略行为，处处对中国表示同情。他写的两篇通讯指斥英国政府向中国输入毒品鸦片，是"戴着基督教的假面具"，是"装腔作势"，"违禁的鸦片贸易以牺牲人命、伤风败俗来每年充实英国国库"。关于英法联军之役，马克思曾写过十几篇通讯，一方面抨击英国的侵略行为，指斥英人为"海盗"，对其在华的残暴行动表示极大愤怒；另一方面，对中国民众的反英斗争却竭力称赞，说"这是争取生存的战斗，这是谋保存中华民族的人民战争"，并指出"对于奋起的民族在人民战争中所采取的手段，不应根据通常进行战争的公认法则的观点，或者根据某种抽象的标准，加以估计，而只应根据这个奋起的人民已达到的那种文明程度的观点来加以估计"。讲到太平天国运动爆发的原因，张仲实认为国内一部分学者当时认识不清楚，而马克思很早就有"很深刻的观察"，认为这完全是由于"英国的大炮所引起的，英国曾用大炮来逼迫中国输入那种名为鸦片的催眠剂"。张仲实在文章中还特别援引了马克思1850年在《列强与太平洋革命》一文中对中国人民争取独立与自由斗争前途的预测，指出：在马克思写作这篇文章一年后"中国就爆发了伟大的太平天国革命运动，这充分证明了马克思的观察的敏锐"。尔后，中国又继续爆发了数次英勇的反帝反封建斗争，如义和团起义、辛亥革命、北伐战争等等。尤其"中国对日寇的抗战，可说是近百年来中国民族解放斗争的继续！"[①]张仲实的文章，对于正在与日本侵略者进行殊死斗争的中国人民，

---

① 张仲实：《孙中山与列宁》，《抗战》（三日刊）1938年第68期。

具有极大的启发、激励和鼓舞作用。

（2）关于《资本论》研究

张仲实对马克思、恩格斯及其理论思想的深入研究是在他到了延安之后。上世纪 40 年代初，在延安由于党中央、毛泽东的倡导，曾掀起过一个学习和研究《资本论》的热潮，不少人研读《资本论》的兴趣极为浓厚：有的成立了"读《资本论》小组"，定期举行讨论会，实行集体研究；有的个人自修，潜心研读；至于各学校政治经济学课程，都将《资本论》列为必读书。在当时的延安，怎样学习、研究《资本论》成为引人关注的问题。张仲实此时应合党的这一迫切需要，在到达延安后不到半年时间即及时写作发表了近两万余字的长篇论文《怎样研究〈资本论〉》（载延安《中国文化》第 2 卷第 3 期，1940 年 10 月 6 日）。该文高度概括了马克思这部科学巨著的主要内容，详尽地阐述了学习、研究《资本论》的意义和方法等问题，对延安及各革命根据地干部学习、研究《资本论》极具指导意义，提供了切实的方法论方面的帮助。

该文紧密联系《资本论》的内容，从三个方面对研究《资本论》的意义作了概括分析。张仲实指出：《资本论》发现了资本主义社会发生、发展及其灭亡的法则，揭开了资本主义剥削的秘密，从而给全世界的被压迫阶级和被压迫民族指出了争取解放的路径和终极目的；《资本论》概括了无产阶级革命运动的丰富经验，阐明了无产阶级革命斗争的巨大意义，指出了达到这一运动的终极目的之途径："他用他的著作帮助无产阶级认识自己在资产阶级社会中的地位，并为消灭资本主义奴隶制而斗争"；《资本论》是应用辩证唯物论分析问题的最好的榜样，辩证唯物论像一条红线一样贯穿着全部《资本论》。文章认为："研究《资本论》，乃是掌握马列主义理论的最重要的一个环节。凡愿意布尔什维克式地认真掌握马列主义理论的人，都应当以阅读、研究马克思这部基本著作为自己的任务。"

讲到读《资本论》的准备工作，张仲实提出，对《资本论》应当根据列宁和斯大林的著作来研究，"在研究《资本论》时，应当把他俩的著作作为基础"。他认为，列宁的《什么是"人民之友"及它们如何反对社会民主派？》《卡尔·马克思》《马克思主义的三个来源及三个组成部分》《马克思学说的历史命运》等，斯大林的《论列宁主义的基础》等，"都是研究《资本论》的入门书"。

恩格斯对《资本论》第 1 章的 3 篇评论，以及他的《资本论第一卷摘要》，对《资本论》的内容，作了简明扼要、通俗而又深刻的解释。尤其是对"马克思经济学说的基石——剩余价值论"，对"初读《资本论》者所常常感到困难的一些个别问题——比如货币—商品—货币这个总公式的矛盾"作为精选的问题，都有清楚而深入的阐释。

他还提到，也可以将马克思的《雇佣劳动与资本》《工资、价格及利润》与《资本论》

结合起来读。初读经济学的人，也可先读列昂节夫的《政治经济讲话》（张仲实翻译），以之作为研读《资本论》的入门书。

文章还对读《资本论》的次序、读《资本论》的方法以及需要参考的"补充读物"等作了详尽阐说。

（3）论马克思、恩格斯的主要著作及研究它们的方法

全国解放前夕，张仲实配合全党学习马列主义理论的运动，为回答读者提问撰写发表了《马恩列斯底主要著作和研究它们的方法》（载《中国青年》1949年6月25日第9期、7月7日第10期）。文章简明扼要地介绍了马列主义的主要著作，以及学习、研究它们的步骤和方法。他指出："马克思主义学说有三个组成部分，即哲学、政治经济学及社会主义。它在社会思想的发展上揭开了一个新时代。它是一种关于自然界、人类社会及思想发展一般规律的科学，是一种普遍真理，'放之四海而皆准'，只是它应用于各民族的具体条件时，在细节上有所不同而已。"

文章高度重视和特别强调了研究马克思主义理论的方法。他深刻地分析总结了马克思主义创始人对待前人理论学说的正确态度，鲜明地反对教条主义，坚持了理论联系实际的学风。在文中，张仲实对马克思、恩格斯常说的"我们的学说，不是教条，而是行动之指南"作了精辟的解释：

所谓"行动之指南"，是指的用理论分析具体环境，了解事物的内部联系，确定方针——解决实际问题的手段和方法；如果环境改变了，那手段和方法也应当随之而改变。这就是说，我们研究马克思列宁主义的目的，并不是为了理论而学理论，为了马、恩、列、斯而学马、恩、列、斯，而是为了我们的实践，为了解决我们行动的实际问题，也就是为了分析中国现状和中国历史，分析中国革命问题与解决中国革命问题。

这里，张仲实以马克思、恩格斯的理论思想为指导，深刻透彻地阐明了学习和研究马列主义的正确目的、原则和方法。与此同时，他还特别强调了学习研究马列主义，最重要的是要"善于区别它的字句和实质，并领会这种实质"。他一再反对那种只知死读条文，熟读公式和结论，而不顾联系实际的教条主义；指出学习和研究马列主义的目的全在于应用，否则，即使读了一万本马、恩、列、斯，每本又读了一千遍，以至于句句都能背诵，也是没有用处甚至是有害的。张仲实这些见解，不仅在过去而且对于我们今天学习、掌握马克思主义理论，仍然具有很强的针对性和十分重要的启迪意义。

全国解放以后，张仲实先后在《人民日报》等发表了《〈德意志意识形态〉对历史唯

物主义基本原理的阐述》（1963年1月9日）、《〈神圣家族〉一书对于历史唯物主义若干基本原理的阐述》（1962年8月）、《马克思的研究工作》（1961年7月14日）、《介绍〈马克思恩格斯全集〉第一卷》（1957年2月14日）、《介绍〈哥达纲领批判〉》（1959年8月20日）、《巴黎公社和马克思列宁主义事业的发展》（1961年3月18日）、《学习马克思主义理论遗产》（1974年10月2日）等论文多篇，并于1983年出版了《马克思恩格斯传略》。这些论著都对马克思主义创始人的重要理论思想作了全面、准确的理解、把握和阐释，分析论述问题深入浅出，透彻清晰，为学习掌握马列经典著作的内容指出了要点，为推动党内外学习、研究马克思主义理论起到了重要的指导和帮助作用。

2. 对列宁、斯大林著作及其思想的研究

在60余年的理论工作中，张仲实始终坚持从中国革命和建设的实际需要出发，十分重视对世界上第一个社会主义国家的缔造者列宁和斯大林的著作及其思想的研究、阐释。根据初步考察，早在1938年纪念列宁逝世40周年时，张仲实就撰写发表了《孙中山与列宁》（载《抗战》三日刊第39号，1938年1月23日）。1940年5月到延安后，张仲实陆续撰写、发表了多篇有关列宁的理论研究文章，其中重要的篇目就有：《掌握创造性的马克思主义——为纪念列宁逝世十七周年而作》（延安《解放》周刊第123期，1940年12月29日），《列宁底著作遗产》（延安《中国文化》2卷5期，1941年1月25日），《三个文件译文的校正》（1942年8月5日延安《解放日报》），《列宁如何研究马恩底著作》（延安《解放》周刊1944年第114、115期连载），《关于〈左派幼稚病〉中译本一些初步的校正意见》（1944年1月14日延安《解放日报》），《纪念列宁》（《中国青年》1950年第4期）。1959年11月7日是十月革命胜利纪念日，张仲实撰写了《学习列宁的理论遗产》，在《人民日报》发表；同日，他还在《北京日报》发表了《经典著作要介绍，译文要评论》。1961年3月18日，他撰写了《巴黎公社和马克思列宁主义事业的发展》，在《人民日报》发表；同年7月14日，又撰写了《列宁和辛亥革命——纪念辛亥革命五十周年》，在《光明日报》发表。关于斯大林，他亦写作发表了不少理论研究文章。在此，仅就部分研究成果作一阐析。

（1）关于列宁的著作遗产的阐析

1941年1月，张仲实在延安《中国文化》第2卷第5期发表了《列宁底著作遗产》一文，对列宁及其著作给予了高度评价。他指出：首先，"列宁是无产阶级底最伟大的战略家和理论家"，"他的所有著作，乃是科学共产主义底无穷无尽的思想富源，是科学共产主义的一部真正的百科全书。举凡新的历史时代——帝国主义与无产阶级革命时代的一切巨大事件，在他的著作里面，都获得了理论上的阐发。"

他在文章中写道："凡在某种程度上与工人阶级谋解放的斗争接触的知识和实践，没有一个部门，列宁不充实以极伟大的观念的。"19 世纪后半期和 20 世纪初 25 年各国人民生活上稍微伟大一点的事件，科学方面稍微重要一点的现象，劳动群众反对压迫和剥削的斗争，殖民地和半殖民地人民谋解放斗争的稍微大一点的事实，"在列宁的著作里面未得到天才的阐发的，你举不出一件来"。举凡历史问题、政治经济学问题、哲学问题、自然科学问题、工人阶级的战略与策略问题、关于政党的学说、职工运动与合作社运动问题、文学和艺术问题、帝国主义的一般理论、民族殖民地问题、土地问题、苏维埃社会主义国家对内和对外政策的问题，乃至婚姻与家庭问题，在列宁的著作里面都得到了全面的阐发和发展。

他分析指出，列宁还是唯物辩证法的不可超越的大家，他在自己的著作里，在各个不同的历史时期，曾经提出了许多新的问题，断然地打破了一切陈旧的和过时的观点，粉碎了各色各样的反马克思主义的、反革命的理论。他认为，列宁还有很多科学的发现，这些发现的新的内容充实了马克思主义的理论，向前发展了它的方法，武装了工人阶级去进行胜利的争取共产主义的斗争。譬如资本主义发展到帝国主义阶段的规律性的发现和科学的帝国主义理论的创立；社会主义在一国内有胜利可能而在一切国家内则没有同一时候胜利可能的学说及新的社会主义革命理论的创立；将苏维埃政权作为无产阶级专政国家形式——作为工农阶级联合特殊形式的发现；等等。总之，列宁的一切著作都是创造性的马克思主义的典型模范。所谓创造性的马克思主义，就是"把问题的重心从对马克思主义的外表的承认移到对它的实行，特别是将它转化于生活上面来"，亦即对马克思主义的创造的理解和创造的应用。正是基于对马克思主义的这样的了解，乃是列宁活动的杰出的特征，它像一根红线一样贯穿着他的一切作品。

张仲实指出，列宁的著作教导我们以巨大的原则性。列宁对于阶级斗争中的原则、观念，总是予以特殊重要的决定意义。他严格地保卫马克思主义的理论，使它不要遭受任何异己的影响。他说，在联共（布）历史上往往有这种情形，即党内多数的意见是跟无产阶级的根本利益相冲突的，可是列宁总是勇敢而坚决地坚持原则的立场，甚至出现反对多数，但后来他终于将这种多数争取到自己方面来了。

总之，通过深入分析，张仲实认为列宁著作的观念的丰富是不可估计的。他的观念已成为一种伟大的物质力量；"所以，谁想要切实地掌握马克思列宁主义，那谁首先就应当经常地研读列宁的著作，在解决大的或小的问题时，就应当和列宁'商议'，向他'请教'"。这些见解，今天对我们学习马列著作、掌握和运用马克思列宁主义理论仍具有重要启迪价值。

（2）关于对列宁民族解放运动学说的阐释

上世纪 60 年代初，在帝国主义的殖民主义体系日益瓦解，亚洲、非洲和拉丁美洲被压迫民族反帝解放运动风起云涌之时，张仲实撰写了《学习列宁关于民族解放运动的学说》一文，在 1960 年第 12 期《中国工人》上发表。文章分四个问题系统深入地阐述了列宁关于民族解放运动的理论思想。

文中，张仲实首先深入阐述了列宁关于民族解放运动与无产阶级社会主义革命关系的论述。他认为，列宁从对帝国主义实质的分析中得出了民族独立运动是世界整个社会主义运动的一部分的结论。帝国主义是无产阶级革命的前夜，帝国主义把世界分裂成两个营垒：一方面是少数帝国主义列强，另一方面是广大的被压迫民族。垄断资本竭力惨无人道地掠夺、奴役和剥削殖民地、半殖民地的人民，这就不可避免地要引起被压迫民族反对帝国主义压迫、争取民族解放运动的高涨。这样，在帝国主义条件下，无产阶级的社会主义革命与被压迫民族的解放运动就结成一条战线；无产阶级革命只有与被压迫民族的反帝解放运动结成革命联盟，才能获得胜利；而民族问题也只有同无产阶级革命相联合并在无产阶级革命的基础上才能彻底解决。张仲实指出：毛泽东在《新民主主义论》中"创造性地向前发展了列宁的这个原理，用新的经验丰富了它"。毛主席制定的我国革命第一阶段即新民主主义革命的总路线，规定新民主主义革命即无阶级领导的、人民大众的、反对帝国主义、封建主义和官僚资本主义的革命。正是在这一总路线指引下，中国人民才取得了革命第一阶段的伟大胜利，建立了中华人民共和国。

其次，阐析了列宁关于民族解放运动实质的论述。文章指出："马克思主义者同机会主义者相反，认为殖民地半殖民地民族问题……实质上是农民问题，民族解放运动实质上是农民运动。"根据列宁的论述，他认为："在殖民地半殖民地国家里，无产阶级政党必须把一般的革命理论同本国的社会历史条件结合起来，必须同农民运动建立一定的联系，在实际中领导农民。"张仲实在文中提出："毛主席天才地独创性地解决了列宁所提出的这个任务。"

再次，阐述了列宁对待民族资产阶级的政策。张仲实认为："如何对待资产阶级，也是民族解放运动的一个根本问题。"文章在对列宁关于民族资产阶级两面性的科学论述作出分析之后，指出："只要被压迫民族的资产阶级同压迫民族进行斗争，无产阶级就无论如何都比任何人更坚决地支持他们；或者是依仗外国反动势力来镇压本国人民革命斗争的时候，无产阶级就反对他们；同时，在同他们结成临时联盟时，无产阶级要绝对保持自己的独立性，不能跟他们混为一体。"他认为，毛泽东同志在对待民族资产阶级政策方面"更有创造性的贡献"。

此外，文章还阐析了列宁关于民族解放运动在世界无产阶级革命中的作用。文章引述列宁大量言论说明：被压迫民族解放运动对于世界劳动人民解放运动的命运是有伟大的意义的。他还引用毛主席一再强调指出的"人民是决定的因素"，阐明觉醒了的人民正是天下无敌的力量。

（3）关于列宁对马克思、恩格斯著作的研究

1940年，张仲实在延安写作、发表了《列宁如何研究马恩底著作》（载延安《解放》周刊第114期—115期，1944年5月）一文。在该文中，他就列宁对马克思主义理论的态度、列宁研究马克思主义理论的方法、列宁在解决无产阶级政党在资产阶级民主革命中的战略策略、无产阶级在社会主义革命中取得政权以及关于国家和无产阶级专政问题时，如何运用马克思主义理论等问题作了透彻的分析阐述。他指出："列宁跟一切伪马克思主义者根本不同的地方，就在于他不是只限于在外表上承认马克思主义，而是把'问题底重心从对马克思主义的外表上的承认移到对马克思主义的实行，移到把马克思主义转化于生活上面'，就在于他的言行底一致。"他把列宁对马克思主义理论研究的精髓概括为以下七点：

第一，"理论不是教条，而是行动的指南针，理论不是事先背熟的图式，而是对具体材料的具体研究，是对新的经验的概括。"

第二，"理论家，领袖必须要跟群众联系起来。跟群众的工人运动没有联系，社会主义便是一句空话。"

第三，列宁也强调指出："理论是不能够以既成的方式，以既成的教条的方法，献给群众的，而应当由群众从自己的经验中所领略。"

第四，"列宁教导我们要从资产阶级科学底发展中抽取一切有价值的东西，领略科学的真正成就。"

第五，"马克思主义理论家在研究运动着的现实时，应当在理论上概括新的，以新的代替陈旧了的。""斯大林指出列宁正是'勇敢地反对陈旧了的科学而为新的科学开辟道路的科学伟人'"。

第六，"列宁总是从与当前斗争底具体任务之密切联系上来研究马、恩二氏的著作的"。

第七，"列宁把马克思主义并不视作教条，而以先进科学的代表者，估计新的历史经验，来发展马克思主义的理论"。

他在文章中总结说道：（1）"列宁研究马、恩二氏底著作，总是跟无产阶级在现实上正在进行的群众革命斗争底具体而迫切的任务，密切联系在一起的。他在最积极的参加这一斗争，作为这一斗争底指导者，并估计这一斗争的经验时，总是缜密地研究'当时社会的毫无例外的一切阶级的相互关系之总和'和全部国际环境。"（2）"列宁在研究马克思、恩格斯时，总是在他们的著作中汲取一切经验教训解决当时斗争底具体任务。列宁把马、恩二氏的伟大共产主义学说实现于生活，列宁创造了布尔塞维克政党——新型

政党，以马克思主义革命学说的精神训练了这一政党，并以新的观念充实了这一学说。"上述这些深刻的见解，透彻地阐明了列宁对马克思主义的科学的思想、态度和方法。

（4）关于列宁与中国革命的研究

张仲实十分重视列宁对于中国革命的关注与研究，他曾在数篇文章及《列宁传略》等有关著作中对此作过论述。在此，仅以两篇文章为例加以说明。

在纪念列宁逝世 40 周年时，张仲实在发表于《抗战》（三日刊）1938 年第 39 号的《孙中山与列宁》一文中指出，列宁"是苏联革命的伟大导师"，"他的事业——伟大的十月革命，已经决定了他在人类社会发展史上的位置，他的遗产——蒸蒸日上的社会主义的苏联，已经表明了他的对人类贡献的伟大"。"列宁不仅是俄国人民的领袖，而且是全世界劳苦大众和被压迫人民的领袖。"文章特别分析了列宁在 1913 年所写的《落后的欧洲与先进的亚洲》一文"对于中国民族解放运动和反帝斗争"所寄予的"无限的深厚同情"；联系抗日斗争现实，他认为，列宁在 25 年前"就看清了中国人民如火如荼的反帝斗争的伟大意义，这证明他的观察是如何的敏锐，他的识见是如何的远大"。

1961 年 10 月 8 日，张仲实在《光明日报》发表了《列宁和辛亥革命——纪念辛亥革命五十周年》（载 1961 年 10 月 8 日《光明日报》）一文。文章总结、阐明了列宁对中国辛亥革命的发生所表现出的极大的关怀、重视和欢迎的态度，尤其重点分析了他在 1912—1913 年不到一年中所写出的分析中国民主革命和有关问题的 5 篇论文的内容，分析了列宁关于辛亥革命重大意义的论述；同时还对列宁关于欧美资产阶级的腐化、贪婪、对外侵略政策以及对中国革命的仇视的深刻揭露作了分析。对列宁当时就从革命发展的角度出发高呼"落后的欧洲和先进的亚洲"的预见，作了具体分析阐述。张仲实写道：

> 一方面，列宁一再称赞了中国人民的高贵的革命品质，并对辛亥革命作了高度评价。列宁指出："这个伟大的人民不仅善于为自己历来的奴隶地位而痛心，不仅善于向往自由和平等，而且还善于同中国历来的压迫者作斗争。"并说："四万万落后的亚洲人民已经争得了自由，觉醒了起来，参加了政治生活。地球上四分之一的人口，已经从酣睡中清醒，走向光明、运动、斗争了。"列宁还把辛亥革命同俄国 1905 年革命联系起来，指出亚洲已出现了"极大的世界风暴的新泉源"。

在该文中，张仲实分析指出：列宁深刻地揭露了欧洲各国资产阶级的腐化、贪婪、对外侵略政策以及对中国革命的仇视。认为这些国家的资产阶级"已经腐化透顶，从头到脚沾满了脏污和鲜血"，他们"甘愿于一切野蛮、残暴和罪恶的勾当，以维护垂死的资本主义奴隶制"。这种资产阶级本来就"把中国看作一块肥肉"，现在他们不是对中国的革命，对自由和民主事业热忱，而是冷淡，是"渴望掠夺中国，开始瓜分中国，攫取中国的领土"，同以袁世凯为代表的"中国反动势力和中世纪的势力结成联盟，妄图扑灭中国革命。列宁当时从革命发展的角度出发，高呼'落后的欧洲和先进的亚洲'，认为亚洲在文化技术的发展方面是落后的，但在政治方面，却到处都有强大的民主运动在增长、扩大和加强，几万万被压抑的、沉睡在中世纪停滞状态中的人民觉醒过来了，他们要求新的生活。为多数人的起码权利、争取民主而斗争，有力地推进社会向前发展。"张仲实指出：世界形势的发展也充分证明了列宁当年的预见："中国已经成为强大的社会主义国家；亚、非、拉三洲许多国家都已经获得独立。"在世界舞台上，帝国主义反动派任意控制、宰割世界的时代已经一去不复返了。

这篇文章从一个侧面全面透彻地阐明了列宁关于无产阶级国际主义的思想和精神，这对当时亚、非、拉人民反对帝国主义的斗争是一个有力的支持和鼓舞，今天对我们正确观察和认识当代世界形势仍具有现实价值。

（5）关于斯大林著作及其思想的研究

在对马、恩、列、斯著作及其思想的研究中，张仲实对斯大林的研究用力不小。其成果一部分是单对斯大林进行研究的，更多的是在研究列宁的同时涉及斯大林，把两人联系起来加以研究的。

张仲实对于斯大林著作思想的研究，最早也是最为重要的成果要算1940年12月29日写作，在延安《解放》周刊第123期发表的长文《掌握创造性的马克思主义》中的第3节《斯大林就是今日的列宁》、第4节《学习列宁斯大林的榜样——马克思主义中国化》。在该文中，张仲实写道："斯大林则是马克思、恩格斯、列宁学说的最伟大的继承者与发展者，是社会主义建设的伟大的理论家与战略家。""像列宁一样，他是创造性的马克思主义的大家。他根据新的历史条件和苏联建设社会主义的实践经验，又向前推进和发展了马克思列宁主义，给马克思列宁主义的'总宝库'又添加了好多珍贵的东西。他对于马克思列宁主义理论的各个命题都加入了有成立的创造工作的一部分。"文中，张仲实分六个方面，对斯大林关于马克思列宁主义理论的新发展作了深入具体的论述。[①]

1941年1月15日，张仲实在《解放》周刊第125期上发表了《斯大林早年的哲学思想——读书札记》，该文针对当时某些帝国主义国家的政论家对斯大林的污蔑，说他"是一个实行家，不是一个理论家"，尤其不关心哲学等等谬说，一一作了驳斥。他指出，"斯大林同志底全部著作都充满着唯物辩证法底英明思想"，而他的专门哲学著作就

---

① 张仲实：《掌握创造性的马克思主义》，《解放》（周刊）1941年第123期。

有《关于辩证唯物论与历史唯物论》等，在他的早年"已有了好些专论唯物辩证法的著作"。他根据白利雅《论南高加索布尔塞维克组织史问题》一书所引举的材料，证明斯大林早年不仅"对于许多革命理论问题，是跟列宁的见解完全不谋而合的，就是对于哲学问题，他也有着与列宁一致的卓越的独到的见解"①。

张仲实认为：斯大林是列宁逝世后世界上"最伟大的理论家。他是列宁事业的忠实继承者。他领导苏联人民建成了社会主义社会……"他指出，斯大林根据实际经验，在建设社会主义的许多理论问题上，比如：关于在资本主义包围下一国建设社会主义及共产主义的问题，关于社会主义经济的基本理论问题，关于消灭阶级道路的问题，关于社会主义国家的问题，关于社会主义知识分子作用的问题，关于中等阶层（农民和小市民）的问题等，以及在与资本主义总危机相联系的各种理论问题上，在关于辩证唯物论和历史唯物论的问题上，在民族问题上，"都发展和丰富了马克思列宁主义"。②

张仲实还曾多次在斯大林诞辰等纪念活动中作讲演报告，阐述了斯大林的理论思想及革命活动，尤其是全面论述了斯大林对中国革命的关心和帮助。这些报告主要有：1949 年 12 月 15 日，在中苏友好协会总会庆祝斯大林七十寿辰讲演会上作了题为《斯大林的生平》的报告；1954 年 3 月 5 日，为中共中央西北局主办的经济建设理论研究班作题为《斯大林对马克思主义的发展》的报告；1979 年 11 月 30 日，为纪念斯大林诞辰 100 周年，在中国马列著作研究会和北京市科学社会主义学会举行的纪念会上作题为《斯大林是中国人民的朋友》的报告；1981 年 5 月 25 日，为纪念斯大林诞辰 102 周年，撰著《斯大林论中国革命》等。在国内研究斯大林的学者中，张仲实的成果是突出的。

3. 关于马克思、恩格斯、列宁、斯大林生平思想的研究

张仲实一生翻译马列经典著作，研究马克思主义理论，心头一直深藏着一个强烈的愿望——撰写一部中国人自己的大部头的《马克思传》。他虽曾长时期积累资料，酝酿准备，但由于工作繁忙，一直未能动笔。直到十年浩劫结束之后，他年已古稀，且体衰多病，不得不改变计划，抱病写成了 10 万字的《马克思恩格斯传略》和 6 万字的《列宁传略》，分别于 1983 年 2 月、1984 年 2 月由陕西人民出版社出版。已完稿的《斯大林传略》，因种种原因未能付梓。他的两本《传略》深入浅出、简明扼要地概括论述了几位革命导师一生的革命活动和理论思想，其中既有对他们一生革命斗争活动主要事实的展现，又有对他们主要理论著作写作背景和内容要点的分析阐述。读这两本书，可以给广大青年以及学习马列主义理论的人们提供"在较短时间内涉猎""革命导师的生平事业全貌"、了解马克思主义思想发展道路的"峻峭崎岖"，使人们从中懂得"革命创业的艰难"，

---

① 张仲实：《斯大林早年的哲学思想——读书札记》，《解放》（周刊）1941 年第 125 期。
② 张仲实：《马恩列斯底主要著作和研究它们的方法》，《中国青年》1949 年第 9 期、10 期连载。

"领悟到在革命斗争中学习革命理论的重要性"。①两本《传略》出版后，曾受到理论界和广大读者的好评。著名翻译家、张仲实生活书店时期的同事刘执之1983年4月21日在写给张仲实的信中说道："你写的《传略》，我看完了，觉得很得体。一个人所以值得写传，在于他的事业。如果把一个人事业的发展，跟他的生活与活动分开，我觉得不是历史唯物主义的写法。你把马克思的某些著作从他写作的根源来加以阐述，我觉得很好。文字也朴实。不像过去××在他的《马克思传》中，用中国的陈词滥调，像用'小家碧玉'之类来形容燕妮的流于庸俗。"他还提出，要张仲实以此书为基础，再将内容加以扩大。他认为，"从各种条件和个人修养来说，再没有人比你更适合做这件事了。"②王震在1983年5月14日写给张仲实的信中也讲道："我觉得这样两位伟大革命导师的生平编著一本简明的传略，是很有意义的。青年人读了它，一定会有力地促进学习和求知的革命志向，老年人读了它也会深受教益和奋发精神。"并表示，他在读完《马克思恩格斯传略》后，"将着重推赞……这本《传略》"。③张仲实的《列宁传略》出版后，还被《中华读书报》列入"1985年全国青年学习读书活动推荐书目"，受到广泛关注。

除上述著作外，张仲实还写作发表了不少有关列宁、斯大林生平思想的文章。重要的如：《孙中山与列宁》[1938年1月23日在《抗战》（三日刊）第39号]，《纪念列宁》（1950年1月14日《中国青年》第4期），《列宁的生平》（1950年1月15日《中苏友好》1卷3期），《列宁和辛亥革命》（1959年7月14日《光明日报》）；《斯大林早年的哲学思想》（1941年1月15日《解放》周刊125期），《斯大林的生平》（载《斯大林的生平事业及学说》，新华书店1950年版），《斯大林传略》（1949年12月15日《中苏友好》1卷2期），以及以斯大林对马克思主义的发展、斯大林论中国革命等为题的会议讲演。这些文章、讲演都联系我国革命和社会主义建设实际，对两位革命导师的生平思想和革命活动、理论贡献作了全面概括与准确评价。

尤其值得提到的是，张仲实一生翻译马、恩、列、斯著作，研究马列主义理论，特别重视革命导师与中国革命关系的研究，他多年一直酝酿计划撰著一部《马恩列斯与中国革命》的专著，并写作完成了研究和写作的大纲。④

关于张仲实理论著译成果的影响，许多读过他著作的同代人都一致认为，他的著作启蒙了不少青年读者，引导他们接受了革命思想，走上了革命道路。中国国际书店总经

---

①　张仲实：《〈马克思恩格斯传略〉序言》，张仲实：《马克思恩格斯传略》，陕西人民出版社1983年版。

②　刘执之：《致张仲实信》，1983年4月21日，手稿。

③　王震：《致张仲实信》（1983年5月14日），张积玉、王钜春编著：《马克思主义理论家翻译家张仲实》，陕西人民教育出版社1991年版，插页。

④　张仲实：《马恩列斯和中国革命（大纲）》，《张仲实文集》（第1卷），中央编译出版社2016年版，第410—411页。

理、原生活书店总经理邵公文在讲到张仲实时说道："1936 年 2 月他担任了生活书店总编辑以后，更为辛劳。他既要为《世界知识》《大众生活》等刊物写文章，又要翻译、编写书稿。比如，《大众生活》创刊，他接连写了几篇'人物重估'，如《托马斯·摩尔去世四百年》《哥伦布与资本主义的发生》等。据不完全统计，这几年他一共翻译、编写或和别人合写的书就有 14 种。这些文章和书籍，向读者介绍了新的理论和知识，影响很大。他翻译的列昂节夫的《政治经济学讲话》，更受广大青年读者热烈欢迎。当时李工模主持的申报流通图书馆有一个读书会，就把这本书作为基本读物，生活书店好些青年同志都参加了这个读书会。"① 原中共中央宣传部副部长、《红旗》杂志总编辑熊复曾说道："而教育整个一代青年，引导他们由爱国主义走向共产主义道路的是，由邹韬奋同志创办而由仲实同志担任总编辑的生活书店，它出版了一系列进步读物，特别是《青年自学丛书》《世界名著译丛》《百科小译丛》等等。我自己就是受到这种教育而走上这条道路的见证人。正是这些传播马克思主义的读物，使我得以从中含英咀华，最终选择和接受马克思主义。"② 另外，林默涵、李慎之等不少成长于上世纪 30 年代的著名学者都在有关文章中表达了同样的意思。

4. 对社会主义苏联及抗日战争与国际问题的研究

（1）关于社会主义苏联的研究、介绍

除对苏联出版的图书和苏联报刊发表的文章的翻译介绍外，张仲实一直十分重视对苏联社会主义建设成就的研究、宣传，为中国广大读者如何正确认识苏联和社会主义社会提供了极大的帮助。据初步统计，他上世纪 30 年代至 50 年代，撰著的研究、宣传社会主义苏联的著作（含合著）就有《苏联的教育》（《申报》丛书），1933 年 10 月，"申报"馆出版；《苏联政治制度浅说》（《申报》丛书），1934 年 12 月，"申报"馆出版；《二十年的苏联》，沈志远、张仲实编著（20 余万字），1937 年，上海生活书店出版。

此外，张仲实还在《新中华》《中华日报》《世界知识》《现世界》《中苏友好》等报刊发表了不少以马克思主义理论观点写作、宣传社会主义苏联的文章。据初步统计，约有 30 余篇。重要的如：《苏联学术界关于"亚细亚生产方法"问题的论战》（1934 年 9 月《中华日报》2 卷 9 期）、《苏联到何处去》（1935 年 1 月 10 日《新中华》3 卷 1 期）、《苏联的斯达哈诺夫运动》（1936 年 1 月《世界知识》3 卷 8 号）、《一九三六年的苏联》（1936 年 11 月 1 日《世界知识》5 卷 4 号）、《十九年的苏联》（1936 年 11 月 8 日《生活星期刊》1 卷 23 号）、《谈谈苏联新宪法》（1937 年 1 月 16 日《现世界》1 卷 11 期）、《一九三六年苏联建设成绩图》（1937 年 2 月 16 日《世界知识》5 卷 11 号）、《苏联惩奸的又一经验》

① 邵公文：《仲实同志在生活书店的日子里》，《出版工作》1984 年第 5 期。

② 熊复：《我的马克思主义启蒙导师》，张积玉、王钜春编著：《马克思主义理论家翻译家张仲实》，陕西人民教育出版社 1991 年版，第 158—164 页。

［1938年3月9日《抗战》（三日刊）第52号］、《中国抗战与苏联》［1938年6月16日《抗战》（三日刊）第81号］、《苏联的外交政策》（1939年11月7日《新疆日报》）、《二十二年的苏联》（1939年11月7日《反帝战线》3卷2期）、《苏联的对外政策》（1941年6月1日《解放》周刊130期）、《苏联斯大林文艺奖金的获得者》（1941年8月21日《中国文化》3卷2—3期）、《莫罗托夫的生平与事业——为庆祝莫罗托夫六十寿辰而作》（1950年3月5日《中苏友好》1卷5期）、《苏联共产党的政治教育制度》（1951年1月1日《中苏友好》2卷3期）、《乔治亚共和国三个集体农庄访问记》（1951年2月20日《中苏友好》3卷3期）、《二十年代赴莫斯科留学的回忆》（1981年12月20日《党史研究资料》第12期）等等。

（2）关于抗日战争与国际问题的研究

在张仲实的理论研究中，抗战与国际问题占有很大的比重。据初步统计，他仅在上世纪三四十年代就撰写出版(含合著)相关图书近10部，在报刊发表相关文章近200篇。这些著作、文章理论联系实际，深入分析国际政治与经济形势、抗日战争的形势、前途、方针与政策，传扬了我国军民英勇顽强的斗争精神，揭露了日本侵略者残忍凶恶的豺狼本性；批评了怀疑论、悲观论，论证了我国的抗战必胜、日本侵略者必败，对引导广大人民群众正确认识世界大势和中国抗战形势发挥了重要作用，其见解与我党中央抗战初期的观点完全一致，对抗日战争正确理论的形成提供了参考，做出了贡献。

关于抗战的研究，是张仲实理论研究中具有重要价值的一部分。在抗战期间，他不仅作为发起人参加了上海文化界救国会和全国各界救国会，当选两会执行委员，积极参加了营救"七君子"等斗争，以手中的笔为武器，投身文化抗战。先后编著有关抗战读物《现代十国论》（世界知识丛书，张仲实、金仲华等著，1936年，上海生活书店初版；第3版列入"抗战必读书"）、《救亡手册》（张仲实、孙冶方等编著，1938年7月，汉口生活书店版）、《国际现势读本》（战时社会科学丛书，张仲实著，1938年6月，汉口生活书店初版；1939年2月，重庆再版）、《走上绝路的日本》（"战时小丛刊"之四十七，1938年，生活书店版）等多种。在《国民》《抗战》（三日刊）、《全民抗战》等刊物发表有关抗战文章达90余篇。在《抗战必胜论》一文中，他具体分析了日本侵略者"许多严重的缺点"和我方的"优胜"，指出："就各方面说，我国的抗战是必胜的。"他大声疾呼："目前敌人大军压境，在平津不断挑衅，形势已经万分严重，不许我们再有任何顾虑，更不许我们再有任何犹豫。我们只有下最后的决心，抗战到底，牺牲到底，才是唯一的出路！"[①]几天后，他又撰文《抗战胜利的必要条件》，深入论证了抗战要取得胜利

① 张仲实：《抗战必胜论》，《国民》（周刊）1937年第13期。

所需要的四个重要条件：一"要有破釜沉舟的决心"，二"要发动全面的抗战"，三"要采取持久的战略"，四"要发展民众的运动"。[①]"八一三"事变发生后，国民党政府被迫发表抗战自卫声明，全国规模的抗日战争开始。此时的张仲实极为振奋，立即与刚刚出狱的邹韬奋筹办了新的抗战刊物。8 月 19 日，他在《抗战》创刊号上撰文《全民抗战的展开》，开篇高呼："在敌人步步进逼，忍无可忍之下，我全面的抗战终于展开了，我四万万五千万伟大的民族终于怒吼起来了！"文章联系我上海淞沪、华北抗战的英勇战况，驳斥了"唯武器论"者的战败主义论调。[②] 9 月 1 日，张仲实与金仲华、郑振铎等主持创办了由《世界知识》、《中华公论》、《国民》周刊、《妇女生活》等联办的《战时联合旬刊》，在第 1 期上他发表了《敌我军队作战能力的对照》，以大量事实为据对敌我双方的士气和战斗力作出了对比分析，有力地驳斥了"恐日病"患者和亲日派"日本在二十四小时之内就可以灭亡中国"的"亡国论"谬言。[③] 1938 年 1 月 20 日，张仲实在我党刚刚创办的《新华日报》第 10 号的头版头条发表了"代论"《最可纪念的一日》，以深沉的历史感，回顾 14 年前的这一天，国民党"一大"召开，孙中山确定联俄、联共、扶助农工三大政策，掀起大革命高潮和推动了北伐战争的胜利发展，尔后民族统一战线破裂，以致招来空前未有的困难。文中指出：只有遵循中山先生确定的三大政策和国民党第一次代表大会确定的政纲，全国团结一致，尤其国共两党密切合作，才是中华民族唯一正确的生路。[④]

张仲实对国际问题的研究亦成果丰硕。其有关著作（含合著）主要有：《怎样研究世界经济》（青年自学丛书第二辑之十二），1939 年，汉口生活书店版。《意阿问题与第二次世界大战》，陈仲逸、张仲实、姜君辰等著，1935 年 12 月，上海新知书店版。《现代十国论》（世界知识丛书），张仲实、金仲华等著，1936 年，上海生活书店初版；第 3 版列入"抗战必读书"。另外，需要强调的是，上文提到的《国际现势读本》既是国际问题研究的专著，又是研究抗战问题的著作。张仲实在该书的《序言》中写道："伟大的，不，神圣的民族解放战争，把国人好像从甜蜜的梦中惊醒一样，大家的目光，不仅注视着前方与后方，并且注视着国外。一般对于国际问题的兴趣，都突然提高。报章关于国际问题的消息，杂志讨论时事问题的文字，都比以前加多；而私人友好的时事座谈会，救亡团体、学校及训练班的时事讲演，尤其活跃。中国早已是'世界的中国'了，而且目前我们的对日寇的抗战，跟国际形势的发展又有着密切的联系，因此国人能把目光注视到

---

① 张仲实:《抗战胜利的必要条件》,《国民》（周刊）1937 年第 15 期。
② 张仲实:《全民抗战的展开》,《抗战》（三日刊）1937 年创刊号。
③ 张仲实:《敌我军队作战能力的对照》,《战时联合旬刊》1937 年第 1 期。
④ 张仲实:《最可纪念的一日》（代论）,《新华日报》1938 年 1 月 20 日第 1 版。

国外，这当然是很好的一个现象。所可惜的是，有系统地分析目前国际大势和自抗战爆发以来各种国际重大问题的读物，迄今还很少看见。"文中他还特别强调分析指出了在抗战期间研究国际问题的必要："一是为了正确地理解错综复杂的国际关系，检讨我们的外交政策，以保证我们军事抗战的胜利；二是为了学习世界上一切被压迫民族斗争的宝贵经验。"该著除著者序言外，分为在抗战期间研究国际问题的必要和研究的方法、资本主义世界的全貌、资本主义的总危机、和平阵线与侵略阵线的对立、现阶段帝国主义矛盾的焦点、日寇的侵略与我们的抗战、从侵阿战争到西班牙战争、德帝国主义的复活、疯狂的备战与第二次世界大战威胁的逼近、国际联盟与集体安全、苏联与资本主义世界、弱小民族的解放运动等十二节展开论述。书中作者多处引用马克思恩格斯《共产党宣言》、列宁《帝国主义论》、斯大林《列宁主义问题》《论反对派》《在联共十七大的政治报告》、周恩来《论抗战诸问题》和"七七事变"第二天（1937 年 7 月 8 日）中国共产党向全国发布的全民抗战的宣言等有关重要论述，较为全面、深入地分析了战时错综复杂的国际关系以及我国抗战面临的形势，对当时人们了解和正确认识该时期世界大势及各种重大国际问题，具有重要帮助。此外，《苏联的教育》、《二十年的苏联》等著作，既是对社会主义苏联的研究，实际上也是国际问题研究的重要成果。

除撰著图书外，张仲实还在《时事类编》、《中山文化教育馆季刊》、《大众生活》、《永生》、《新中华》、《中华日报》、《文化战线》、《世界知识》、《现世界》、《反帝战线》、《解放周刊》、《中苏友好》及《抗战》（三日刊）等重要报刊发表了不少以马克思列宁主义理论观点分析研究国际问题的文章。据不完全统计，约有 100 余篇。重要的如：研究资本主义经济危机的《帝国主义时代的经济特征及其发展趋势》（《中山文化教育馆季刊》1934 年创刊号）、《资本主义经济危机论》（《中山文化教育馆季刊》1934 年 1 卷 2 期）、《世界经济恐慌与景气之新阶段》（《新中华》4 卷 13 期）、《转向中的世界经济危机》（《世界知识》1935 年 1 卷 8 号）、《特种经济萧条》（《世界知识》1935 年 1 卷 9 号）、《资本主义的新危机及其特征》（《新芒月刊》1939 年 1 卷 1 期）等；研究第一、二次世界大战的《帝国主义国家军备竞赛的现势》（《新中华》1934 年 2 卷 13 期）、《第二次世界大战与中国之前途（一）》（《新中华》1935 年第 3 卷 15 期）、《意大利论》（《世界知识》1935 年 3 卷 1 号）、《意国侵阿战争与弱小民族的援阿运动》（《世界知识》1936 年 4 卷 1 号）、《未来大战和我们》（《永生》1936 年 1 卷 3 期）、《德国废约其国际国内的原因是什么》（《世界知识》1936 年 4 卷 2 号）、《西班牙的内战及其国际背景》（《世界知识》1936 年 4 卷 11 号）、《国联的命运》（《生活星期刊》1936 年 1 卷 7 号）、《威廉主义的复活》（《世界知识》1936 年 5 卷 2 号）、《泛美会议的本质》（《世界知识》1937 年 5 卷 9 号）、《太平洋会议的展望》（《战时联合旬刊》1937 年第 4 期）、《九国公约的来踪去迹》[《抗战》（三日刊）

1937 年第 21 号〕、《英美远东政策的积极化》〔《抗战》（三日刊）1937 年第 31 号〕、《英美商约签订与远东》〔《全民抗战》（三日刊）1938 年第 38 号〕、《太平洋上的英美与日本》〔《抗战》（三日刊）1938 年第 46 号〕、《略谈第一和第二次帝国主义战争》（《反帝战线》1939 年第 3 卷 1 期）、《美日商约问题的透视》（《反帝战线》1939 年第 3 卷 6 期）等；研究其他国际政治经济文化等问题的《欧洲铁血案一笔账》（《世界知识》1934 年 1 卷 7 号）、《美国经济复兴的展望》（《通俗文化》1934 年第 1 期）、《英镑与美元的斗争》（《世界知识》1935 年 2 卷 1 号）、《现代土耳其的妇女生活》（《妇女生活》1935 年创刊号）、《哥伦布与资本主义的发生》（《大众生活》1935 年 1 卷 2 期）、《伽玛与欧洲势力的东渐》（《大众生活》1935 年 1 卷 3 期）、《麦哲伦与太平洋的不太平》（《大众生活》1935 年 1 卷 4 期）、《光荣与面包》（《世界知识》1936 年 4 卷 4 号）、《北极的征服》〔《国民》（周刊）1937 年 5 期〕、《每周时事研究大纲》〔《国民》（周刊）1937 年 17 期〕、《最近法国政潮的教训》〔《抗战》（三日刊）1938 年第 40 号〕、《捷克吞并后的欧洲政治形象》（《反帝战线》1939 年第 2 卷 10、11 期合刊）、《帝国主义斗争的牺牲者——挪威》（《新疆日报》1940 年 5 月 12 日）、《杀鸡取蛋的美国对华政策》（《解放》周刊 1946 年 6 月 2 日）等。张仲实上述国际问题研究的文章，关注问题广泛，分析问题透彻，为当时"要求革命、要求进步的青年"直接、间接传播了世界革命的形势和动向，帮助人们正确认识世界，促进他们"与世界革命、民族解放、人类先进文明联系在一起"，"在国际风云中看到历史前进的必然趋势、规律，在黑暗中看到光明"①。

三、关于书刊出版

张仲实从事书刊编辑出版工作，最初是在陕西三原担任渭北学联主席期间与赵宗润、李子健创办《渭北青年》、《三原学生》②，尔后 1928—1930 年在莫斯科中山大学出版社编译出版马列著作及理论教材。1931 年，他曾考入上海神州国光社，与周立波、刘执之做过一段该社校对生。1933 年，受聘担任《时事类编》杂志特约翻译兼编辑。1935 年 2 月，经上海著名文化人士、中共特科胡愈之介绍进入生活书店，先任《世界知识》主编，后受聘担任生活书店总编辑并被推选为书店临时委员会主席；1939 年经党组织同意赴新疆创建生活书店出版新基地，进行抗日大后方文化教育建设，其间担任新疆学院政治经济系主任、教授，新疆文化协会副委员长，《新芒》月刊顾问、《反帝战线》编委

---

① 张仲实：《〈纪念世界知识〉创刊 50 周年》，《世界知识》1984 年第 17 期。
② 参见陕西省地方志编纂委员会编：《陕西省志·陕西党史志（上）》，陕西人民出版社 2002 年版，第 291 页；又见梁经旭：《团组织的建立和陕西学生报刊活动的成熟》，《学术动态》1990 年第 6 期。

等。1940年到延安后，先后担任马列学院编译部主任、中央政研室国际问题研究组组长、中央宣传部出版科副科长等，主管延安解放社工作，并任延安出版的《中国文化》《鲁迅研究年刊》等编委；1947年5月随中央工委到达西柏坡，先后为全国土地会议编辑《马恩列斯毛论农民土地问题》及《土地调查报告》十种，为晋察冀边区土地会议编辑《整党问题参考资料》十辑十册，并主编晋察冀中央局党刊《战线》。建国初任中央宣传部出版处处长、国际宣传处处长，中苏友协总会副总干事、党组副书记兼研究出版部主任，主编《中苏友好》月刊。之后30余年担任中共中央编译局副局长，参与组织领导《马克思恩格斯全集》《列宁全集》《斯大林全集》中文一版的编译出版，其间曾受聘担任二至五版《辞海》编委、分科主编，负责马列主义词条的拟定、组稿及审稿定稿。1957年受党中央派遣曾赴捷克布拉格任各国共产党和工人党理论性、报道性刊物《和平和社会主义问题》杂志社民族解放运动部主任。纵观张仲实一生，他始终未曾脱离过书刊编辑出版工作。几千年的人类文明史表明，出版一直是传播、积累知识和文化的主要渠道，推动社会文明进步的动力源。自然，马克思列宁主义理论在中国的传播主要也只能是依靠书报刊出版媒体完成。张仲实编辑出版工作包括书籍和期刊出版两个部分。本文以下主要就他有关传播马列主义理论思想的书刊编辑出版工作成就和贡献作一论述。

1. 关于编辑出版传播马列主义理论和革命思想、进步文化的书籍

张仲实的图书出版工作主要指的是上世纪30年代在生活书店期间的工作，同时也包括他上世纪20年代在莫斯科中山大学出版社及40年代主管延安解放社的工作等。因资料等原因，在中山大学出版社和主管延安解放社期间的工作，有关具体情形目前尚需再做资料查考，只好等待以后进行研究；而他在生活书店期间编辑出版的有关传播马列主义理论的图书可分两个部分：一是由他亲手策划、设计并编辑出版的图书，二是他主持生活书店工作期间书店编辑出版的图书。

（1）由他亲手策划并编辑出版的马列经典著作及其他理论图书

在担任生活书店总编期间，他亲自策划、主编的4种丛书，在读者中产生了很大的影响。在4种丛书中，"世界名著译丛"实际上是马列经典著作译丛，其余"青年自学丛书""百科小译丛""问题与答案丛刊"3种出版的是有关社会科学理论和知识的书籍，主要内容是宣传革命思想和进步文化。据统计，张仲实主编的"世界名著译丛"，自1938年2月开始由生活书店出版发行，先后编辑出版了《费尔巴哈论》（原名为《费尔巴哈与德国古典哲学的末日》，后改名为《费尔巴哈与德国古典哲学的终结》，恩格斯著，张仲实译，1938年2月汉口再版，4月上海再版，之后多次再版）、《反杜林论》（恩格斯著，吴黎平译，1938年9月3版）、《艺术与社会生活》（普列汉诺夫著，冯雪峰译，1938年

2月上海再版，10月上海版）、《德国农民战争》（恩格斯著，钱亦石译，1938年7月初版，1939年4月再版，1947年1月胜利后第2版，7月胜利后第3版）、《社会主义从空想到科学的发展》（恩格斯著，吴黎平译，1939年4月再版）、《雇佣劳动与资本》（马克思著，沈志远译，1939年8月初版，11月再版）、《帝国主义——资本主义的最高阶段》（列宁著，王唯真译，1939年7月初版，11月再版）、《拿破仑第三政变记》（马克思著，柯柏年译，1940年11月初版）等马列重要著作多部。

此外，由他策划主编的《青年自学丛书》（1936年10月—1948年9月上海生活书店出版）共出版了3辑。由于1939年去新疆，他实际主持编辑出版了第一、第二辑，共24部图书。其中如：何干之著《中国社会史问题论战》《中国社会性质问题论战》，钱亦石著《中国怎样降到半殖民地》，胡风著《文学与生活》，茅盾著《创作的准备》，钱亦石著《产业革命讲话》，平心著《社会科学研究法》，沈志远著《现代哲学的基本问题》，艾思奇著《思想方法论》，钱俊瑞著《怎样研究中国经济》，柳湜著《怎样研究政治经济学》，胡绳著《新哲学的人生观》等，都是宣传革命思想、传播马克思主义理论知识、深受读者欢迎的风行一时的读物。

另外，由他主编的"百科小译丛"（1937年12月—1949年4月，上海生活书店出版），主要出版了一批由进步学者翻译的苏联出版的社会科学理论书籍；"问题与答案丛刊"（张仲实等主编，1938年4月—12月，汉口生活书店出版），主要出版了当时读者急需了解、得到答案的一些理论性、知识性书籍。

在讲到张仲实主编的上述几种丛书时，邵公文在《纪念生活书店50周年》一文中曾说道："为了更好地普及新兴社会科学知识，生活书店由张仲实主编，出了一套'青年自学丛书'，这是一套很有影响的丛书，对30年代的青年的启蒙作用很大。因为民族危机的严重和国民党反动派统治的腐败反动，广大群众，特别是青年知识分子，都在迫切地追求光明，追求真理，他们除在《生活》、《世界知识》等刊物上了解形势，分析问题之外，更希望系统地学到一些科学的理论知识，解答他们思想上一大串疑问。'青年自学丛书'里如艾思奇著的《思想方法论》，平心著的《社会科学研究法》，汉夫著的《政治常识讲话》，钱俊瑞著的《怎样研究中国经济》，柳湜著的《怎样研究政治经济学》，钱亦石著的《中国怎样降到半殖民地》和《产业革命讲话》，胡绳著的《新哲学的人生观》等，对传播马克思主义的基本知识都曾起过启蒙性的教育作用。……这套丛书一共出版了3辑，每辑10种，发行量总数在100万册以上。"①钱小柏等亦讲道："图书方面，1935年2月又请张仲实担任编辑部主任，陆续编辑出版了《法兰西内战》《列宁主义问题》等马

---

① 邵公文：《纪念生活书店50周年》，张积玉、王钜春编著：《马克思主义理论家翻译家张仲实》，陕西人民教育出版社1991年版，第201—204页。

列主义著作和'青年自学丛书'等丛书，生活书店的声誉因此大振，拥有极为广泛的读者。"①邹韬奋后来总结这一段历史时也曾说："本店在我出国后，由于诸位同事的努力，在我出国后的第二年间，不但不衰落，而且有着长足的发展。……为本店发展史上造成最灿烂的一页。"②原文化部副部长、中国文联党组书记林默涵亦说道："张仲实主编了'青年自学丛书''世界名著译丛''百科小译丛'等，在青年中影响极大，许多青年是看了他翻译和主编的这些书走上革命道路的。"③邵公文在一篇文章里写道："生活书店开头一两年，出书比较散，仲实同志担任总编辑后，出版工作才算较有计划、较有系统了。""据不完全统计，这几年他一共翻译、编写或和别人合写的书就有14种。这些文章和书籍，向读者介绍了新的理论和知识，影响很大。他翻译的列昂节夫的《政治经济学讲话》，更受广大青年读者热烈欢迎。"④

（2）主持生活书店编辑工作期间书店编辑出版的图书

在担任生活书店总编辑期间，张仲实适应上世纪30年代革命斗争的需要，主持书店适时改变出书方向，突出马克思列宁主义经典著作和革命进步图书出版，负责编辑出版了大量马列经典著作和革命进步图书，推动了马列主义理论的传播，宣传了革命思想和进步文化。据初步统计，生活书店1935—1939年间，共计出版图书300余部，其中包括了马、恩、列、斯的许多原著。据《生活书店图书期刊简目（图书部分）》所列，在张仲实任总编辑4年多期间，生活书店出版的马克思、恩格斯、列宁、斯大林、毛泽东著作计达23种，其中除上述他主编的"世界名著译丛"9种外，主要还有:《政治经济学论丛》（马克思著，吴黎平译，1939，上海）、《共产党宣言》（马克思、恩格斯著，1938）、《马恩论中国》（1938）、《恩格斯论〈资本论〉》（章汉夫、许涤新译，1939.1）、《德国革命与反革命》（恩格斯著，王右铭、柯柏年译，1939.3）、《家族、私有财产及国家的起源》（恩格斯著，张仲实译，1938）、《列宁选集》（1939）、《左派幼稚病》（列宁著，1938）、《列宁读〈战争论〉的笔记》（杨作才译，1940.3）、《国家与革命》（列宁著，1938）、《列宁家书集》（巴比塞编，徐懋庸译，1937.12）、《列宁主义问题》（斯大林著，1938.6）、《论民族问题》（斯大林著，张仲实译，1939）、《辩证唯物论与历史唯物论》（斯大林著，博古译，1938）、《论持久战》（毛泽东著，1938）、《抗日游击战争的一般问题》（毛泽东等著，

① 钱小柏、雷群明:《韬奋与出版》，学林出版社1983年版，第19页。
② 钱小柏、雷群明:《"出版事业模范"邹韬奋》，张积玉、王钜春编著:《马克思主义理论家翻译家张仲实》，陕西人民教育出版社1991年版，第206—207页。
③ 林默涵:《我所知道的仲实同志》，张积玉、王钜春编著:《马克思主义理论家翻译家张仲实》，陕西人民教育出版社1991年版，第165—168页。
④ 邵公文:《仲实同志在生活书店的日子里》，张积玉、王钜春编著:《马克思主义理论家翻译家张仲实》，陕西人民教育出版社1991年版，第175—176页。

1939）。① 尤其是这一时期，生活书店以中国出版社的名义出版的毛泽东的重要著作《论持久战》和《论新阶段》，一时成为生活书店各地分店发行的广受读者欢迎的读物。在讲到生活书店对马克思列宁主义经典著作和革命进步图书出版时，原生活书店负责人之一毕云程曾说道："1935 年 1 月，请张仲实为生活书店编辑部主任，这又是一件大事。……仲实到店后，生活书店又添了一支巨大的生力军，联系许多进步人士为生活书店写稿，在生活书店计划出版各种进步书刊上起了很大作用。生活书店有许多宣传马克思列宁主义的新书，大半是在仲实主持之下出版的。"②

此外，上世纪 40 年代在延安期间，作为中共中央宣传部出版科负责人（主管解放社）、马列学院编译部主任，为在延安编译、出版中文版 20 卷本《列宁选集》及其他马列主义理论著作做出了贡献。新中国成立后，他 30 余年坚守马克思主义经典著作编译、出版岗位，完成了党中央交付的《马克思恩格斯全集》、《列宁全集》、《斯大林全集》三大全集中文一版编译出版任务，这是他一生编辑出版工作最重要的成就，也是他对党的理论建设及中国出版事业所作出的最大贡献。

2. 编辑出版革命、进步刊物

张仲实从事期刊编辑出版工作，大体可分为两种情况：一种是由他主编或实际负责编辑出版的刊物，计有 8 种；一种是他参与编辑出版的刊物，计有 17 种。经查考，他所编辑的刊物无论是建国前或建国后的，均为革命的或进步的期刊。这些刊物努力宣传马克思主义理论、传播革命思想和进步文化，在我国革命和社会主义建设事业中，发挥了重要的宣传、教育作用。

（1）张仲实任主编或实际负责编辑的刊物

自上世纪 30 年代至 50 年代，张仲实先后主编或实际负责编辑的刊物有 8 种，计有：《渭北青年》，1925 年 8 月 4 日由渭北青年社在三原创办，蒲子正、张仲实（张安人）、亢维恪、李秉乾等先后主编，以反帝反封建、宣传马列主义思想为宗旨；《世界知识》半月刊，1934 年 9 月 16 日在上海创刊，胡愈之主编，张仲实 1935 年 1 月接替胡愈之任主编至 1936 年 3 月任生活书店总编辑。《中华公论》月刊，1937 年 7 月 21 日在上海创刊，系大型学术性杂志，张仲实与郑振铎、钱亦石等编辑。《读书与出版》月刊，1935 年 5 月 18 日在上海创刊，系评论书刊的专门杂志，1937 年 3 月复刊后，由张仲实、林默涵编辑，至 29 期停刊。《国民公论》，1938 年在汉口创刊，系综合性政论杂志，张仲实编辑。最初为旬刊，1 卷 4 号起迁桂林，改为半月刊，由张铁生、胡愈之编辑。《战线》，1947

① 《生活书店图书期刊目录》，《生活书店、读书出版社、新知书店革命出版工作 50 年（1932—1982）》，生活书店、读书出版社、新知书店革命出版工作五十年纪念会编书组，1982 年版，第 127—170 页。
② 毕云程：《忆韬奋》，张复主编：《仲实：张仲实画传、忆念与研究》，中央编译出版社 2014 年版，第 248 页。

年 12 月 5 日在河北阜平创刊，晋察冀中央局党刊，张仲实主编。《中苏友好》月刊，系介绍马列主义理论及苏联建国经验和科学艺术的综合性月刊，1949 年 11 月 1 日在北京创刊，中苏友好协会总会主办，张仲实任主编。《理论学习通报》，1954 年在西安创刊，由中共中央西北局宣传部主办，张仲实主编。其主要刊登西北大区和各省、市、自治区领导干部写的学习心得，宗旨在辅导并推动西北地区领导干部的理论学习。

（2）创办或任顾问、编委参与编辑的刊物

除主持编辑出版的刊物外，他还参加创办或担任顾问、编委参与编辑刊物 17 种，主要有：《三原学生》，1925 年 10 月在陕西三原创刊，张仲实参与创办。《时事类编》，1933 年 8 月 10 日在上海创刊，由上海中山文化教育馆编辑出版，张仲实 1933 年 9 月至 1934 年底任编辑兼特约翻译。《新生》周刊，1934 年 2 月 10 日在上海创刊，杜重远主编（实由艾寒松编辑），张仲实任编委。《大众生活》周刊，1935 年 11 月 16 日在上海创刊，韬奋主编，张仲实与邹韬奋、金仲华等组成编辑组，讨论决定每期的社论和重要文章。《永生》周刊，1936 年 3 月 7 日在上海创刊，金仲华主编，张仲实任编委。《生活星期刊》，1936 年 6 月 7 日在香港创刊，韬奋主编，张仲实为编辑人之一。《国民》周刊，1937 年 5 月 7 日在上海创刊，谢六逸主编，实由张弼（张明养）编辑，张仲实与邹韬奋、章乃器、胡愈之、李公朴等任编委。《抗战》三日刊，1937 年 8 月 19 日在上海创刊，邹韬奋主编，张仲实任编委。《全民周刊》，1937 年 12 月 11 日在汉口创刊，沈钧儒任社长，柳湜主编，张仲实与李公朴、钱俊瑞等任编委。《全民抗战》三日刊，1938 年 7 月 7 日在汉口创刊，韬奋、柳湜主编，张仲实与沈钧儒、胡绳、艾寒松任编委。《反帝战线》半月刊，1935 年 9 月 1 日在新疆迪化创刊，新疆民众反帝联合会出版，主要刊发国内外政治评论、宣传抗战及文化、文学和社会问题等方面的文章，俞秀松和高滔先后任主编，张仲实与黄火青、萨空了、茅盾、杜重远等共产党人和文化名人参与刊物的领导和编辑工作。《新芒》月刊，1939 年 7 月在新疆迪化创刊，张仲实与茅盾任编辑顾问。《中国文化》，1940 年 2 月 7 日在延安创刊，陕甘宁边区文化协会主办，艾思奇主编，张仲实与周扬、丁玲、范文澜、萧三为编委。《人民中国》，1953 年 6 月在北京创刊，是我国对外发行的综合性外文月刊，张仲实任顾问。《和平与社会主义问题》月刊，1958 年 9 月在捷克斯洛伐克首都布拉格创刊，是各国共产党和工人党理论性和报道性杂志，张仲实作为中国共产党代表担任该杂志民族解放运动部主任。

另外，张仲实在担任生活书店总编辑期间，还主持创办了《永生》周刊以代替《大众生活》，并坚持出版了一批在当时影响很大的进步刊物，负责管理书店十余种重要刊物的编辑出版工作。林默涵在《我所知道的仲实同志》一文中讲道："在编辑《世界知识》《国民》周刊以后，仲实同志又调我到生活书店的总编辑部，协助他处理书店的编辑业务。

这时，生活书店在全国已拥有四五十个分、支店，出版了许多有影响的大型期刊杂志。"这些杂志有《大众生活》、《新生》、《永生》、《世界知识》、《世界文库》、《译文》、《妇女生活》、《文艺阵地》、《文学》、《太白》、《生活教育》及《国民》周刊等等。"这些进步刊物风行一时，影响很大。它们虽然都是名家任实际主编，但由于是生活书店出版的刊物，身为书店总编辑的仲实同志，还要对它们处处关心、照管。当时，生活书店除了有广大进步职工外，可以说有两个重要支柱：一个是徐伯昕同志，他抓了总店及其遍布全国各地分店的经营业务；另一个就是张仲实同志，他统一筹划和组织了整个的编辑、出版工作。"①作为曾与张仲实一起工作过的生活书店老编辑林默涵所说，从一个侧面真实地反映了这一时期张仲实期刊编辑出版工作的状貌，无疑也对他在当时十分恶劣的环境里坚持出版和创办这些影响广泛的名刊所付出的心血和起到的重要作用，给予了高度的肯定。

中共中央编译局编《马克思恩格斯著作在中国的传播》（人民出版社 1983 年版）一书写道，生活书店"在抗战爆发后大量编印各种抗日救亡读物和马列主义书籍，并在全国各重要城市建立了 50 多个分店和支店，影响越来越大，和新知、读书一起，被誉为抗战时期的文化堡垒"②。关于生活、新知、读书等三书店的出版工作，早于 1947 年就曾被中共中央有关文件高度肯定，认为其"过去在国民党统治区及香港起过巨大的革命出版事业主要负责者的作用"。③

四、张仲实在中国传播马克思主义理论的基本特点

张仲实一生翻译、出版马列主义著作，研究、传播马克思主义理论，具有十分突出的特点，这也是他之所以能成就为一个创造了卓越成就的杰出翻译家、理论家和编辑出版家的根本原因。

张仲实在中国传播马克思主义理论，形成了以下五个基本特点。

1. 坚持不懈 60 年矢志不渝传播马列主义

张仲实一生始终战斗在思想宣传和理论工作战线，60 余年坚持不懈翻译、出版马克思主义理论著作，研究、传播马列主义思想，为传播马列主义奋斗了一辈子。早在 1930 年 8 月，他在结束 4 年留苏学习回国前填写的莫斯科中山大学履历表"回国工作方向"

---

① 林默涵：《我所知道的仲实同志》，张积玉、王钜春编著：《马克思主义理论家翻译家张仲实》，陕西人民教育出版社 1991 年版，第 165—168 页。
② 胡永钦、狄睿杰、袁延恒：《马克思恩格斯著作在中国传播的历史概述》，中共中央马克思恩格斯列宁斯大林著作编译局马恩室：《马克思恩格斯著作在中国的传播》，人民出版社 1983 版，第 310 页。
③ 胡永钦、狄睿杰、袁延恒：《马克思恩格斯著作在中国传播的历史概述》，中共中央马克思恩格斯列宁斯大林著作编译局马恩室：《马克思恩格斯著作在中国的传播》，人民出版社 1983 年版，第 310—311 页。

一栏中，写下了"回国后愿做党的宣传工作"①，自此他就立下了毕生为传播马列主义真理而奋斗的宏愿，始终初心不改。与他同时代的同学、同事中开始同他一起做理论翻译、研究的不少人，先后转到其他工作岗位。新中国成立以后，张仲实虽也几次有机会改做行政工作，但他均予放弃，坚持从事他最钟爱的事业。在庆祝张仲实翻译、研究马列著作50周年座谈会上，王震赞扬说，"仲实同志为传播马列主义奋斗了一辈子"，著名书法家舒同专门书写"半世纪翻译经典著作，一辈子宣传马列主义"的条幅祝贺他，王震、舒同两人同用"一辈子"一词概括评价他的理论工作，充分表达了党和人民对他一生坚守理论工作岗位、孜孜不倦、呕心沥血坚持在中国传播马列主义理论的革命精神和所做贡献的高度肯定和表彰。

2. 理论传播涉及多学科多领域

张仲实的理论翻译、理论研究及书刊出版工作涉猎了哲学、经济、政治、法律、历史、文学、教育、民族等多个学科，抗战宣传与国际评论、妇女、青年、土地、党建等广泛领域。说到哲学，他译有恩格斯的经典名著《费尔巴哈与德国古典哲学的终结》，苏联著名哲学家罗森塔尔的《辩证认识论》及《新哲学读本》（上下册），苏联著名哲学家米丁《哲学》，著有《斯大林早年的哲学思想》等；说到经济学，他编译有《列宁斯大林论社会主义经济建设》（上下册），译有上世纪二三十年代风靡苏联的《政治经济学教程》，苏联经济学名著、列昂节夫的《政治经济学读本》，著有《怎样研究世界经济》《怎样研究〈资本论〉》，编有《马恩列斯毛论农民土地问题》等；说到政治，他编译有列宁《论东方各族人民的觉醒》及《列宁斯大林论中国》，译有斯大林《中国革命问题》及《论中国革命的前途》，著有《苏联政治制度浅说》等；说到法律，他编译有《苏联新宪法研究》等；说到历史，他编译有《社会发展简史》（干部必读之一）、《苏联历史讲话》，译有［苏］柯斯明斯基《封建主义》，辑译［苏］伊凡诺夫等著《俄国怎样打破了拿破仑》，合著有《意阿问题与第二次世界大战》《二十年的苏联》等；说到教育，他编译有《苏联的爱国主义教育及其经验》，著有《苏联的教育》等；说到文学，他翻译有苏联文学顾问会编《给初学写作者的一封信》、高尔基《论苏联的文学》、法捷耶夫《我的创作经验》等，著有《赴新途中》、《伊犁行记》多篇纪实作品；说到民族学，他译有《斯大林论民族问题》，列宁《论民族殖民地问题》《民族和殖民地问题提纲初稿》，辑译斯大林《马克思主义与民族殖民地问题》等；说到抗战和国际问题研究，他著有（含合著）《国际现势读本》（战时社会科学丛书）、《救亡手册》、《现代十国论》以及200余篇文章。此外，他还编有《整党问题参考资料》、《马恩列斯论妇女解放》，著有《和青年同志们谈谈工作、修养和健康》

等有关党建、妇女、青年等广泛论题的著作。他翻译的普列汉诺夫《马克思主义的基本问题》及《论列宁》，撰写出版的《马克思恩格斯传略》、《列宁传略》、《毛泽东传略》等更是含蕴了马克思主义理论的方方面面。《张仲实文集》编辑委员会在《文集》《出版说明》中写道："张仲实同志为马克思主义在中国的翻译传播和新闻出版工作做出了很多开创性贡献。……他是一位高产的、百科全书式的学者，从他的学术成果中我们可以窥见近百年来中国的话语变迁、思想变迁、学术变迁和历史变迁。"[①]"高产的、百科全书式的学者"，是对张仲实在中国传播马克思主义突出特点的客观也十分恰切的评价。

3. 自觉服务革命事业需要，理论工作目的鲜明

在长期的理论工作中，张仲实始终将个人的理论翻译、理论研究、书刊出版与在中国传播马克思主义理论紧密结合一起，他的每一项工作始终以服从服务于党领导的革命和建设事业的需要以及党的理论建设为宗旨和根本目的。20 年代末，在苏联留学的中国学员，听课需要有人从俄语翻译，所用教材、参考书大都为俄文，因此翻译工作十分急迫。1928 年 5 月张仲实被编入中山大学翻译班，积极参加马列主义理论著作及教材的翻译工作。20 年代末、30 年代初，世界周期性经济危机爆发，为帮助人们正确认识这场危机，他连续发表多篇长文《帝国主义时代的经济特征及其发展趋势》《资本主义经济危机论》《转向中的世界经济危机》等，大量引用马克思、恩格斯、列宁、斯大林经典著作中的论述，全面、系统地分析阐明了资本主义国家经济危机发生的原因、规律，得出了"帝国主义是垂死的资本主义""行将没落的资本主义"之结论。

上世纪 30 年代尤其抗战时期，他一方面主持生活书店出版了大量马列主义理论著作和革命、进步书刊，传播马列主义理论和革命思想，宣传、动员抗战。与此同时，他个人还每天坚持工余挤两小时翻译马列著作，撰写发表了多篇理论文章，出版多部书籍，这些在影响教育一代青年走向进步、走向革命，扩大马克思列宁主义理论在中国的传播起了很大作用。

到延安以后，他的翻译、研究工作，完全按党的安排进行。这一时期，他除承担党中央分配的校译 20 卷本《列宁选集》外，还参加了毛泽东主席亲自主持的《马恩列斯思想方法论》一书的编辑工作，并在《解放》周刊、《解放日报》、《中国文化》等发表了多篇阐释、研究马列主义理论思想的论文，对党的理论学习和研究产生了较大的影响。

1947 年到西柏坡后，他遵照中央工委指示所编辑的《马恩列斯毛论农民土地问题》《土地调查报告》《整党问题参考资料》等，作为全国及晋察冀土地会议等学习的文件、资料，配合了解放区轰轰烈烈的土地改革运动，为解放区参加土改工作和研究土地问题

---

① 《〈张仲实文集〉出版说明》，《张仲实文集》（第 1 卷），中央编译出版社 2016 年版，第 1—3 页。

的人们提供了理论武器。

1949 年，七届二中全会举行期间，他遵照中央指示为全党马克思主义理论学习拟定的 12 种书目，被毛主席命名为"干部必读"，列为全党理论学习的读本，为有效地提高全党马列主义理论水平发挥了重大作用。新中国成立后，他在中央编译局担任领导工作，以自己后半生的全部精力投入编译出版中文版马恩列斯三大全集这一宏伟工程上，为圆满完成党中央交付的这一重大任务作出了贡献。这一时期，他还根据新时期新任务，精心编译了《列宁斯大林论中国》、《列宁斯大林论社会主义经济建设》等不少经典著作。另外，还在《人民日报》、《光明日报》、《经济研究》等报刊发表了多篇阐释经典著作理论思想、研究重要理论问题的论文，为广大读者学习马列经典著作，准确理解、掌握马列主义基本理论观点，推动理论学习、理论教育与理论宣传发挥了很大作用。晚年，他抱病撰写的《马克思恩格斯传略》《列宁传略》，受到读者欢迎，曾在思想理论界和读者中产生较大影响。

从以上梳理中可见，张仲实的理论工作，始终紧紧围绕党的中心工作，服从服务了中国革命和建设事业的需要，为党的理论建设发挥了重要作用。

4. 将理论翻译、理论研究与书刊出版三者有机结合

在长期的理论工作实践中，张仲实或一个时期以翻译为主兼及研究与编辑出版，或一个时期以编辑出版为主兼及翻译、研究，或一个时期既翻译、研究又做编辑。总之，60 余年间他始终默默耕耘在理论翻译、理论研究和书刊出版工作岗位上，尽心尽力为在中国传播马克思主义贡献着自己的力量。

张仲实从自己长期的理论工作实践中深刻认识到，做好理论翻译必须和理论研究相结合；翻译工作者只有深入学习、掌握马克思列宁主义的理论，才能把马列著作准确地译成中文。反过来，扎实的外语功底与高水平的翻译功夫，也是做好理论研究工作的前提和保证。而翻译、研究的成果，只有通过书刊发表出来，才能教育人民，影响社会，发挥为革命和建设事业服务的作用。三者相互促进，相辅相成。

在这方面，张仲实自己身体力行，做出了表率。上世纪 30 年代以来，他一边从事书刊编辑，一边编译理论著作，同时刻苦钻研马列主义理论，写作发表了大量阐释、宣传马列经典著作的理论文章，以及经济学、政治学、哲学、历史以及国际问题的研究成果。这些著译充分反映出他理论修养的深厚，学识功底的扎实。尤其在延安时期和建国后，他在《解放》周刊、《中国文化》、《人民日报》、《光明日报》、《红旗》杂志、《经济研究》等重要报刊发表多篇理论文章，深入阐释马列经典著作的理论思想，充分体现了他的翻译工作和编辑出版工作是以深厚的马克思主义理论为基础的。当然，对理论著作的翻译，也为他从原作更深入、全面、准确地理解、掌握马列的理论思想，进而做好理论研究和

编辑出版工作提供了可靠的保证。

特别需要指出的是，"按劳分配"1958 年前普遍被译为"按劳付酬"，"按需分配"被译作"各取所需"。张仲实认为两个译文都不准确，容易产生误解，他提出以"按劳分配""按需分配"代之，得到中央肯定。1959 年，他在《人民日报》著文提出把"资产阶级法权"改译为资产阶级权利，虽当时未达到统一认识，但 18 年后的 1977 年，当他再次著文提出并论述这一观点时，也获得了理论界一致赞同。这是他把理论翻译与理论研究密切结合所取得的有影响的理论创新成果。

作为翻译工作者，他对翻译理论问题也多有思考与探索。建国前后，他都曾发表过有关外语学习和论述翻译工作的文章。如 1937 年发表的《我学习俄语的经验》，1961 年《谈外国语学习》，1979 年《学习〈马克思恩格斯论翻译〉》、《毛泽东同志论理论著作的翻译》、1983 年《我的翻译生涯》等。他援引革命导师特别是毛泽东"没有翻译就没有共产党"的名言，深刻地阐明了翻译工作的重大意义。他高度评价了马克思恩格斯关于译文要"忠实流畅"、毛泽东"宁信不顺"等翻译原则，一再强调关于理论著作翻译要以直译为主、忠实原著的主张："必须坚持意思准确，不走样；不盲目提倡'硬译'。但在'信'和'顺'不能两全时，就要突出'硬译'，宁可'信而不顺'。"他也反复指出，作为理论著作翻译，必须学好理论，精通外语和本国语言，并具有丰富、广博的科学文化知识和专业理论造诣。张仲实关于理论翻译的主张，曾得到理论界、翻译界同行赞赏。著名美学家、翻译家朱光潜先生就曾著文讲道，张仲实的《学习〈马克思恩格斯论翻译〉》一文，"对于一切翻译工作者都是切中要害的苦口良药，我建议把它公开发表，规定每个翻译工作者都要把它奉作指南"[①]。

张仲实曾多次强调：研究马列，一定要理论联系实际，要注意研究新情况、新问题，老在书本里打圈圈没有出路。他晚年强调，邓小平同志提出的建设有中国特色的社会主义，就是很值得探讨研究的一个重大课题。事实证明，他的看法是深刻的、有远见的。

5. 工作认真严谨，一丝不苟

张仲实对待理论工作，认真严谨，一丝不苟。他所写的每一篇文章、每一部著作，总是在搜集、研读了大量资料的基础上，经过潜心研究写成的。他研究每一个问题，总要事先认真阅读马、恩、列、斯的有关原著，搜集、掌握大量资料，然后才动笔。我们读他的每一篇文章，都感到在每一句话后面，都有丰富和可靠的理论和事实材料作支撑，从无空洞无物的感觉。相反，有时读他的有些文章、著作，让人感到有点材料过多过繁。而这与时下一些人脱离实际，从书本到书本，仅凭主观想象、推测构筑理论体系，形成

---

① 朱光潜:《对"马克思恩格斯论文学艺术"编译的意见》,《武汉大学学报（哲学社会科学版）》1980 年第 5 期。

了鲜明的对照。

张仲实对待理论工作的认真负责、一丝不苟，有许多和他一起工作过的前辈学人多有评价。与他长期共事的著名翻译家、中共中央编译局原副局长姜椿芳曾在《张仲实的翻译道路》一文中对其工作态度做过形象、生动的描叙："经过他笔下处理的任何文稿，不论是写作的还是翻译的，甚至写一封信，他都很认真，炼字造句，一丝不苟，精雕细琢，不遗余力。一篇著译文章，一封短信和一张便条，他都要修改好几遍。我们经常看到，出于他笔下的稿纸，勾来勾去，涂涂抹抹，天上地下，左右空白，都是移行添字，线条纵横，有如蛛网。这是他严肃对待文字工作的突出表现。"正因为有这种认真严谨的工作态度和精雕细琢的功夫，他的著作、译作才受到读者的尊重。张仲实60余年来的著、译作品，不少曾多次再版；而每次再版时，他总是感到不满意，都要再加仔细校订、修改、打磨，精益求精，力求完善。

正是对党和人民事业的忠诚、对马克思主义真理追求的执着、默默奉献的精神，才使他能够做到对自己所从事的事业满腔热情、全身心投入，认真负责、追求完美，从而也才成就了他在中国传播马列主义理论的卓越贡献。

五、结语

中共中央编译局秘书长、《张仲实文集》（十二卷本）主编杨金海曾撰文指出："在我国马克思主义百年传播史上，涌现出了一大批马克思主义真理的传播者，张仲实同志无疑是这个英雄群体中最杰出的代表之一。"[①] "他不仅是一位优秀的共产党员、无产阶级革命家，而且是杰出的马克思主义著作翻译家、理论家和出版家，为马克思列宁主义在中国的翻译传播作出了很多开创性贡献。他为我们留下的近千万字的翻译成果和思想理论成果，是我们研究马克思主义传播史、中国现代思想史、中共党史乃至中国现代语言史、中国现代社会发展史等方面不可多得的文献。……他是一位中国式的智者，从他身上我们看到了中国文人的浩然正气、爱国情怀、使命精神、担当意识，以及严谨治学、无私奉献、追求理想、传播真理的崇高风范。他给我们留下的精神财富是多方面的，值得认真学习研究。"经过数十年的学习、研究，笔者对张仲实的理论贡献、人格品质、精神思想、治学态度，均由衷敬佩。由是本人认为：一、作为理论工作者，张仲实一生追求真理，坚持理论联系实际，自觉将自己从事的工作服从服务于中国革命和建设事业，始终根据党和人民的需要，矢志不渝翻译马列经典著作，研究、传播马克思主义理论，

---

① 杨金海：《马克思主义传播者的杰出代表——张仲实》，《传记文学》2015年第12期。

成果丰硕，为党的理论建设贡献巨大，不愧为"党内少有的马克思主义理论家"，"在中国传播马克思主义理论的杰出代表之一"。二、作为大革命时期入党的共产党员，张仲实忠于革命忠于党，始终把个人事业融入党和人民的事业；他为人正直，艰苦朴素，清正廉洁，严于律己，谦虚谨慎，具有高尚的人格情操；他工作认真负责，作风扎实，治学严谨，不愧为中国优秀的一代知识分子、无产阶级的革命家、优秀的共产党员。他的理论成果和人格精神，永远值得我们认真研究、学习和弘扬。

（作者单位：陕西师范大学新闻与传播学院）

杜甫发秦州具体行程新考

张润平

内容提要：笔者在研究唐宋期间"崆峒山"属地问题时，发现杜甫诗歌研究学者对杜诗中数量不菲的诗歌意象"崆峒"这一关键词的解读，均存在致命性错误，导致杜甫在秦州期间所作一百多首作品被严重误读，对杜甫近四个月时间内的行程模糊不清，众说纷纭，没有定论。其实，杜甫诗中的"崆峒"地名全指岷州即今岷县的崆峒山，与今平凉崆峒山毫无关系。杜甫到秦州的目的地就是岷县，且流寓整个秋季。这一历史事实在杜诗中有清晰的反映。以诗证史，还原杜甫发秦州至岷州的真实历史，是本文的目的。

关键词：杜甫研究；崆峒；秦州；岷州；考

在杜甫走向中国最伟大诗人的创作关键期①②，笔者粗略做了检索，发现"崆峒"一词至少出现于十一首诗中。这样的密集程度是一个不容忽视的现象。但是，不论是《杜诗镜铨》还是《杜甫集校注》等，对"崆峒"地名注释均一笔带过，且多注在平凉，少注在岷县，压根就没有意识到这一现象的重要性。其实，杜甫诗中的"崆峒"地名全指岷县的崆峒山，与平凉的崆峒山没有一点关系。因为诗中反映的相关联的"西极""边疆""洮云""边塞""昆仑""岷山""洮岷"等意象，准确反映了只有岷县崆峒山才具备的地理特征。在当时最著名的三大崆峒山中，只有岷县的崆峒山是秦始皇万里长城的西首起地，才与如上列举的关键词自成体系。诗歌的意象是诗人内心反映的直观表达，是藏也藏不住的秘密。"崆峒"一词在杜甫诗歌中集中一段时间内高频率出现并不多见，说明在诗人的内心世界里是独有一番天地的。通过对"崆峒"一词的解读，发现杜甫鲜为人知的一个重大史实：杜甫在到达秦州后，便去了当时的岷州今天的岷县，并在那里生

---

① ［美］洪业：《杜甫：中国最伟大的诗人》，上海古籍出版社 2020 年版，第 2 页。
② 朱东润：《杜甫叙论》，人民文学出版社 1983 年版，第 70 页。

活了一个整秋的日子，而后才去同谷即今成县的。这对杜甫后期创作影响极大，成就了杜甫的边塞诗风。杜甫与高适、岑参一样，创作了数量不菲的边塞诗歌，杜甫理应也是边塞诗人的一员。

一、岷县崆峒山的文献梳理

举凡唐代文献，当时最被世人关注的崆峒山有三处，见汝州刺史卢贞撰《广成宫碑记》：

> 禹迹之内，山名崆峒者有三焉。其一在临洮，秦筑长城之所起也；其一在安定。山皆高大，可取材用，彼人亦各于其处为广成子立庙。而庄生述黄帝问道崆峒，遂言游襄城，登具茨，访大隗，皆与此山接壤。①

这里的"临洮"即今"岷县"，并明确是秦长城西首起所在地。卢贞的《广成宫碑记》并不是孤证，还有唐代的《括地志》《元和郡县图志》《通典》，宋代的《旧唐书》《新唐书》的"地理志·陇右道"部分均有详细记载。

《括地志》记载：

岷　州

溢乐县

陇右岷、洮、丛等州以西，羌也。

秦陇西临洮县即今岷州城。本秦长城，首起岷州西十二里，延袤万余里，东入辽水。

岷山在岷州溢乐县南一里，连绵至蜀二千里，皆名岷山。②

《通典》记载：

> "岷州，今理溢乐县。春秋及七国时并属秦，蒙恬筑长城之所起也。属陇西郡。长城在今郡西二十里崆峒山，自山傍洮而东，即秦之临洮境在此矣。"……溢乐，有岷山、崆峒山。③

---

① 《全唐文》，中华书局 1983 年版，第 3078 页。
② 〔唐〕李泰等著：《括地志·岷州》，中华书局 1980 年版，第 223 页。
③ 〔唐〕杜佑著：《通典·州郡典》，浙江古籍出版社 2000 年版，第 922 页。

《元和郡县图志》记载：

岷　州

……

岷山，在县南一里。

崆峒山，在县西二十里。州城，本秦临洮城，……秦长城，首起县西二十里。[①]

《旧唐书》记载：

岷州下

隋临洮郡之临洮县。义宁二年，置岷州。武德四年（621），为总管府，管岷、宕、洮、叠、旭五州。七年，加督芳州。九年，又督文、武、扶三州。贞观元年，督岷、宕、洮、旭四州。六年，督桥、意二州。十二年，废都督府。神龙元年，废当夷县。天宝元年，改为和政郡。乾元元年，复为岷州。旧领县四，户四千五百八十三，口一万九千二百三十九。天宝，县三，户四千三百二十五，口二万三千四百四十一。

溢乐秦临洮县，属陇西郡。今州西二十里长城，蒙恬所筑。岷山，在县南一里。崆峒山，县西二十里。[②]

《新唐书》记载：

陇右道，盖古雍、梁二州之境，汉天水、武都、陇西、金城、武威、张掖、酒泉、敦煌等郡，总为鹑首分。为州十九，都护府二，县六十。其名山：秦岭、陇坻、鸟鼠同穴、朱圉、西倾、积石、合黎、崆峒、三危。[③]

《新唐书》记载：

① 〔唐〕李吉普著：《元和郡县图志》，中华书局 1983 年版，第 996 页。
② 《旧唐书》，中华书局 1999 年版，第 1123 页。
③ 《新唐书》，中华书局 1999 年版，第 683 页。

岷州和政郡，下。……有岷山。西有崆峒山。[①]

《方舆胜览》记载：

西和州

【郡名】西岷、崆峒。

【形胜】秦城起于州界。《通鉴》："秦始皇三十三年，蒙恬斥逐匈奴，收河南地，筑长城，因地形，用制险塞，筑临洮长城，起今州城二十里崆峒山，自山傍洮水而东。"

【山川】岷山、……崆峒山，在古溢乐县西二十步。[②]

"岷州"即今岷县。从如上史料清晰看出岷县的崆峒山为什么著名的缘由了，秦长城就建筑在崆峒山上，这是岷县崆峒山有别于其他各地崆峒山的特殊处。秦长城的著名本身就不待再言，崆峒山由于广成子的神话传说也名扬宇内，二者叠加，成就了岷县崆峒山排名第一的历史地位，其地理坐标与历史标识最为鲜明和显赫。在杜甫时期，岷县的崆峒山是唐朝最西面边塞重镇，其余两地的崆峒山在唐朝腹地，远离昆仑，不是边塞，与杜甫诗歌中"崆峒"的地理属性如"西极""边疆""洮云""边塞""昆仑""岷山""洮岷"等不符。因此，杜甫诗中的"崆峒"只能是岷县的"崆峒山"，引起杜甫的关注与神往也属正常。

二、杜甫来岷的诗歌反映

1. 杜甫来岷的时间节点

首版于 1952 年、新版于 2019 年的冯至著《杜甫传》，"从七月到十月在秦州（今天水）"，"杜甫在秦州居住不满四月，觅居不成，衣食不能自给"。[③]肖涤非、郑庆笃也认为杜甫到秦州是七至十月间[④]。洪业认为杜甫"只在秦州待了一个半月"[⑤]，其根据是《立秋后题》《月夜忆舍弟》《归燕》三首诗。其实我觉得洪业的理解过于牵强。

[①] 《新唐书》，中华书局 1999 年版，第 685 页。
[②] 〔宋〕祝穆：《方舆胜览》，中华书局 2003 年版，第 1220 页。
[③] 冯至：《杜甫传》，北京出版社 2019 年版，第 132、137 页。
[④] 吕慧娟、刘波等编：《中国历代著名文学家评传》（第二卷），山东教育出版社 1985 年版，第 242—243 页。
[⑤] 〔美〕洪业：《杜甫：中国最伟大的诗人》，上海古籍出版社 2020 年版，第 171 页。

立秋后题

日月不相饶，节序昨夜隔。玄蝉无停号，秋燕已如客。

平生独往愿，惆怅年半百。罢官亦由人，何事拘形役。

《立秋后题》应该是诗人罢官后的所感，罢官在立秋之前，罢官后看到秋燕的自由，不拘形役，才有了年过半百后决策的舒怡感慨。从"秋燕已如客"来看，诗人这时已经是游客了，而且已经到了岷县，因为杜甫已经实现了"平生独往愿"。拿"平生"做对比的"独往愿"本身就说明杜甫这次西行的不同凡响和决策的难能可贵，属于对已到达"独往愿"目的地事实的陈述，是对自己行为的回顾性肯定。特别是第一句"日月不相饶，节序昨夜隔"，正是岷县地理气候特征的准确描述。岷县县城海拔2300米，平均海拔2500米左右，对于"节序"的变换非常敏感。而秦州天水海拔（1000米左右）不到岷县的一半，对"节序"变化并不敏感。而"节序昨夜隔"正说明杜甫至少是在立秋的前一天就到达岷州了。

月夜忆舍弟

戍鼓断人行，边秋一雁声。露从今夜白，月是故乡明。

有弟皆分散，无家问死生。寄书长不达，况乃未休兵。

《月夜忆舍弟》中的"戍鼓""边秋""未休兵"正说明了杜甫已经到达秦州属地更西向的岷县了。"边秋"正是对唐代陇右道驻防的最西边疆所在地位置的准确描述。"戍鼓"说明诗人就寄宿在戍城内。"寄书长不达"正说明杜甫住这里已经有一段时间了，盼望有书信往来。由于战事，书信长时间不通达。

归　燕

不独避霜雪，其如俦侣稀。四时无失序，八月自知归。

春色岂相访，众雏还识机。故巢傥未毁，会傍主人飞。

《归燕》中的"八月""霜雪"也只有海拔远远高于秦州（天水）的岷县所在地气候条件才有的景象。这从杜甫的另一首诗《寄彭州高三十五使君适、虢州岑二十七长史参三十韵》中的"陇草萧萧白，洮云片片黄"可以互证，因为这是杜甫到达岷县亲眼所见的秋天景致。秦州的平均海拔是1100米，在秋天依然翠绿无比，是见不到"陇草萧萧白"的，当然更看不到"洮云片片黄"。秦州是渭河，不是洮河。洮河的最东端距离秦州有

280 公里。在秦州八月是看不到霜雪的，在岷州八月见霜雪很正常。

上三首诗均是同一时间段所作，以燕作引线，串起三首诗，充分说明杜甫在秋天，而且是在立秋之前就已经到达秦州乃至秦州所辖之地——更西向的岷县了。因此冯至、肖涤非的研究更接近事实。

秦州杂诗二十首之第十八首

地僻秋将尽，山高客未归。塞云多断续，边日少光辉。

警急烽常报，传闻檄屡飞。西戎外甥国，何得近天威。

前四句描写了岷县的地理特征与边关防御的重要，后四句描写了防御的人类"西戎"原是同类，"外甥国"意即与内地人时常结为婚姻，有郎舅关系，说明内地与西戎关系一直相通，不应该时有战事。更何况吐蕃当时因为唐朝公主的远嫁，时常自称外甥国，这样边地的族群间亲缘关系就更是难解难分了。"西戎外甥国"正准确点明杜甫当时所在地岷县的地理位置。岷县以西当时就是吐蕃属地，而秦州并不具有这样的地理特征。"地僻秋将尽，山高客未归"，说明杜甫在岷县驻足的时长，秋将尽还没有离开。秦州在当时属于唐朝的腹地，不在"地僻"之内。"塞云""边日""警急烽常报"都说明一个事实，那就是边塞之地，而且"秦州"还能够与"西戎"有关联，与西戎吐蕃相接壤，在当时，这个地方只能是岷县。

2. 杜甫来岷的目的及寄宿处

秦州杂诗二十首之第一首

满目悲生事，因人作远游。迟回度陇怯，浩荡及关愁。

水落鱼龙夜，山空鸟鼠秋。西征问烽火，心折此淹留。

这首为杜甫于乾元二年（759）秋作。"陇怯""关愁""西征问烽火"均反映了诗人在岷县停留期间的所思所感。"因人作远游"说明了杜甫来岷县的缘起，"远游"的目的就是"西征问烽火"。"迟回"说明在这里待的时间较长。很可能是拿着他人介绍信或推荐信直奔秦州最西边郡治所谋求一职的。谢思炜按语："甫至秦陇必有入幕之打算，佐非其所望之人"[1] 甚为有理。"问烽火"清楚说明杜甫来岷就是直奔戍边军营谋求一职的。"心折此淹留"是说杜甫心里折服军营，才到这里做了一定时间的滞留。上首诗中"山

---

① 谢思炜:《杜甫集校注》，上海古籍出版社 2018 年版，第 1638 页。

高客未归"正说明杜甫流寓之地的地貌特征，有可能就是当时崆峒山下的关城内。

3. 杜甫来岷的经历

洗兵马

……

已喜皇威清海岱，常思仙仗过崆峒。

……①

作于乾元二年（759）春的《洗兵马》"已喜皇威清海岱，常思仙仗过崆峒"句，说明杜甫从这年春就有了辞官来岷的打算或者说念头。本诗句寓意深远，一语道破了岷县崆峒山的双重身份：仙道的修身养性之地和西部边关军事防御重地。它原本就是道家圣地，老子西出函谷关的目的地，可由于其特殊的地理位置，从战国秦长城到秦始皇万里长城首起地均落脚在此，和平时期是"仙仗"修身之地，战争时期是军事防御之地。这样的身份，在全国众多崆峒山中，唯岷县崆峒山独有。这正是岷县崆峒山在唐代非常著名的根源所在，尤其让诗圣杜甫魂牵梦绕，常思牵挂，也是岷县崆峒山的恩遇。

寄彭州高三十五使君适、虢州岑二十七长史参三十韵

故人何寂寞，今我独凄凉。老去才难尽，秋来兴甚长。

物情尤可见，辞客未能忘。海内知名士，云端各异方。

高岑殊缓步，沈鲍得同行。意惬关飞动，篇终接混茫。

举天悲富骆，近代惜卢王。似尔官仍贵，前贤命可伤。

诸侯非弃掷，半刺已翱翔。诗好几时见，书成无信将。

男儿行处是，客子斗身强。羁旅推贤圣，沈绵抵咎殃。

三年犹疟疾，一鬼不销亡。隔日搜脂髓，增寒抱雪霜。

徒然潜隙地，有勚屡鲜妆。何太龙钟极，于今出处妨。

无钱居帝里，尽室在边疆。刘表虽遗恨，庞公至死藏。

心微傍鱼鸟，肉瘦怯豺狼。陇草萧萧白，洮云片片黄。

……②

---

① 〔清〕杨伦：《杜诗镜铨》，上海古籍出版社 2007 年版，第 215 页。注"崆峒"为平凉崆峒山。
② 〔清〕杨伦：《杜诗镜铨》，上海古籍出版社 2007 年版，第 274 页。

该诗作于乾元二年（759）[1]，是杜甫驻足岷县不折不扣的例证。"尽室在边疆"再清楚不过地说明杜甫举家来到岷县的历史事实。"陇草萧萧白，洮云片片黄"正是对"边疆"的注脚。"物情"可能是某信物，"辞客"说明自己被辞。"书成无信将"，与上一首"寄书长不达"是对边疆之地书信难以通达的无助之情的抒怀。

寄张十二山人彪三十韵

......

此邦今尚武，何处且依仁。
鼓角凌天籁，关山信月轮。
官场罗镇碛，贼火近洮岷。
萧索论兵地，苍茫斗将辰。
大军多处所，余孽尚纷纶。

......

该诗作于乾元二年（759）[2]，"官场罗镇碛，贼火近洮岷。萧索论兵地，苍茫斗将辰。大军多处所，余孽尚纷纶"，正说明洮岷防御的不可或缺性。这只有杜甫亲临当地才会有如此近距离的深切感受。但是，杜甫这次显然并没有实现夙愿，原因可能有若干种，而"官场罗镇碛，贼火近洮岷"却是无法排除的一个因素。

壮　游

......

河朔风尘起，岷山行幸长。两宫各警跸，万里遥相望。
~~崆峒杀气黑，少海旌旗黄。禹功亦命子，涿鹿亲戎行。~~

......

该诗作于大历二年（767）冬，又言为大历元年（766）在夔州作，[3]距离杜甫离开岷县已经七八年了，把"岷山"与"崆峒"并列起来抒写，正是岷县地点的互证。而且对大禹治水在岷县洮河边接受长人赐黑玉书的典故有所引用："禹功亦命子，涿鹿亲戎行。""崆峒杀气黑，少海旌旗黄"，正是对岷县秦长城首起地军事防御在唐代依然发挥着

---

① 谢思炜：《杜甫集校注》，上海古籍出版社 2018 年版，第 1718 页。
② 谢思炜：《杜甫集校注》，上海古籍出版社 2018 年版，第 1739 页。
③ 谢思炜：《杜甫集校注》，上海古籍出版社 2018 年版，第 931 页。

不可替代的作用的准确描述。

喜闻盗贼蕃寇总退口号五首之三

崆峒西极过昆仑，驼马由来拥国门。

逆气数年吹路断，蕃人闻道渐星奔。

该诗作于大历三年（768），[①]这里的"崆峒"专指岷县崆峒山，因为"西极过昆仑"的"崆峒"只有岷县的"崆峒山"与"昆仑"相过。岷县崆峒山是整个昆仑山脉最东端的末梢部位，当时吐蕃与大唐军队拉锯战的核心地区就在岷县及其周边一带。因此该诗再次强调了岷县崆峒山的重要性以及与昆仑山的关系。这里的"国门"应该就是秦长城首起地第一座关城"铁关门"，由当时的唐军把守着，这是唐王朝最西面的一座关城，因此称为"国门"。"拥国门"彰显了秦长城西大门对于保护大唐不可替代的显赫位置与历史地位，再次说明秦长城防御功能在唐代依然发挥着不可或缺的重要作用。

通过如上 10 首诗的分析，我们能够真切感受到杜甫来到岷县的史实。

还有分别作于天宝十三载（754）、天宝十四载（755）、至德二年（757）的《寄高三十五书记》"主将收才子，崆峒足凯歌"、《赠田九判官》"崆峒使节上青霄，河陇降王款圣朝"、《送从弟亚赴安西判官》"崆峒地无轴，青海天轩轾。西极最疮痍，连山暗烽燧"，包括作于乾元二年春的《洗兵马》，又怎么解释？因为在乾元二年秋之前，杜甫并没有来过岷县，对"崆峒"的知识来自哪里？

首先，岷县的崆峒山由于是秦始皇万里长城的西首起地，不可能不著名。前面引用的初唐卢贞撰写《广成宫碑记》就把临洮崆峒山列为第一，这是历史常识，杜甫不可能不知道。其次，杜甫有两个极为密切的诗友高适与岑参，二位分别都在岷县崆峒山或驻守或留宿过，对这里极其熟悉，每次见面，不可能不详加介绍。高适进入哥舒翰幕府，主要的工作区域就是洮阳（今甘肃临潭西南）、浇河（今青海贵德境）二郡。而当时岷州是总管这两地的，因此高适最多的活动空间应该还是岷州。

考察高适到陇右任职的时间，是从天宝十一载（752）至天宝十四载（755）间，而杜甫诗中最早出现"崆峒"一词是天宝十二载（753）。这不应是巧合，而是必然。因为他们的关系太密切了，高适每次返回到长安，无不与杜甫相欢几日，高适对其在陇右的所见所闻所感，特别是已经享誉近千年的雄伟壮观的秦始皇万里长城西首起地崆峒山的景致与形制不可能不述说，当然就不自觉进入到了杜甫的诗歌世界中，并令杜甫神往不

---

① 谢思炜：《杜甫集校注》，上海古籍出版社 2018 年版，第 2211 页。

已。同时高适也有《送蹇秀才赴临洮》《送白少府送兵之陇右》《登陇》《自武威赴临洮谒大夫不及因书即事寄河西陇右幕下诸公》《同李员外贺哥舒大夫破九曲之作》等，岑参有《临洮客舍留别》《发临洮将赴北庭留别》《宿铁关西馆》等作品传世。

三、杜甫隐藏来岷州史实信息原因分析

根据《旧唐书》记载："秦州中都督府，隋天水郡。武德二年，平薛举，改置秦州，仍立总管府，管秦、渭、岷、洮、叠、文、武、成、康、兰、宕、扶等十二州。"岷州"武德四年（621），为总管府，管岷、宕、洮、叠、旭五州"[1]。可知当时岷州、洮州等受秦州中都督府辖治，总体上仍属于秦州范围，所辖十二个州发生的各种事情均可用秦州概称。同时，岷州又是中都督府的下一级总管府，总管最多时达八个州，面积相当现在的甘南、陇南、川北、青海东南部这么大的区域。最小时也管辖四个县域。从这个角度来说，杜甫来到岷县，概说来到秦州，并没有什么不妥。就如现在北京某朋友来岷县，给外面人介绍时往往说去了趟甘肃，而不说去了趟岷县。人们喜欢也习惯捡最具代表性概括性的地名称谓说事，特别是如果还有什么隐私的话，更是如此。这是杜甫来到岷县并没有明确说明具体地名的原因之一。

从杜甫早在 6 年前撰写的《投赠哥舒开府二十韵翰》：

> 今代麒麟阁，何人第一功。君主自神武，驾驭必英雄。
> 开府当朝杰，论兵迈古风。先锋百胜在，略地两隅空。
> 青海无传箭，天山早挂弓。廉颇仍去敌，魏降已和戎。
> 每惜河湟弃，新兼节制通。智谋垂睿想，出入冠诸公。
> 日月低秦树，乾坤绕汉宫。胡人愁逐北，宛马又从东。
> 受命边沙远，归来御席同。轩墀曾宠鹤，畋猎旧非熊。
> 茅土加名数，山河誓始终。策行遗战伐，契合动昭融。
> 勋业青冥上，交亲气概中。未为珠履客，已见白头翁。
> 壮节出题柱，生涯似转蓬。几年春草歇，今日暮途穷。
> 军事留孙楚，行间识吕蒙。随身一长剑，将欲倚崆峒。[2]

来看，其"随身一长剑，将欲倚崆峒"充分鲜明地昭示了杜甫早就有投笔从戎，忠贞爱

---

① 《旧唐书》，中华书局 1999 年版，第 1118 页。
② 谢思炜：《杜甫集校注》，上海古籍出版社 2018 年版，第 1363 页。

国的情怀，而且表现得情辞恳切，充分炽烈。这里的"崆峒"，显然已经不是简单的地名，而是军事防御、保家卫国、建功立业的代名词，贯穿在杜甫边塞诗歌的始终。郭沫若对此首诗的看法，看似刻薄，却不无道理：

> 杜甫称哥舒翰为麒麟阁上的第一人，是"英雄"，是"当朝杰"，而以自己没有成为哥舒翰的部下，深为遗憾。哥舒翰当时在任河西节度使，他比之以"崆峒"西边的一座大山，而愿为之保镖——"防身一长剑，将欲倚崆峒！"①
>
> 《赠田九判官梁丘（在哥舒翰幕中）》诗一首，起句是"崆峒使节上青霄"，所谓"崆峒"和前一首的比喻相同，即指哥舒翰。连他幕下的人，都像天上人一样。接着便称颂哥舒如汉朝的霍去病，他的幕府中人都是曹操幕府中的阮瑀之流。据说收揽了这么多美才，都是出于田九的推挽，因而希望田九也把自己推荐给哥舒。"麾下赖君才并美，独能无意向渔樵？""渔樵"是自比。②

对此，还可参看杨伦笺注：

> 宋玉大言赋：长剑耿耿倚天外。旧唐书：陇右道岷州溢乐县有崆峒山，在县西二十里。倚剑崆峒，盖言欲入戎幕。③

本诗作于天宝十二载（753），④借"崆峒"作为建功立业的平台，再次歌颂了"崆峒"的军事防御功能。

欲在远离长安之地谋得家人安身立命之所应该是杜甫当时的迫切需求。何况精忠报国，建功立业，一直是杜甫的人格所向。杜甫奉儒守官的家庭教养决定了杜甫的人生抉择标准。因此有这样的决定并不偶然。杨伦的"入戎幕"的判断是准确的。

另外，从《发秦州》"此邦俯要冲，实恐人事稠。应接非本性，登临未消忧"，也能看出一个因素。这与《立秋后题》中的"罢官亦由人，何事拘形役"前后呼应，意境统一。对此，曹慕樊的理解更具合理性：

> 诗人心中早已想去更僻远的处所，藏身远害是他当时思想的第一义，谋食还是

---

① 郭沫若：《郭沫若全集》（历史编第四卷），人民出版社1982年版，第383页。
② 郭沫若：《郭沫若全集》（历史编第四卷），人民出版社1982年版，第384页。
③ 〔清〕杨伦：《杜诗镜铨》，上海古籍出版社2007年版，第73页。
④ 谢思炜：《杜甫集校注》，上海古籍出版社2018年版，第1364页。

第二层。老朋友高适在彭州（唐代彭州在今四川彭县或新繁），到蜀依高适可能这时已在心中了。[1]

从"广德元年（763），杜甫被召补京兆功曹。不应召。"[2]可以看出杜甫当时对官场与时局的失望程度，至少在那个时间段对官场没有多大兴趣，那么，"入戎幕"就成了杜甫的必然选择。但是，显然杜甫此行并没有达到预期目的，因此隐藏来岷信息，也在情理中。

这是杜甫隐藏来岷州今岷县史实的最重要原因。

杜甫从秦州到岷州的行程是一段被隐藏的历史事实，是杜甫人生历程中不愿告人的一段隐私，今天该到澄清的时候了。

综上考证，杜甫来岷是早就有的信念，只是时机未成熟而没有行动。等到乾元元年，唐王朝内外交困，长安城已非久留之地，根本无法安居，迫使杜甫在乾元二年春上就产生了前往秦州——岷州崆峒的意念，夏天就动身了，夏末实际已经到达岷州，直至秋末冬初才返回到秦州（今天水），再取道同谷（今成县）。

杜甫这次从秦州到岷县的行程，对其创作影响极大，仅如上列举秦州期间创作的诗歌就能认定边塞诗人的身份，何况日后创作的若干诗作均有这一风格，如同样完成于乾元二年的《寓目》《夕烽》《日暮》，还有四年后作的《天边行》《近闻》等。有兴趣的同人可以打开《杜诗镜铨》第六编所收作品，很能说明问题。冯至在分析了杜甫《空囊》一诗后，判断：

> 杜甫穷到这地步，但他的诗却得到意外的发扬。他这半年内的诗流传下来的约有一百二十首，若是把这些诗从全集中抽出，它们就可以独自成为一集。我们揣想，作者写这些诗是有一定的计划性的。[3]

笔者觉得冯至的揣想不仅独到，而且到位。可惜后来的杜甫研究家没有对这一问题引起足够重视，对杜甫在"秦州"期间的诗作没有做深耕细作，细化梳理，特别对"崆峒"以及相关联的"昆仑""岷山""洮岷""洮云""塞云""边疆""边云""烽火""地僻"等成体系的诗歌意象没有认真对比考究，导致杜甫研究的大缺憾。

综上，杜甫诗歌关键词"崆峒"全指今岷县的"崆峒山"，与今平凉崆峒山毫无关系。

---

① 曹慕樊：《杜诗杂说全编》，生活·读书·新知三联书店 2009 年版，第 370 页。
② 曹慕樊：《杜诗杂说全编》，生活·读书·新知三联书店 2009 年版，第 370 页
③ 冯至：《杜甫传》，北京出版社 2019 年版，第 131 页

通过对这一关键词的考辨，让我们看到了杜甫研究中一直被忽略的重大问题：杜甫来秦州的目的地并非今天水，而是今岷县，而且在岷县驻留长达整整一个秋季。

最后向甘肃省定西市文史研究员莫邪先生表示谢意。在笔者研究秦始皇万里长城西首起地问题时，莫先生说杜甫有多首诗写到岷县的崆峒山，才有了本文的撰写。

（作者单位：甘肃省岷县文化广电和旅游局）

大时代里的两个镜像

——史沫特莱与丁玲笔下的对方形象[*]

徐改平

内容提要：1931 年 2 月，胡也频遇害后，丁玲加快了向中国共产党靠拢的步伐，引起了美国政治活动家，记者艾格尼丝·史沫特莱的关注，并与她进行了两次访谈。1933 年丁玲被捕后，史沫特莱在幕后做了大量的营救工作，为丁玲的无性命之虞做了很大贡献。1936 年她们在西安重逢，后来又在苏区一起生活了八个多月。但两位女作家，女革命家的笔下对对方的风采却没有过多描述。史沫特莱笔下的丁玲形象，充其量只是民国黑暗政治的受害者和自己在中国政治生涯的局部见证人，她对丁玲最离经叛道言论的描述，反而误导了自己的传记作家对丁玲的认识，而丁玲起初出于革命事业的需要所写的纪念史沫特莱的文章，都突出了对方的革命家风采，晚年丁玲重回革命队伍与作家队伍后对史沫特莱的深情怀念中，其实隐约表达了自己更是一个文学家的定位。

关键词：艾格尼丝·史沫特莱；丁玲；受害人与见证人；革命家与文学家

一、相识缘起

1931 年 2 月 7 日，包括柔石、胡也频在内的 20 多名中国共产党人被中华民国政府当局秘密杀害了，丁玲被迫成为一个抚养三个多月大婴儿的单身母亲。痛失伴侣的丁玲，

* 本文为教育部人文社科基金一般项目（批准号：13YJA751054）、陕西师范大学中央高校项目基本科研业务费专项资金项目（批准号：11SZYB20）的阶段性成果，国家社科基金重大项目"延安文艺与现代中国研究"（批准号 18ZDA280）的阶段性成果。

加快了向中国共产党靠拢的步伐。把儿子送到湖南老家后，她对与其联系的不同级别的共产党组织负责人均表示了对苏区的向往之情，这是 4 月份的事情。当月，她成为新创刊的左联杂志《前哨》的编委。5 月份，丁玲的生活里又有了两件值得以后的岁月里反复回顾的事情：其一，丁玲第一次参加了"左联"会议，且第一次见到了鲁迅；其二，丁玲接受了《法兰克福日报》通讯员艾格尼丝·史沫特莱的采访。只是，事发当时，没经历政治的、生活的学校反复教育与锤炼的当事者丁玲，尚未明确意识到第二件事也很重要，以至于她都不记得初次与史沫特莱见面的具体日子。因此，本文就以笔者自己认定鲁迅地位更崇高的关系，把丁玲见鲁迅作为头号事件来谈。这个看来似乎是作家丁玲终于见到了其崇拜了五年多的偶像作家的文学事件，释放的其实是丁玲开始参加组织生活的重要信号。1930 年初，当"左联"还在筹备之际，作家丁玲明确表示不加入。后来，在济南经历了点政治风波后，再回上海时，她才对潘汉年表态，愿意加入"左联"，但她并没有参与过该组织的活动，即便是当年 9 月，鲁迅祝寿会作为"左联"成立后举办的最隆重活动，丁玲都没有参加。如此算来，从丁玲向潘汉年表态愿意加入"左联"，到来年第一次真正参加会议，已经过了一年。因此，丁玲的参加组织活动，是她获得艾格尼丝·史沫特莱关注的主要因素。作为卷入中国现实政治斗争极深的政治活动家，[①] 史沫特莱的采访与交往对象都绝非偶然随意的机缘巧合。1929 年 9 月，借着孙中山灵柩移往南京的奉安大典活动，首次正式采访了宋庆龄后的史沫特莱，在 12 月下旬就向鲁迅发出了请求拜见的信函，鲁迅 25 日日记中有"上午得史沫特列女士信，午后复"的记录，27日日记又有："下午史沫特列女士、蔡咏裳女士及董绍明君来。董字秋士，静海人，史女士为《弗兰孚德报》通讯员，索取照相四枚。"[②] 由常识推断，25 日鲁迅所收史沫特莱之信，核心内容就是她请求面见鲁迅，鲁迅的回复乃是约定面见时间。到上海居留不久的史沫特莱就上门拜见鲁迅的事实说明，鲁迅在其心目中的分量之重。和她一起去鲁迅家的蔡咏裳和董绍明都是史沫特莱发展到第三国际东方局的中国工作人员，当然属于革命同志范围。而史沫特莱邀请访问丁玲，则是她到上海近两年后才开始。有研究者说此次采访是冯雪峰安排的。这则信息除了表明冯雪峰对丁玲的文学与革命活动都给予力所能及的帮助的事实外，也说明冯作为双方共同的朋友意识到丁玲此时的革命面貌正是史沫特莱的关注重点，这才有了两个女性交往的事。归根结底，史沫特莱采访丁玲之契机只能是革命遗孀，女作家丁玲展示出的政治新动向而非其他。只是，说史沫特莱的《共产

---

① 拙文《略论史沫特莱与中国民权保障同盟风波》作为史沫特莱卷入中国政治事务的一个小解剖，可具体说明其参与中国现实斗争之深入的程度，可参看。刊于《学术界》2018 年第 2 期。

② 鲁迅：《鲁迅全集》（14），人民文学出版社 1980 年版，第 792 页。鲁迅日记中的史沫特列（斯沫特列）就是现在通行的史沫特莱，《弗兰孚德报》即《法兰克福报》。

党员单菲》有丁玲的影子也好[①]，还是直接比附丁玲就是单菲也好[②]，估计都是研究者们并不了解另一个革命女性张文秋的革命经历后才有的猜测。因此，目前笔者所知史沫特莱的纪实类文章中，没有专写丁玲的篇章。当然，这不代表丁玲这个中国当时最重要的女革命文学家完全没有出现在史沫特莱的笔下，毕竟，她们直接交往的时间比较长，一定存在着比偶遇到的革命同志更深厚的革命友谊。

二、史沫特莱笔下的丁玲

1940 年，史沫特莱返回美国后写的《中国的战歌》中就有两篇提到了丁玲，文章的标题分别是《第一千四百六十九号牌照汽车》和《人物思想》。而这两篇前面的《鲁迅》一文，虽不曾直接提到丁玲，却透露出史沫特莱本人对丁玲的关注，有可能起缘于包括胡也频、柔石在内的共产党员集体被害事件的信息。在此文中，她追述了自己在 1931 年3 月间从菲律宾休养回来后，从秘书冯达之口得知惨案涉及柔石——这个鲁迅最有才华的学生时，立即赶去鲁迅家表达其诚挚哀悼之情的经过。革命家、作家史沫特莱得知鲁迅痛失其最赏识的学生时都有如此郑重的举动，当她通过这样或那样的途径，知道了女作家丁玲痛失革命伴侣后积极参与组织活动的情况后，产生了解她的想法是很自然的。认识了丁玲后，史沫特莱组织或者参与某些革命活动时，偶尔也会通知对方，希望她能参与。丁玲晚年回忆伊罗生的文章里就有她曾两次在史沫特莱通知参加的集会中，远远看见了史沫特莱与伊罗生的记录。[③] 不过，丁玲参加这些政治集会时，连上前与史沫特莱、伊罗生等人打招呼这个基本社交姿态她都做不来，就无法想象她会有其他主动行动了。在雷厉风行的政治活动家史沫特莱眼里，如此消极参与政治的丁玲自然很难成为其关注的重点，不为她写专文也是可以理解的。

时间一晃就是两年，丁玲意外地在 1933 年 5 月 14 日被捕了，她可比此前遇害的柔石、胡也频等人的名气大多了，而且还是一个女作家！实在堪称国民政府当局恐怖统治的新动向了。自然，也引起了史沫特莱的高度关注。这关注不仅体现在事发当年积极营救丁玲的行动上，也体现在了《第一千四百六十九号牌照汽车》一文中。只是，基于史沫特莱所掌握的海量革命故事及表达效果的考虑，丁玲的被捕是通过一个神秘莫测的李工程师之口侧面讲述的。将此文与丁玲在《魍魉魑魅》里相关追述做最简单的对比阅读

---

① 刘小莉：《史沫特莱与中国左翼文化》，浙江大学出版社 2012 年版，第 71 页。
② 冯国和、孟庆春：《试论史沫特莱视觉新闻的表现和特点》，《贵州民族学院学报（哲学社会版）》1985 年第 1 期。
③ 丁玲：《伊罗生》，《丁玲全集》（6），河北人民出版社 2002 年版。

后，笔者首先注意到了两个明显的不同之处：其一，史沫特莱笔下的冯达，就是个胆小如鼠的怕死鬼，特务才扬言要对其用酷刑，他就颤抖着立即告诉了对方丁玲的住址，并供称丁玲当晚与两个协助其办杂志的作家有约，虽然他也申辩了，丁玲不是共产党员，只是个左翼人士。而在丁玲笔下，冯达不过是经不起特务的反复缠磨，依照经验判断出丁玲按约定已离家的情况下，才带人进入了他们的住宅。其二，在史沫特莱笔下，目击者李工程师不仅看见丁玲被捆绑下楼，还看见丁玲房间里有另外两个人，其中的高个子在与特务的搏斗中还跳了楼。而在丁玲的叙述中，被捕现场只有她和潘梓年。现今研究者基本认同的事实是，丁、潘被捕后，蹲守特务才把不知就里来丁玲家的应修人逼得跳了楼。也就是说，被捕当时，丁玲的房间里只有两个人。那么，李工程师真有其人吗？倘真有，他是怎样把当事人记忆中的中午被捕事件目睹成了晚上呢？更有趣的是，史沫特莱在此文中声称，自己是凭借本能来判断与她打交道的中国人是敌还是友的。正是借助这个本能，她早在冯达出卖丁玲前就解雇了他，也确信李工程师是可靠的！《第一千四百六十九号牌照汽车》中关于丁玲本人的描述如下："四楼的一个房门被那个肯定是丁玲的女人打开了，她没吐一个字儿，但司机抓住她用绳捆她时，她的脸色发白了，然后就被押下楼了。"[①] 考虑到写作《中国的战歌》时，身在美国的史沫特莱，没法儿掌握我们后来所知道的历史资料，局部事实出现些偏差也是可以理解的。可问题是丁玲是 5 月 14 日被捕的，5 月 17 日史沫特莱就离开了上海，打算去苏联完成其早就准备了多时的《中国红军在前进》的写作计划。期间留给那位李工程师向史沫特莱汇报此事的时间只有 15、16 日两天。而丁玲被捕的消息最初是在密切来往的同志间慢慢确认与传递的，正因如此，才有了不知就里的应修人遇害事件。因此，史沫特莱是否第一时间就以如此离奇的方式确知丁玲被捕的消息，还是个需要讨论的问题。麦金农夫妇的《史沫特莱传》只字未提，当然是明智的做法。只是此书又画蛇添足了一下，臆想了 1933 年春天史沫特莱解雇了冯达时，为冯达和丁玲之间的感情并不融洽而焦虑的细节。

如上所述，初次在史沫特莱笔下亮相的丁玲，连个镇定自若的革命者都谈不上，她不足三行的出场，只起到渲染恐怖气氛之作用。事实上，爱打抱不平的史沫特莱在苏联期间，为营救丁玲做了大量工作：她不仅借助于共产国际业已成熟的动员机制，让国际上同情共产主义的进步人士为营救丁玲发声，更通过自己在美国结识的左翼人士，尤其通过美国公民自由联盟在美国发起了对中国政府迫害左翼人士的舆论批评，[②] 为中国当局迫于世界舆论尤其是美国舆论的压力只好把丁玲软禁起来贡献了比中国

---

① Agnes Smedley：*Battle Hymn of China*，Beijing, Foreign Languages Press, P103.

② 苏珍撰，熊鹰译：《如何营救丁玲：跨国文学史的个案研究》，《山东社会科学》2014 年第 12 期。

民权保障同盟领袖宋庆龄，蔡元培更重要的作用。只是，公开发表文章时，史沫特莱对此类行动出于种种考虑都只字不提，她更热衷的还是渲染恐怖气氛：此文中这个1469号牌照的汽车不仅被特务们坐着绑架了丁玲，史沫特莱本人后来还在报纸上看到一则消息，说是脱离了共产党的国民党情报人员坐着这台车在租界被刺身亡！一般认为，《中国的战歌》是史沫特莱著作中相对客观从容的作品，看来，这客观从容也是相对的，《第一千四百六十九号牌照汽车》就延续了其初到中国的作品中常有的夸张与虚构做派。

两位革命女将的人生注定是要重逢的。1936年的10月，逃离了国民党软禁的丁玲，来到西安，暂住在德国牙医马海伯的诊所里，等待苏区的同志来接头，意外碰到了与埃德加·斯诺一起来访的史沫特莱。11月初，丁玲先行到达苏区，而史沫特莱则在西安一直等到见证与报道了"西安事变"的全程后，才在来年的1月12日前往苏区。丁玲就被安排在杜里镇等着接待这位新近在报道西安事变中为中共发声的国际友人了。于是，我们在《人物思想》中看到了丁玲的出场："我们终于到达杜里镇，城门太窄，卡车开不进去，只好下车。一群穿黑制服的战士围了上来。出乎我意料的是，人群里面有我的朋友丁玲。她从南京的监禁中被释放后，就设法来到西北，最终到达红军所在地。"[1]第一次面对面看见红军战士，史沫特莱欣喜若狂，"丁玲解释说我是一个国际友人。一个战士转身就唐突地问西班牙的最新消息！他们说着刺耳的不连贯的江西方言，我几乎听不懂一个字。丁玲向他们解释说，我会在群众大会上作报告，到时候将解答所有问题。她试图带我离开，我可不愿随便错过这次会面，就站着向战士们提出了一连串的问题。"[2]这样的描述，让我们感到了丁玲作为接待者的热情，更深切感受到的却是史沫特莱见到了一批红军战士时的喜悦之情。此前，她仅凭有限采访个别红军指战员与书面资料就为红军写过第一部历史书了，虽然该书在中国本土一进入就被国民党当局查禁了，以至于连许多共产党人多年以后尚且不知道世界上还有这本《中国红军在前进》（又名《中国的红色风暴》）！第一次面对着这么多自己曾热情讴歌过的对象时，史沫特莱向对方连续提问而非是回答对方问题的做法表明，这位作家兼革命家了解实际参与革命事业的战士的心情是何等急迫。相形之下，丁玲自个儿心中的千难万险，在史沫特莱这个了解整个红军奋斗史的革命家这里，只用"她从南京的监禁中被释放后，就设法来到西北，最终到达红军所在地"这一句话就打发了。接下来的文章中，史沫特莱讲述了她初见红军的全过程，有丁玲字样儿的共有6处：

[1]　Agnes Smedley : *Battle Hymn of China*, Beijing, Foreign Languages Press, P130—131.此处翻译，有沿袭新华出版社1985年版之《史沫特莱文集·中国的战歌》处，翻译者为袁文、买树榛、袁岳云。

[2]　Agnes Smedley : *Battle Hymn of China*, Beijing : Foreign Languages Press, 2003, P131.

1. "红军战士结束唱歌后，在我的北平学生翻译和丁玲的陪同下，我游荡着穿过昔日也曾无限繁荣过，现在却如壮观的庞贝废墟一般的杜里镇上，古老中国的魅力袭上我的心头。"

2. "傍晚，我和丁玲在两个群众大会上讲了话，一个是士兵大会，另一个是本镇及附近村庄的居民大会，第二个会议在一个像乡村集市样的学校建筑物里举行。"

3. "她们特别想知道我为啥没结婚，这就给了丁玲一个阐述妇女解放的机会，她指出，她们必须成立妇女抗日救国联合会，在抗日斗争中要分享和男人同样的权利和责任。"

4. "几天后，我和丁玲穿过田野，走到红二方面军贺龙司令员司令部所在的村子里。"

5. 在访问彭德怀司令部时："丁玲和政治委员任弼时正讨论着所谓的'革命的浪漫主义'。从其谈话中我意识到这个术语的意思是性滥交。他们还开玩笑说是'乱打游击！'丁玲讲述了柯伦泰在《三代人》里的观点，任弼时引用了列宁反对杯水主义的名言。"

6. "有人关了收音机，屋里顿时静下来，我好奇地扫视了一下屋里的人，人们都盯着自己的前方坐着。彭德怀凝视着炭盆，丁玲前倾着倚着她的胳膊坐在桌边，两支幽暗的烛光照在上面的房梁上，反射在桌腿上。阴沉的，令人难以承受的寂静笼罩着屋子。"①

上述有关丁玲的段落中，第1、2、4条3处中，丁玲作为史沫特莱的陪同者被提到，只起说明事件经过的作用，对她个人没有特别描述，最后一条中的丁玲虽然被捕捉到了她的独特坐姿，但也没有弦外之音，因此，笔者就将它们一笔带过。那么，值得仔细阐述的就只有两条了。其一是第3条，它的起头就非常有意思。完全摆脱了其印度情人控制的史沫特莱，自打踏上中国的土地起，在男女关系上就持相当多元化的开放态度。绝大多数中国女性当年对男女关系的保守态度，非但引不起她回忆到自己青年期同样保守的经历，反倒让她时时意识到作为有能力支配自己人生的单身女性的优越感，这句貌似平常的"她们很好奇我为啥没结婚"就成为一个展现史沫特莱独特风姿的神来之笔，对比此处丁玲中规中矩的表现就会更加了然：丁玲说妇女要解放就必须成立妇女抗日救国联合会，在抗日斗争中要与男人一样——不过是革命干部的照本宣科而已。第5条则显得更有趣。因为丁玲与任弼时谈论的这"性滥交"问题，在中国的许多地方，许多时候都是很敏感的，《史沫特莱文集》的新华出版社译本根本没翻译它，而是用读者完全不明白其所指的方式给处理了。此处的柯伦泰，是苏联著名的马克思主义女作家，因写革命与恋爱题材作品时的大胆描写而被目为"杯水主义"的倡导者，中国文坛盛行革命与恋

① Agnes Smedley : *Battle Hymn of China*, Beijing : Foreign Languages Press, 2003, P132、133、133—134、134、141、142.

爱题材时她的重要作品都被介绍到中国。史沫特莱笔下的《三代人》，在中国一般译为《三代（人）的爱》，是一部短篇小说，主要探讨三代革命妇女在处理爱情与革命问题上的不同态度。"杯水主义"原型就是这部小说中的第三代女性。史沫特莱大致记得丁玲对柯伦泰的讲述，而没论述丁玲与柯伦泰间的联系，这有追忆文章无法记清细节的原因，也是她对问题没深入研究后的审慎表现。多年后的日本学者较详细地探究了丁玲对柯伦泰能信手拈来的背景。① 细心的读者也许会注意到，践行着"杯水主义"的史沫特莱对两个男女关系比她单纯的中国人的纸上谈兵，一副漠然冷观的态度，与其被问及不结婚时跃然纸上的自豪感形成一定程度的反差。这两处描写，涉及丁玲在公众场所与小范围谈话时的不同表现，对于理解初到苏区的丁玲，都是值得重视的有意味细节。更有意思的是，史沫特莱的首部传记作者竟然根据此处描写，在谈到史沫特莱与延安的革命女性在性问题上存在着不同见解时，如此写道："像她离经叛道的女性朋友丁玲一样，艾格尼丝相信，夜晚河边灌木丛里上演的'乱打游击'才是延安需要的更高级的性观念。"② 亏得丁玲在此书中文版出版之前就去世了，不知道有此一说，否则以她的个性不知道她的笔下又该怎样提到史沫特莱。当初得知海伦·斯诺（笔名尼姆·威尔斯）的著作中存在着部分有损自己理想形象的描述时，她对该书的中文译者写下了如下语句："威尔斯那时很年青，对延安很不了解。她对延安做了不少报道，说明她的热情。那时延安翻译缺乏，她同我谈话是经过第三者的。她的稿子并没有经我看过。许多地方失实。其中夹杂着她自己的爱好。（中略）因为资本主义国家有一个钱字，加添桃色的、黑色的色彩就更有销路。你自然很难改她的文章，但我认为你是可以删去一些不合理的东西。我希望不要把我歪曲就好。她是由于无知或是知之很少，我是可以原谅的，但我希望你不要再造成一些误会才好。我关于我自己，我是会写回忆录的。但我不希望我的回忆录，尽是辟谣。我这人被造谣是已经够多的了。自然有各种不同的情形。但威尔斯到底是朋友，是好朋友，我不愿意在我和她之间产生芥蒂。你自然不能负责，你只不过翻译她的著作，但也希望你手下留情，实际一点。"③ 丁玲的这些话，当然没有白写，限于篇幅，笔者只想指出一个最具代表性的效果。海伦的《我的中国岁月》有一段描写彭德怀的文字，她说彭德怀清教徒般的严谨与朴素作风，反而让延安的女性们更觉得他有吸引力后，有一小段描写与丁玲有关："丁玲，这位在自由恋爱问题上持无政府主义观点的著名作

---

① 秋山羊子:《柯伦泰的恋爱观及其影响——丁玲早期创作的一个背景》，收录《新气象，新开拓——第十次丁玲国际学术研讨会文集》，同济大学出版社 2009 年版。

② 原文如下: Like her iconoclastic girlfriend Dingling, Agnes believed that the "undisciplined guerrilla warfare" practiced nightly in the bushes by the river bespoke the need for a more advanced sexual outlook in Yenan. Luth Price: *Lives of Agnes Smedley*, Oxford, New York: Oxford University Press, 2005. P310.

③ 丁玲:《丁玲全集》(12)，河北人民出版社 2002 年版，第 232 页。

家，把她的帽子戴在了彭德怀的头上——后者识破了她的所有诡计。"中国读者看到的中文版是这样儿的："有位女战士曾设法引诱他，遭到了他的拒绝。"——主题的确一点儿没歪曲，可从字面上谁能看出丁玲的影子呢？——翻译者就通过这样的中国智慧完成了丁玲的委托。

三、丁玲笔下的史沫特莱

由上节的详细索引与分析可知，或是事关揭露国民党的恐怖统治，或是由于其事实上乃史沫特莱本人陪同者的关系，丁玲才进入史沫特莱的笔下。中国文坛人物中，史沫特莱只为鲁迅写过专篇，现在的中国人都明白，从文学与政治这两大考量指标来衡量的话，当时的中国文化界思想界的确没有与鲁迅并驾齐驱者。这是史沫特莱精准把握大趋势的表现。有趣的是，在史沫特莱有生之年，丁玲也没有写过对方。明白这个基本事实后，笔者不仅莞尔一笑，两位女革命家女文学家的友谊，并不如官方宣传文章屡屡提到的那么深厚哦！丁玲书写史沫特莱的三篇文章都是对方去世后写的纪念性文稿：其一是1950年的《噩耗传来》，收录在新华书店1950年7月初版的《史沫特莱——中国人民之友》的小册子里。考虑到史沫特莱是5月6日去世的事实，以"新华时事丛刊社"名义编辑的这个纪念史沫特莱的小册子的初版还真是相当及时，此书现在比较少见，所以笔者就略作介绍：全书所收共11篇文章，除了丁玲的《噩耗传来》外，还收录了《大公报》5月11日的《史沫特莱生平》，萧三的《哀悼史沫特莱——中国人民之友》，杨刚的《史沫特莱——正义的战士》，茅盾的《悼念A.史沫特莱女士》，张彦的《悼史沫特莱——中国人民之友》，刘良模的《忆史沫特莱》等6篇介绍和纪念文章，以及史沫特莱本人的4篇文章中译本（《忆鲁迅》《朱德印象》《控诉》《中国人民的胜利》）。《噩耗传来》最初发表在1950年5月11日的《人民日报》上，而史沫特莱是5月6日去世的。可见，这是一篇呼应当时中国对史沫特莱的纪念需求而作的急就章。该文的首尾都强烈谴责了美帝国主义，中间段落追忆了上海与延安时期以及军旅途中史沫特莱留给作者丁玲的直接印象外，还简述了她们分手后史沫特莱对中国革命的贡献。与同属于革命文学家之列的茅盾和杨刚在同一集子里的纪念文章相比，丁玲重在讲述史沫特莱对中国革命的贡献，而那两位在表达追念之情的同时，都重点写其与史沫特莱的个人交往。

如果说《噩耗传来》受时间限制，来不及对史沫特莱做全面介绍的话，1951年5月，当史沫特莱的骨灰被中华人民共和国正式安葬在八宝山革命公墓时，丁玲被选定为史沫特莱生平的报告人后，她的发言稿《战士史沫特莱生平》显然代表着新中国对史沫特莱的官方评价。此文把史沫特莱 58 年的生命中长达 30 多年的参与世界政治事务的活动浓缩在了 8 个印刷页面，其在中国的 12 年就用了 3 个半页面，确实体现了史沫特莱是中国人民之友的官方定位。而史沫特莱在德国及欧洲的 8 年，仅用 6 行字一带而过，且重点落在介绍《大地的女儿》上。这篇代表官方立言的文章，由于当时的国际国内环境提供不了全面了解史沫特莱的基本资料而不够全面，是可以理解的。遗憾的是，以丁玲之口，宣布了一个胡适的罪状，说他"提议向《法兰克福报》告状，说她勾结中国共产党，要报社解聘她，并且拿这些话恐吓她。这使她不得不脱离了时报社，失去了记者的名义"。这是共产党员丁玲履行其政治任务时的正常表现，与她对苏区妇女宣传说必须成立妇女抗日救国联合会，要与男人一样进行抗日斗争没有两样。倒是史沫特莱自己，并不认为胡适害她丢了《法兰克福报》的工作，（详见《九一八事变》，《中国的战歌》之一节）。不过，即便是《中国的战歌》中文版问世多年，中国大陆依然盛行胡适害史沫特莱丢工作之说。1950 年也好，1951 年也好，都是丁玲作为革命的女作家在新中国初成立后扬眉吐气地过日子的时候，她的两次著文，强调的都是史沫特莱的战士品格，更忘不了对美帝国主义的强烈谴责。就在安葬史沫特莱的大会上代表中国介绍战士史沫特莱的生平 4 年后，丁玲本人也受到冲击，淡出公众视野，直到 1980 年。这年的 1 月 25 日，丁玲先被中国共产党中央发文恢复党籍和政治名誉，压在她心头上 20 多年的那句"变节性行为"的结论被撤销，虽然也留下了认为她"在敌人面前犯有政治上的错误"的遗憾，但基本上可以认为，丁玲在政治上被平反了，两个月后，中央组织部发文恢复丁玲的副部长待遇，这些平反活动当然让丁玲的心情大为放松。虽然，她的身体很不好，同年的 2 月份被诊断罹患了乳腺癌，3 月份，丁玲去住院做切除手术，出院时已经是 5 月 13 日。1980 年也是史沫特莱去世三十周年。不知道是有人约稿，还是丁玲自己想起了这位包括她在内的中国人民的老朋友，她在 5 月 23 日写了篇《她更是一个文学作家——怀念史沫特莱同志》。在此文中，丁玲深情地追述了自己从 1931 年 5 月认识史沫特莱后，在长达 6 年多的时间里两人见面的所有情景。前两次文章中没提及的两个革命女性的日常人生第一次出现在丁玲的笔端。比如，1931 年丁玲与史沫特莱刚相识时，她穿不同风格的衣服在对方那儿得到的不同反馈：头一次，丁玲穿了黑软缎子衣服，"她替我照了不少像。她照得很好，现在我还保留着一张她照的我穿着黑软缎衣的半身像。当我翻阅这些旧物时，那时我难有的一种愉悦而熨贴的心情还回绕在脑际。"第二次，丁玲"穿了一件自己缝制的蓝布连衣裙，大领短袖，已经穿旧了。可是史沫特莱赞赏了这件简单朴素的便衣，我看出她喜欢我这身打扮，我欣赏她的趣味。"27 岁的丁玲面见史沫特莱时对穿着的精挑细选，透露着她对对方的尊重与揣摩，第一次的华美服饰是一般人的自然选择，第二次的朴素，显然是对对方有所了解后的自我调节。史沫特莱的赞赏与丁玲本人对这赞赏的会意，当然都有象征意义。联系到史沫特莱对许多出身较好的陌生人一贯的见面就嘲讽挖苦的习惯①，此处丁玲笔下的史沫特莱有着难得的女性温情，她不但不批评穿黑软缎衣的丁玲，反而替她认真照相的细节说明，面对痛失革命伴侣的年轻女性时，史沫特莱还是相当体贴的；再比如，丁玲又追述了1936年年底她在西安等待苏区来人的无聊日子里见到史沫特莱时的情景。临别时，史沫特莱把她的旧貂皮帽赠送给丁玲，说对方立即要去的陕北更冷，更需要。这个细节说明，西安事变前的史沫特莱尚未估计到自己也有不久后去苏区的可能；再比如，丁玲回想起史沫特莱离开延安后，她自己带领着西北战地服务团给前线部队演出途中的两次偶遇史沫特莱的基本情形。从这些深情回忆中，笔者看到的，其实是作家丁玲的复活，不同于前两次纪念史沫特莱时的语言。这自然有时代背景的因素。正因如此，丁玲最后纪念史沫特莱的文字就更需要仔细分析。正因如此，丁玲最后纪念史沫特莱的文字就更为珍贵。细读此文，史沫特莱的革命家本色依然存在，用了生活细节这个叙事作品常用的方式来表现。这篇标榜对方"更是一个文学家"的作品中，最能证明该论点的例证是丁玲对无产阶级文学代表作品《大地的女儿》的赞美，这赞美既是对纪念对象史沫特莱文学家身份的认定，更反衬出丁玲本人在经历了20多年从革命队伍中除名的巨大痛苦解脱后对文学家身份的由衷赞美。写作此文时的丁玲，甚至连史沫特莱在她的营救工作中发挥过重大作用都不知道，她还把自己无性命之虞的功劳记在蔡元培和宋庆龄这两个民权保障同盟负责人的头上，甚至都没调查过当年还有谁为她出过大力。与丁玲的不探究相映成趣的，是史沫特莱本人事后多次见到丁玲后从不居功的高尚品格，她的营救丁玲，纯属为中国革命作贡献，类似的事她做得太多了，她也从未希冀过得到任何当事人的事后感激。不过，倘若丁玲真知道了史沫特莱在国际政治舞台上的全部修为，哪怕只是其在中国民权保障同盟中的所作所为，还会认为对方更应该是个文学家吗？

两个女革命文学家对对方的有限描述，当然加深和丰富了我们对其描述对象的认识。史沫特莱笔下两篇关于丁玲的描述，其一不过是史沫特莱用来暴露国民党特务统治的一粒子弹，另一篇中的丁玲也只是她初到苏区的见证人而已。从史沫特莱事关中国的所有著作来看，中国共产党人领导的革命队伍（从领袖到普通士兵）才是其关注重点。倘若丁玲不曾被捕，依照她有限的革命履历，能否进入史沫特莱的法眼与笔端，那一定是个两说的话题。而丁玲对对方的描述，也起源于她作为革命者应尽的义务，在安葬史沫特莱骨灰仪式上的讲话，更是丁玲本人在革命队伍中崇高地位的体现。她的只强调史沫特莱在中国的经历的瑕疵也好，公开宣布胡适导致史沫特莱失业也好，在50年代初期

---

① 参见 Agnes Smedley：*Battle Hymn of China* 中的 *Patricians and Proletarians Beijing*：Foreign Languages Press，2003，P40—47）

的政治背景中都是可以理解的。而最后一篇对史沫特莱的追忆，则是经历了漫长的革命旅途后的文学家丁玲，对革命家史沫特莱的怀念。而我们则透过她们笔下的对方镜像，看出了两位非同寻常的女性生活于其中的大时代的一个侧面。

（作者单位：陕西师范大学文学院）

论延安文艺革命伦理中的阶级性问题

何明霞

内容提要: 延安文艺中的阶级认同思想是在共产党领导下的无产阶级革命中因相同的阶级属性所产生的一种特殊的伦理形态。这种伦理思想的产生与介入使得延安文艺有效地宣传了革命思想、聚集了革命力量、推进了革命进程。延安时期时处特殊的历史阶段,以工农大众为主体的无产阶级身份认同意识成为延安文艺革命伦理思想的重要组成部分,对阶级身份的强调与认同替代了原有的伦理价值判断。

关键词: 延安文艺;革命伦理;阶级认同

延安时期,文艺作为革命实践的一个重要组成部分承担着鼓舞革命士气、打击敌人气焰、宣传革命伦理思想的功用。毛泽东在《在延安文艺座谈会上的讲话》中清晰地划分了以工农为主体的人民大众阶级范畴,确定了文艺为大众的服务方向,强调"要使得文艺很好地成为整个革命机器的一个组成部分,作为团结人民、教育人民、打击敌人、消灭敌人的有力的武器"。[①] 延安文艺因此呈现出服务于革命的伦理特征,对革命群众的赞扬与对阶级敌人的否定使其具有了固定的阶级立场与书写模式。延安地区的家庭、社团、民间艺人等群体呈现出以阶级认同代替原有关联的新型伦理形态,这种以阶级认同为划分的集体主义思想影响着延安文艺的批评与创作方向。

---

① 毛泽东:《在延安文艺座谈会上的讲话》,《毛泽东选集(第三卷)》,人民出版社 1991 年版,第 805 页。

一、阶级情感的泛化与家庭范围的扩大

　　家庭伦理是中国传统伦理的重要构成要素，也是传统伦理的发展奠基，家庭之中因个体间的血缘连接相对于其他群体更具凝聚力。血缘关系的形成具有先天性和不可选择性的特征，故而，血缘关系是具有不可逆的生物性与稳定的社会性的社会伦理组成单位。以血缘为载体的家庭是社会伦理的基本构成单位，家庭伦理因其天然的强大凝聚力成为社会伦理的发源点，对家庭伦理的遵循也成为家庭成员个体因血缘关系而形成的自然伦理选择。在延安时期，革命伦理成为以延安为中心的整个解放区的伦理准则，个体之间产生联系的关键因素在于阶级立场的相同，以血缘为纽带的家庭伦理因以阶级认同为媒介的革命伦理的介入而逐渐被冲淡。阶级属性的相同成为人伦情感亲密程度的决定因素，在对共同革命目标的追求中，革命群体之间产生了因阶级一致、目标相同的亲密关系，这种因相同阶级情感产生的关系比自然的血缘亲情还更为亲密，革命者之间成为虽无血缘关系但情感更为纯粹的无产阶级同志。

　　这种阶级认同对血缘关系的伦理替代在延安文艺作品之中得到了具体展现。无产阶级革命者因彼此的阶级身份选择自我情感的归依或逃离，他们之间没有自然的血缘亲情，却通过革命信仰在主观上形成了某种与自然血缘相似的牵挂与亲近。这种感情的达成不需要共同的生活场域和生活经历，彼此间也不需要日常的相处与陪伴，是一种因一致的追求而产生的精神上的认同，是被扩大与改制了的家庭亲情，所不同的是阶级认同置换了旧有的血缘连接。以小说《以心换心》（白刃）为例，马二虎作为革命集体的班长因自己的火暴脾气常与共同作战的同志们发生冲突，因此彼此间产生了芥蒂，指导员在知晓情况后便以阶级认同为情感契机开始了劝导工作，经过与指导员设身处地的交谈，马二虎想起了在军阀时的遭遇与被人训斥时的内心体验。[①] 因为阶级身份的相同和遭遇的一致，马二虎认识到了自己行为的错误性，从此后改正了自己的态度，给予了战友如亲兄弟般的关怀。这里已经将阶级认同置换为血缘亲情，革命群体聚集在一起的状态已形如家庭成员团聚在一起。此时的阶级情感替代了血缘关系成为维系无产阶级战士们之间的纽带，共同的阶级属性成为他们互相关爱的情感发生点，这种亲如兄弟的情感给了他们浴血奋战时的充分信任和不怕牺牲的勇气。这种因阶级属性对血缘关系的替代而产生的家庭范围的扩大，还表现在小说《杜大嫂》（陈登科）中，在危难之中的杜大嫂缴获了敌

---

① 康濯主编：《中国解放区文学书系·小说编（一）》，重庆出版社 1992 年版，第 353 页。

军一些粮草，首先想到的是将宝贵的粮草分配给劳苦大众，因为阶级属性的相同而流露出的真情实感使得身在前线的队员们产生了与杜大娘一样的同理心。这种情感是基于共同的阶级属性而产生的情感共鸣。在阶级认同的情感纽带之下，处于工农大众的革命者都将彼此以血缘至亲对待，更是将这种关爱落实到实践中，人心的聚合为革命实践增加了更为聚集的力量。在由阶级认同形成的亲密关系中，革命领导者因其或年长或资深的原因常常扮演着革命大家庭中的家长角色，这也是由阶级认同形成的情感场域所产生的自然现象，犹如家庭之中长辈对晚辈的教导与爱护，晚辈对长辈的尊重与依赖。在小说《爱》（曾克）中，老程作为一名革命工作者拥有着坚定的革命阶级立场，他对战友与同志充满了关爱之心。他对为国捐躯的八路军烈士的两个子女怜爱有加，在与孩子相处的过程中产生了浓烈的阶级情感，胜似父子之情。老程同他们诉说父亲的牺牲原因时更加着重地强调了阶级立场问题，"我把孩子抢出来，招呼这样大，他知道爹是八路军，八路军打鬼子和顽固分子汉奸……"[1] 老程把对同志的敬重与同情转移到了对孤儿的照看与抚养之中，在此过程中得到了情感的慰藉。此时革命伦理的阶级认同思想占据了老程和孩子们的心扉，革命伦理也因此被赋予了阶级情感和亲情温暖，革命领导者因对同阶级革命者的关怀与挂念，承担了父母亲人的角色，给予了革命者家庭的温暖。

这种以阶级感情为纽带组成的革命家庭在某种程度上削弱了传统的由血缘组成的家庭伦理地位。特殊的革命伦理情感的建立是革命战争语境下对传统伦理的改造与运用，革命伦理将传统伦理中的血缘亲情以革命情谊所替代，将革命情感升华至人伦价值观的最高地位，并以此为契机，建立了革命大家庭的概念。在这样的革命大家庭中，革命领导者充当着家庭长辈的角色，在长辈与晚辈的相处模式当中，本身僵硬的命令与政策就变得如家常谈话一般。这种对革命阶级感情的依赖与对革命领导者的情感寄托影响了延安文艺的阶级情感基调，在以阶级感情为纽带的革命大家庭中将革命领导者视为如家庭长辈般的伦理话语权的拥有者，命令与任务变成了对家庭的捍卫和维护，从而使得延安地区的革命实践不仅是滚烫的，而且是温情的。这种基于阶级情感组成的革命大家庭和对革命大家庭中的领导者如长辈般的尊敬不仅存在于文艺作品当中，它是透过文艺作品显示出的延安时期真实存在的革命伦理引导下的阶级认同思想，是革命大众的情感自主选择。

延安文艺革命伦理中阶级情感对血缘亲情的代替，表明了在战争的特殊背景之下单

---

① 康濯主编：《中国解放区文学书系·小说编（四）》，重庆出版社 1992 年版，第 610 页。

靠血缘关系不足以高度地统一革命信念和革命力量，阶级情感是以工农阶级为主的人民大众的共同认知，在人数和力量上远远大于每个氏族的血缘亲情组成，对阶级认同的坚持是对革命实践的有力支持，基于这一情况，延安时期建立了新的以阶级认同为纽带的人伦关系。传统文化与革命现实的结合使得革命群体在特殊环境中将传统文化得以运用与发扬，家庭伦理在此时转化为革命伦理，在延安社会的抗战诉求中形成了蔚为大观的革命家庭伦理思想，构建出以阶级认同替代血缘亲情的革命大家庭。

二、文艺社团的革命伦理规范功能

文艺社团在延安文艺革命伦理思想的传播过程中有着非常重要的影响和作用，《讲话》的发表为延安文艺的伦理发展方向做出了规定与指导，在中宣部发布的《关于执行党的文艺政策的决定》中，提倡"全党的文艺工作者都应该研究和实行这个文件的指示"[①]。对延安文艺工作者的阶级归属问题也做出了相关要求，要求知识分子摒弃自身的小资产阶级自由主义思想，将个人主义伦理观转化为集体主义的革命伦理观，从"知识分子的圈子跑到工农兵的圈子里去"[②]，到革命大众中去，书写出以工农大众为主体的革命文艺作品。《讲话》发表之后，延安地区的文艺社团开始了对其文艺伦理精神的实践贯彻，社团建设与组织形式从延安前期的多样性向延安后期的大众性转变，出现了相对单一化的文艺社团建设方向。这种以革命伦理思想为宗旨的文艺社团建设，受延安文艺革命伦理思想的影响，同时也规范着延安文艺革命伦理的发展方向。

延安文艺社团是政治伦理意识形态下的产物，此时的文艺社团与政治伦理间的隶属关系使得社团的建设目标与活动方式都要依据政治革命的需求而设定，《讲话》中对工农兵文艺方向的提出为社团的组织方式与文艺创作提供了指导思想，社团宗旨与理论纲领也根据《讲话》的文艺大众化的阶级思想做出了适时的调整，身处社团中的文艺工作者也对自己做出了阶级审视，自觉地摒弃了知识分子所具有的小资产阶级思想，做到了"和工农兵大众的思想感情打成一片"[③]。从社团建设到人员改造都以《讲话》倡导的革命伦理思想为指导进行文艺实践，改编之后的文艺社团呈现出工农阶级的革命属性与战斗精神，在革命精神的鼓舞下，承担着革命思想的文艺宣传工作。延安文艺社团是革命伦理

---

① 中共中央宣传部：《关于执行党的文艺政策的决定》，《解放日报》1943 年 11 月 8 日。
② 凯丰：《关于文艺工作者下乡的问题——在党的文艺工作者会议上的讲话》，《解放日报》1943 年 3 月 28 日。
③ 毛泽东：《在延安文艺座谈会上的讲话》，《毛泽东文艺论集》，中央文献出版社 2002 年版，第 52 页。

思想重要的传播者与规范者，文艺社团遵循着《讲话》提出的文艺为工农大众服务的文艺方向，在革命大众的队伍中传播着革命伦理的思想。文艺社团活动的发生与发展是依据革命现实影响下的文艺政策方向的制定与改变而进行的，在不同的阶段呈现出或多样化或单一化的意识形态与组织方式。因其担负的鼓舞和聚集革命精神的使命，延安时期的革命现实与政策规定对文艺社团的建设与发展起着决定性的作用，周扬针对这一现象做出了理论性的总结：文艺社团"要进一步发动与组织文艺界的力量，反映伟大爱国自卫战争，反映有空前历史意义的土地改革，反映大生产运动，表扬群众的新英雄主义，使文艺无愧于这个新的群众的时代"①。文艺社团在民族革命时期与国内革命时期有着不同的文艺理念与革命任务，后者则更注重对政党阶级与政策规定的遵守，较前者而言更加突出文艺的政治革命功用，但不论在延安时期的何种情况下，对革命伦理思想的强调与贯穿是不约而同的。

延安文艺座谈会召开后，文艺社团的思想伦理建设由相对的开放性和多样性走向了规定性与单一性，在《讲话》的影响下确立了统一的革命伦理思想指导，社团建设模式也逐渐呈现出规范化的趋势。存在于延安初期的以知识分子为主体的追求个体自由与批判思维的个人主义伦理观的文艺社团逐渐减少直至整风运动后彻底消失，以工农兵集体主义思想为伦理思想的文艺社团成为延安后期的发展趋势。这种从理论纲领到实践形式的彻底改观，使得工农阶级革命大众成为文艺社团进行创作与活动的接收主体。在这种革命伦理阶级意识的规范下，文艺社团的活动以文艺作品与文艺演出的方式呈现给革命大众。一方面，大量的小说、通讯、戏剧等文艺作品以贴近大众的主题和内容吸引着广大革命群体的关注，在文艺作品中传播着文艺伦理思想，这种贴近大众的文艺表达方式逐渐出现程式化的状态：主题是围绕着工农兵斗争的革命题材而开展的，素材是贴近工农兵革命大众生活的，表达的感情是可以与工农兵革命大众发生共鸣的，基于此种模式创作出的文艺作品，表现出了思想与模式的高度统一，深刻地体现出了文艺服务于政治的革命宗旨。这种高度统一的模式化创作，其主旨就是将革命伦理思想灌注于大众所熟悉的日常生活中，以此来升华群众的革命情感、鼓舞群众的革命热情和革命士气。将群众的革命斗争经验通过文艺作品表现出来，也是唤起革命大众对革命实践的反思，通过文艺作品将革命伦理思想再次规范化。②另一方面，延安地区的工农革命大众受整风运动与土地改革等一系列的政策影响实现了政治大翻身，随着社会地位的提升，审美与文化的需求也随之提升，对旧文艺方式与内容的依赖使得戏剧作品应运而生，延安时

---

① 周扬：《谈文艺问题》，《周扬文集（第 1 卷）》，人民文学出版社 1984 年版，第 499 页。
② 周扬：《谈文艺问题》，《周扬文集（第 1 卷）》，人民文学出版社 1984 年版，第 501 页。

期贴近大众的戏剧作品是旧形式中蕴含着新思想，革命伦理思想在戏剧创作与演出中得到传播与推广。在乡村剧社与文工团等文艺社团的演出中，形成了以戏剧演出为潮流的延安文艺新景观。在革命大众既为文艺创作主体又为接收主体的戏剧演出中，革命大众真正地参与到了延安文艺的创作与演出中去，这使得革命大众对文艺的热爱情绪高涨，同时也带动着对革命文艺的参与热情，这种参与其中的创作体验使革命群体真正感受到了新社会与新政权为大众所带来的当家做主的愉悦感。革命群众创作与观看热情的高涨对以戏剧演出为主要文艺活动途径的文艺社团来说起到了非常有力的推动作用。

三、旧艺人身份的摆脱与无产阶级的身份认同

传统中国的伦理思想在民众之中得到了根深蒂固的坚持与发展，这种情况的出现一是因为统治者的政策规定，二是因为民众对传统伦理思想从本质上的接纳与认同。在传统中国，鲜有受到过系统教育的普通民众，这种思想观念上的认同大多是来源于日常生活的经验积累和民间文艺的传播与熏陶，民间文艺与民间艺人在对民众的思想启蒙上起到了重要的作用。这种启蒙作用在延安时期也得到了执政者的重视，改造民间文艺与民间艺人的阶级属性，使其成为无产阶级革命的宣传者是延安文艺的一项重要内容。

对儒学的推崇构成了传统文艺伦理思想的主要内容和发展方向，传统思想因其悠长的历史背景对各个历史阶段的中国人发挥着重要的影响，延安时期的工农大众深受传统文化的影响，并将这种影响内化于人物的性格之中。这种伦理教化的影响之深远，并非通过专门的教育获得，它的传播与发展途径，是一个值得思考的问题。在以农村为主要构成单位的中国传统社会中，极少数的人拥有着接受正统教育的资格，所以传统的乡土中国的文化传播状态是有语言而无文字的[①]。民间文艺形式的存在使得生活于这种状态下的工农大众得到了思想启蒙的机会，通过文艺作品传达出的伦理思想建构出属于个体的世界观与价值观。民间文艺形式是由受到群众喜爱的戏曲、说唱、故事以及民间谚语等简单易懂、贴近大众生活的文艺活动方式组成，从事这些民间文艺活动的工作人员被称为民间艺人。民间文艺与工农大众间存在着密切的相关性，民间文艺作为工农大众日常生活的组成部分对其伦理价值的建立产生着极为重要的影响。在乡村戏剧演出当中，

---

① 费孝通：《文字下乡》《再论文字下乡》，《乡土中国》，北京出版社 2005 年版。

工农大众不仅是这类民间文艺形式的接受者，更是民间文艺的创作主体，在选角的问题上也会由农民参与其中，身边人演身边事的演出方式使得民间文艺拥有着广大的关注群体。在日常生活频繁重复的乡村生活之中，民间文艺成为工农大众接受教育的主要途径。中国戏曲对伦理道德的教化功能是通过饱满的艺术角色、剧情中历史知识的运用以及对传统文化的弘扬而产生的。一些口头民间文艺形式，如民间谚语、民歌民谣更是因其简单易懂、朗朗上口的艺术风格使得工农大众乐于接受，在口耳相传中习得蕴含于其中的伦理思想。

民间文艺是工农大众接受教育的有效途径，从事此类文艺工作的民间艺人承担着教育者的角色，他们承担着教育教化广大农民思想的启蒙工作，是工农大众价值观建立的塑造者，他们与工农大众之间存在着天然的亲密关系，熟知农民群体的审美喜好，懂得引得情感共鸣的方向，所以由他们创作或演出的民间文艺作品常常受到工农大众的认可和欢迎。每一位民间艺人对文艺作品有着个体间的理解差异，他们在文艺实践中不断摸索与探寻着更为有效的艺术表达路径，根据群众的反响做各种不同风格的尝试，最终形成属于自我的独特风格，"他们对艺术的思考一直是先行的，因为他们的思考对象总是接受着时空转变所带来的适应性的无情考验，他们的思考必须要针对现实世界，他们通过思考而形成的认识一定是要能够投入到真实的艺术行为之中的"[1]。由此可见，民间艺人的演出模式不是一成不变、固定化的，而是为达到更好的艺术效果，根据文艺实践与群众反响做出适时的、顺势的调整，民间故事的讲述通常会带给听众以思想的启蒙。民间文艺形式的展示与演出不仅仅是民间艺人的个体行为，而且还是对工农大众进行人伦教育的传达方式，更肩负着历史特殊时期集体主义革命伦理思想的传播，使得工农大众群体通过民间文艺找到了自己的精神归属方向。在卞之琳的小说《石门阵》中，接收者更为关注的不是革命者在面对抗战时的无畏精神，而是主人公手艺人王生枝，引人注目的并不是他技术精湛的好手艺，而是他擅长讲故事的好口才，他因对文艺作品《水浒传》《三国演义》的熟悉，加之他开讲便引人入胜的好口才，使他成为受到群众喜爱的民间艺人，他的开讲总会吸引听众全神贯注地倾听，文艺思想在民间艺人讲述故事的过程中得到了传播和发展。在王木匠讲述《水浒传》《三国演义》一类的名著故事之中，给乡里乡亲带来的是文化娱乐的传播，但在讲述"石门阵"的故事时因加入了八路军勇夺石门阵的抗战故事情节，在民间说书之中加入了对革命伦理思想的宣传，阶级身份的认同与民族仇恨的彰显使得乡民们坚定了抗战的决心，又因故事的结果是八路军获胜，使得乡

---

① 黄静华：《论民间艺人的艺术知识》，《云南大学学报（社会科学版）》，2006年第4期。

民的民族自信心得到提升的同时更加坚定了其支持与加入民族抗战队伍的信念。延安时期的民间社会存在着许多类似"王木匠"的民间艺人，如此情况在延安文艺作品中得到了显示和说明，如赵树理小说《李有才板话》中的李有才，他是深受乡民喜爱的民间"丑角艺术家"，在"说学逗唱"中完成了对文艺作品的解读，传播了大众解放的革命伦理思想，在他的文艺活动中，阎家山的问题得到了揭露，引发了群众的反思，为问题的最终解决起到了重要的作用。由此看来，如"王木匠"和"李有才"般的民间艺人不仅是文化娱乐的传播者，更是革命思想的启蒙者和传达者，是对延安民间社会情况及其生产关系的监督人与挑战者。①

王木匠与李有才是经由文艺工作者主观创造出的民间人物形象，因受到文艺政策方向的影响，加入了知识分子作家的艺术想象，赋予了他们无产阶级革命新思想，将民间艺人进行了革命理想化的文艺处理。但在延安社会的现实存在中民间艺人的文艺活动多是对旧文艺和旧思想的解读与传播。存在于旧社会中的文化思想是对旧有秩序的反映和维护，已不适用于新民主主义文化盛行的延安社会，在旧有的生产关系之中，民间艺人的社会地位极低，常因生计难以维持而选择卖艺。民间艺人长期生活于旧社会阶级森严的社会底层，因此而选择自暴自弃者众多，"大都沾染了烟、酒、嫖、赌的恶习"②。因其文艺表演的内容是对封建思想和对旧社会中的生产关系的维护，不良的个人习惯加之封建陈腐思想的侵蚀，民间艺人的思想多为落后且顽固的。

郭沫若在四十年代初的"民族形式"论争中针对民间艺人自身的思想特质及其产生的对农民群体的社会影响做出过以下判断，他认为在以广大农民为主要构成群体的延安社会，民间艺人的文艺活动方式对乡村文化建设具有着重要的影响作用，民间艺人以其与农民群体的自然亲密度成为农民文化需求的代言人，他们熟知农民群体的文艺伦理取向与审美爱好。人民大众对民间艺术的接纳与喜爱并不是针对文艺本身而言的，更多的是对民间艺人与其独特的演出形式的赞同，要使文艺真正地走进人民大众，不仅在语言与形式上要实现文艺的通俗化与民族化，而且要在文艺思想传播中实现真正的与人民大众的沟通，即"民间艺人的被利用"。③毛泽东在1944年10月举办的陕甘宁边区文教会上发表了《文化工作中的统一战线》的文章，提出了对民间艺人的改造问题，他说："在艺术工作方面，不但要有话剧，而且要有秦腔和秧歌，不但要有新秦腔、新秧歌，而且

① 杨天舒：《农村舞台上的丑角艺术家——李有才形象的意义新解》，《中国现代文学研究丛刊》2006年第4期。
② 石毅：《旧剧人的改造》，《解放日报》1941年10月4日。
③ 郭沫若：《"民族形式"商兑》，《文学的"民族形式"讨论资料》，广西人民出版社1986年版，第323页。

要利用旧戏班，利用在秧歌队总数中占百分之九十的旧秧歌队，逐步加以改造。"④对民间艺人的改造以规定化的文艺政策为指向，明确、具体地出现在了延安文艺的建设方向之中。毛泽东对改造民间艺人的运动做出了清晰的说明，要求延安文艺工作者要积极与民间艺人联合互动，在联合之中实现对民间艺人的利用，在利用之中以教育、帮助和感化的方式与途径完成对民间艺人的无产阶级思想改造。在《文化工作中的统一战线》的政策引导下，延安文艺工作者对民间艺人的改造与利用有了深刻的认识并将其付诸文艺工作的实践中去。

对民间艺人进行利用与改造的运动促进了延安文艺革命伦理思想更为深入的发展与运用的同时，也使知识分子群体在改造民间艺人的过程当中实现自我的阶级思想改造。小资产阶级思想是由国统区至延安地区的知识分子所拥有的不能避免的个人主义伦理思想，在针对知识分子的整风运动中已经实现了其阶级认同与革命伦理思想的转变，在对民间艺人的利用与改造中，通过与民间艺人在文艺互动中相互影响，加深了知识分子群体对无产阶级革命思想的认同。当知识分子真正深入到民间艺人所生活的农村环境之中，与农民文化产生交流与互动，他们也会被不同于自身所接受的正统教育的文化环境所影响，在民间艺人的文艺活动中体味工农大众的文化需求与审美习惯，由无产阶级革命领袖所提出的"喜闻乐见，具有中国作风、中国气派"的文艺大众化景观与他们曾经认同的资产阶级个人主义文艺存在着根本的区别。知识分子因其相对客观的身份立场，与较高的文化水平与辨别能力，在对延安民间艺人与民间文艺进行革命伦理的改造中可以相对明确地分辨出其中的精华与糟粕，将精华吸收，将封建落后思想以无产阶级革命思想所代替，使其成功地完成革命伦理的艺术形式与阶级思想的改造。将民间文艺中工农大众喜闻乐见的旧内容与旧形式保留，贯之以无产阶级革命新思想，使新思想通过旧形式表达出来，改造后的民间文艺呈现出形式与内容统一。

对民间艺人与民间文艺的利用与改造是中共在延安地区进行社会与文化革命的一个重要组成部分。共产党在以延安为中心的解放区实行的是乡村启蒙与乡村改革相结合的解放策略，对农民群体思想进行阶级认同的改革与发展是此阶段革命的重要内容。民间艺人通过农民群体熟悉与喜爱的文艺形式对其进行着革命思想的输出与价值观念的塑造。如此，对民间艺人的利用与改造不仅是对其自身的革命伦理思想价值观的全面塑造，更是对农民大众思想文化的革命化改造，同时推动了延安地区的乡村文化与社会革命发展。由此可见，对民间艺术与民间艺人的利用与改造是一场延安文艺革命伦理思想对知识分

---

④　毛泽东：《文化工作中的统一战线》，《毛泽东选集（第三卷）》，人民出版社1991年版，第450页。

子、农民群体与民间艺人的思想改造运动。

在以《讲话》为最高纲领的延安文艺政策推动下，对血缘亲情、文艺社团、民间文艺等伦理关系进行了无产阶级的思想改造，这对文艺界造成的影响不仅仅停留于延安社会，更是对之后文艺方向的发展提供了大众舞台与经验。通过无产阶级的思想改造，为延安文艺的革命伦理思想在人民大众中的传播与发展贡献了极为强大的力量，推动了文艺大众化、通俗化的进程，为动员农民群体的革命力量发挥了十分重要的教育功用。

（作者单位：西北大学文学院）

破冰开放的花朵

——论延安时期的女孩形象建构

刘晋汝

内容提要：延安时期，成年女性与儿童群体社会地位的提高，使女孩这一群体开始受到关注，她们参与到抗战工作中并且为之做出巨大贡献，其精神需求及相关教育问题也随之受到重视，因此延安时期的儿童文学作品中出现了大量女孩形象。本文拟从延安时期女孩的被发现、不同话语下的女孩特征及其建构过程等角度进行研究，希望充实学界对延安时期儿童文学研究成果的同时，也对当下儿童文学的创作有所启示。

关键词：延安时期；儿童诗歌文学；女孩形象

"我的年纪虽小，但是，对于在艰苦战斗中的祖国，我是怀着最热烈的爱的；对于我那做了汉奸的父亲，我却怀下了切齿的仇恨！今天，我要公开宣布脱离父女关系，我要公开宣布我父亲梅逆思平汉奸罪状！我要打倒我的爸爸，我要消灭我的爸爸。"这是"浙江永嘉县立中学一年级的学生，一个十三岁的聪明勇敢的小姑娘"[1]梅爱文喊出的震动了全国的"打倒汉奸爸爸"的宣言，将抗战中的英雄儿童，尤其是女孩的英勇形象展现在大众面前，引起强烈的反响。女孩对抗战的影响力受到关注，女孩群体也随之进入文学领域，成为延安时期儿童文学中的重要主体。

"女孩"作为一个"分析域"开始进入文学研究的领域。五四作家对女孩形象的建构立足于她们对封建教条桎梏的反抗，闺阁中的"金丝雀"开始产生自我意识，向往家门外的世界，思索并发出自己内心的声音。30年代，女孩逐渐离开家庭融入社会，以自己的方式理解和对抗着外面的世界，因此其主体性存在问题受到作家关注，较频繁地出现

---

[1] 黄照：《"非我族类，彰彰明甚！"》，《中国青年》1938年第5期。

在文学创作中。延安时期的儿童文学获得繁荣发展，女孩形象承接前期特点的同时，还展现出独特之处。但社会动荡导致史料的丢失，且儿童本身留下的材料稀少，学界对此问题较少关注，延安时期儿童文学被简单地纳入革命和现实的洪流中，其丰富性和独特性未得到充分的理解研究，有关女孩形象的书写也被作为革命与现实洪流的附属品遭到忽视。因此，本论文意在以延安时期儿童文学中的女孩形象为切入点，通过研究女孩形象的建构，从儿童问题切入，并以儿童为方法，丰富对延安文学与抗战时期中国文化的理解，并且结合对史实和延安文化的分析，更加充分地把握延安时期的儿童文学书写。

一、延安时期女孩的被发现

陕甘宁边区地处西北，物质条件艰苦，经济生产落后，且民众思想和文化水平普遍不高，大多数百姓仍被桎梏于封建传统观念中。五四时期人的觉醒之风似乎从未吹进这里，女性处境之落后是其最典型的表象。边区"好像没有女性的城市一样，在街道上是不容易看见女人"[1]，女孩的言行举止受到更加严格的制约，"十多岁的女孩，大多要把脚包起来，藏在深闺里"[2]。对女孩的教育几乎未展开，"在两百多学生当中，女生的数目，不过二十分之一，而且是低年级才有。小小的女生，教师有问题问她的时候，她只晓得站起来，埋着头，不说话"[3]。可见延安时期伊始，女孩的存在仍旧依附于成人和男性的双重权威，这严重限制了她们身心的健康发展，反映在文学作品中，即女孩形象在延安时期儿童文学的发生阶段处于缺失状态。随着共产党领导下边区的不断建设，以及抗战白热化阶段的到来，女孩逐渐摆脱失语状态，并在文学作品中活跃起来。

延安时期，共产党领导下的全民统一战线逐步展开，女性被纳入社会工作中。1938年5月，毛泽东明确指出："无论是工人、农民、青年、妇女、儿童、商人、自由职业者，都要依据他们的政治觉悟和斗争情绪提高的程度，将其组织在各种必要的抗日团体之内，并逐渐地发展这些团体。"[4]妇女和儿童开始作为独立的社会群体出现在大众视野。边区各地成立了儿童团，儿童作为抗日救国年轻的后备军被组织起来，女孩也被纳入抗战的大潮中，开始承担与抗战相关的边区建设工作，社会地位明显提高。她们将所做工作记录成文学作品，如新安旅行团李群的《我不哭了》等文，再现女孩参与抗战工作的同

① 角麟：《速写陕北九十九》，少年知识出版社 1937 年版，第 86 页。
② 角麟：《速写陕北九十九》，少年知识出版社 1937 年版，第 86 页。
③ 角麟：《速写陕北九十九》，少年知识出版社 1937 年版，第 86 页。
④ 毛泽东：《毛泽东选集》（第 2 卷），人民出版社 1991 年版，第 424 页。

时，表现出她们从家庭走向社会过程中心灵的转变，具有重要的史料价值。1940年皖南事变后，边区经济陷入困境，于是展开了大生产运动，女孩也积极投身其中，涌现出大批劳动小英雄的典范。河北满城十几岁的小姑娘米玉兰，组织了村里好吃懒做的妇女和十几个偷懒耍滑的儿童参加磨面组，组织小姑娘纺线织布，带领妇女积肥，还组织进行收割工作，为抗战做出了巨大贡献，被誉为"儿童劳动英雄"。"妇女的解放，只有在妇女可以大量地、社会规模地参加生产，而家务劳动只占她们极少的工夫的时候，才有可能。"[1] 在延安时期的抗战环境中，"劳动的过程，同时也是社会化的过程，更是政治化的过程"[2]，女孩因此成为社会主体，政治地位逐渐提高。

教育事业的发展推动了边区民众的思想解放和进步，其中女性教育的开展，成为提升女孩社会主体地位的又一关键。"陕北在革命前，除开榆林、米脂、绥德有点文化外，原边区政府所辖的这片广大的地区，可以说完全是文化教育的荒地。"[3] 边区民众不仅忽视自身的文化学习，对儿童教育也十分淡漠，甚至产生抵触情绪，将儿童上学视为损害自家利益的"公差事"，"没有将儿童从家庭束缚儿童念书中克服过来。"[4] 基于此，边区政府1940年开始实行义务教育制度，并对受义务教育者的年龄、性别、条件、推行时间和办法、困难补助以及特殊情况等做了规定，颁布了相关的奖罚制度。学校教育在边区逐渐开展起来，学生人数激增。同时积极开展社会教育，边区人民的整体文化素养和思想水平得以提升。政府的支持和民众观念的改变，使儿童教育事业得到长足的发展，女孩教育受到重视。

女子教育问题在陕北地区的首次提出是在大革命以后，但仅限于旧地主和新官僚两种家庭，目的是找个高贵的女婿，光耀门庭。1933年，陕北开始有了女学、妇女训练班和妇女识字小组，女子教育事业起步。1935年，长征队伍到达陕北，其到来产生的巨大影响使女性的自我意识萌芽，但由于资源匮乏，教育无法正规化，加之当地女性思想上的保守，女子教育事业迟滞。抗日战争爆发后，女子教育事业迎来跃进期，从当时统计的数据来看，"边区高初小学，现在共有八百八十三所，学生人数为二万四百余人。其中女生数目，约当全体学生的六分之一，即约为三千四百人"。尤其是关中分区宁县，"去年该县小学女生只有二名，今年骤然增至二百名"[5]，女学生数量不断增加。此外，抗

① 中共中央马克思恩格斯列宁斯大林著作编译局编:《马克思恩格斯选集》(第四卷)，人民文学出版社1972年版，第158页。
② 蔡翔:《革命/叙述:中国社会主义文学——文化想象(1949—1966)》，北京大学出版社2010年版，第80页。
③ 《红色档案延安时期文献档案汇编》编委会编:《陕甘宁边区政府文件选编第三卷》，陕西人民出版社2013年版，第245页。
④ 《红色档案延安时期文献档案汇编》编委会编:《陕甘宁边区政府文件选编第三卷》，陕西人民出版社2013年版，第178页。
⑤ 《陕甘宁边区突飞猛进的女子教育》，《中国妇女》1940年第8期。

日军政大学、陕北公学、鲁迅艺术学院、女子大学、鲁迅师范等相继成立，女子教育由少数人的特权变得大众化，成为一种以追求解放为目的的国防教育。女孩的主体性地位随着教育的发展受到广泛关注，成为社会关系中的一环，正式走上历史舞台。

西安事变后，成千上万的知识分子开始涌入延安，带来新的观念和思想，加速了边区女性的解放。"延安的城门成天开着，成天有从各个方向走来的青年，背着行李，燃烧着希望，走进这城门。"[1] 当时"延安（含陕甘宁边区）共有各类知识文化人约 4 万人，其中高等教育程度近万人，人文社会科学知识分子百余人"[2]。大批留学海外、受过高等教育的知识分子进入边区，知识分子找到了可以施展自己才华的自由天地，有的甚至在边区娶妻生子安了家，从生活习惯到思想意识等各方面影响改变了当地女性。陈学昭初到延安访问抗敌后援会的齐华时，在与其妻子相处后产生极大的感触，"陕北人？陕北的妇女，已经解放到这样！人们怎样责备陕北的妇女，文化水准低，缠小脚，懒惰，笨拙……甚至于连一双鞋子也不会做。可是这位女同志，我觉得她是聪明的。"[3] 这与齐华的影响不无关系。边区女性的社会地位及其生存问题受到越来越多知识分子的关注，尤其是女性知识分子。丁玲的《三八节有感》一经发表就在边区产生极大的影响，尤其是她对女性解放问题的表态，丁玲认为女性的解放在边区仍然受到男权的压制，女性的觉醒是围绕着根深蒂固的男权中心进行的，这一二重性特点在延安时期儿童文学中女孩形象的书写中也有所体现。

二、不同话语中的"延安女孩"

别林斯基在《新年礼物》中总结了儿童文学的教育性问题，他认为要"让故事的主题思想自己积极地行动起来……让它把儿童的灵魂从丰满的现实生活中，从琐细事物的斗争和冲突中引向抽象的高度"，"让思想蕴含在诗人内在的、难于为人所接近的创作活动之中，并且在那里把自己的内容制造成生命的汁液，去无声无息、不知不觉地滋润你的故事"。[4] 因此作家建构出许多典型的儿童形象，熔铸童趣与智慧于曲折的故事情节中，使之承载着高尚的道德旨规与社会责任感，将思想精神和教育内涵自然地传递给儿童读者。作家利用了儿童爱模仿、易受感染的心理特点，使其在阅读中自觉顺应时代的选择，成为新民主主义革命事业的后备力量。而"儿童文学的一个界定性特征就是它旨

① 何其芳：《我歌唱延安》，《文艺战线》1939 年第 1 期。
② 朱鸿召：《延安文人》，广东人民出版社 2001 年版，第 5 页。
③ 陈学昭：《延安访问记》，中国国际广播出版社 2013 年版，第 139 页。
④ 韩进：《谈儿童文学基础理论中的几个问题》，《儿童文学研究》1992 年第 6 期。

在教授女孩之为女孩和男孩之为男孩意味着什么"①。因此延安时期儿童文学中儿童形象的性别差异及其建构过程中的不同之处应受到重视，笔者将延安时期儿童作品中女孩形象的建构话语分为三类，以此为切入点研究女孩形象的不同类型及其特点。

延安时期的儿童文学中出现大量传统本位话语下的女孩形象，她们符合中国传统思想对温婉女性的要求，作为弱势的一方只能受男性保护，或成其红袖添香式的慰藉。商展思的诗歌《乞讨去》，"看——妹妹饿病了，肿得不像个人样。"②女孩成为战争中苦难的缩影，承受着饥饿和疾病。同样是因战争忍饥挨饿，《粥》的小主人公宁愿自己饿着也要把粥留给革命战士，相较于女孩的脆弱无助，男孩被塑造成一个为抗战无私奉献的模范儿童形象。商展思的《杏花》，"树上盛开着杏花，树下停歇着担架；姑娘悄悄爬上了树，折下一枝半放的杏花。杏花插在我血染的枕边，我感到人民爱抚的温暖。"③将女孩与"半放的杏花"相联系，女孩由此成为全诗温暖色调的来源。女孩作为兼具童真与母性光辉的独特存在，弱化了残酷战争带来的尖锐矛盾，使全诗充盈着人性的关怀和大爱，以及对美好和自由未来的向往。《河鱼菜》中，当善良无私的奉献精神以女孩形象为载体时，便成为一种女性独有的人性之美与温柔气质，带给受伤战士身体和心灵的双重关怀。此外，中国传统思想常将美好的女性比作柔软却坚韧的蒲苇，因此坚韧、勤劳及善良等美好品质成为此期儿童文学中女孩形象的专属。商展思的诗歌《推碾子的小姑娘》，"冷冷的月光""霜光闪烁的碾棍"等词营造出清冷的氛围，与战争环境的残酷恶劣暗合。"灰黑斑驳的小手""紧掩在开花袄里矮小的身躯"④，塑造出一个通宵达旦为八路军制作慰问糕的瘦弱女孩形象。诗人用极富诗意的抒情话语，写出弱小的女孩用坚强的毅力对抗黑暗，尽自己所能为抗战出力，惹人怜惜的同时又感叹这一瘦小身躯具有的强大力量，强烈的反差带来较大的震撼，具有极强的共情性和感染力。

延安时期的作家结合时代特殊语境，采用启蒙转变的话语，塑造出战时被启蒙的女孩形象。韩作黎笔下的女孩小胖子，出生在"破落的中农家庭"，从小"被妈妈命令着裹脚、梳辫子、习针线、淘米煮饭，在偏僻的乡村，无知无闻地终天羞答答过着不舒展的囚禁般的生活"⑤。她俨然是旧时代传统女性的缩影。在哥哥的教育下，小胖子的自我意识开始觉醒，她剪了头发、放了脚，言行举止不再拘束，从过去娇羞局促变得豪爽泼辣，开始走出家门主动承担社会责任，成为被启蒙后转变的女孩典型。小说《女孩子》，

① ［加］佩里·诺曼德著，徐文丽译：《隐藏的成人：定义儿童文学》，中国社会科学出版社2014年版，第179页。
② 商展思：《商展思抗战诗选》，献给抗战胜利60周年纪念2005年版，第124页。
③ 商展思：《商展思抗战诗选》，献给抗战胜利60周年纪念2005年版，第124页。
④ 商展思：《商展思抗战诗选》，献给抗战胜利60周年纪念2005年版，第132页。
⑤ 韩作黎：《韩作黎文集》，文心出版社2008年版，第83页。

作者从第一人称视角出发,描写了一位受夫家迫害欺压的童养媳形象,随着对个人认知的逐渐清晰,她坚定地要求跟随八路军离开夫家。作者揭示出非战区百姓对于战争的隔膜现状,提出抗战的宣传教育还有待提高的呼声,具有较强的现实意义和指导价值。

战争与革命取代了个人主义成为社会主要的价值目标,女孩也成为抗战中的一分子,通过革命与战争话语的书写展现在文学中。《六合刀——观"九一八"纪念会上儿童团员武术表演》一诗感情基调昂扬饱满,采用抒情性的语言描绘出幼小又威风的女孩形象。"手执雪亮的单刀,腰系火红的彩绸","雪亮的单刀"这一阴冷意象,作为冷色调的代表出现在开头,与女孩身上"火红的彩绸"这一暖色调意象形成鲜明的对比,带来强烈的视觉想象。"火红的彩绸"也成为女孩精神和形象的象征,为其奠定了勇猛泼辣的性格基础。"姑娘——你幼小的身躯,比刀能高多少呢? 比刀能重多少呢? "反问句式强化了对女孩外在形象的表达,侧面烘托出女孩的瘦小和年幼,与她武术表演时的灵活有力形成反差。"在惊叹的目光里,在陡起的掌声中,你奔腾跳跃——只见刀光闪闪! 只听刀风飕飕! "诗人未详细描绘女孩表演时的姿态、动作,而是通过观众的热烈反响间接展现其飒爽英姿,刻画出勇敢敏捷且实力不凡的女孩形象。这类女孩形象的建构,承载着创作者关于民族精神和未来的想象,成为一种"想象的共同体"。暗示着中华民族正像儿童一般充满无限可能的希望,儿童作为民族命运的承担者被赋予深切的期望,"姑娘——壮大起来吧! 苦难深重的民族,需要你这口刀呵——需要它斩钉截铁! 需要它劈山开路! "① 现实主义为基调的书写中渗透着诗性的丰富幻想,表达出严肃与逗乐、激愤和柔和、崇高的民族气概和烂漫的儿童天性相融合的丰富情绪,使小读者在这种天然的教育环境中不自觉地接受了榜样的教育力量。《树哨》采用意象化书写方式,展示出战争年代年幼女孩的机敏形象及其在抗战中发挥的重要作用。《不准挂个"小"》中塑造的小女战士,弱小坚韧,有着强烈的自尊心,形象生动立体。

三、"延安女孩"的建构特征

延安时期儿童文学中出现的女孩形象,在不同话语中呈现出不同的风貌,而在女孩形象的建构过程中,在大众化言语系统的阐释下也体现出不同的书写特征。

首先,此期儿童文学中的女孩形象建构具有集体化的"非个体"特征。共产党秉持的马列主义历史观认为:"人民创造历史,英雄对于历史的发展作用不应放大;而从文学的表现来看,'英雄'的书写又很容易堕落为'个人英雄主义'的颂歌,因此'英雄'在

---

① 商展思:《商展思抗战诗选》,献给抗战胜利 60 周年纪念 2005 年版,第 92 页。

很长一段时间内在抗战文学中都处于不禁止也不提倡的位置。"①个别英雄形象在延安时期的文学作品中并不常见，然而文学的现实指导功能又使榜样形象的塑造不可或缺。二者之间似乎存在着天然的悖论，为调和这一矛盾，被模糊掉个体特性的集体化形象随之产生。因此，女孩形象大多成为轮廓式的简单书写，一方面，女孩的外在形象被简单化和抽象化，身躯弱小成为女孩专属的群体符号，反衬其精神的坚强，进而展现战争的残酷和民众的苦难。"辫子"和"花袄"同样是表现女孩特征的普遍意象，模糊了她们个体形象的差异性。商展思《送情报的姑娘》描写假借"串亲戚"为八路军送情报的女孩的故事，却并未将女孩作为描述的中心和重点，而是将其抽象化为一个行走在山间的"红星点"，完全将人物形象简化为承担动作的符号。送信途中的环境描写则着墨较多，通过对环境之险要的细致描摹与凸显，侧面烘托出勇敢承担抗战责任的女孩形象。另一方面，延安时期儿童文学中的女孩形象大多没有姓名，或以"姑娘""妹妹"或"女儿"等称谓来指代，如"撑船的女儿""三妹"等；或以外号来称呼："小胖子""野姑娘"。姓名是象征人作为个体存在的重要符号，女孩姓名的缺失，成为其集体化塑造的又一表现。她们被视作抗战中的群体存在，以一种"非个体"的集体陈述方式塑造出来，承担着宣传抗战精神和民族气节的使命，顺应了时代潮流的需要和国家命运的要求。

延安时期女孩的被发现与当时成年女性社会地位的提高密切相关，使女孩形象的建构中有明显的成人化意味。延安时期，女性解放被视为民族和社会解放事业中的重要部分，边区妇女社会地位提升。政治上，女性参与选举的人数从三十年代初期的百分之三十，发展至抗战爆发后的百分之六十，政治工作中也频见其身影，"有当村乡区主席的，也有当县省级常委或执委的"②。战争环境中女性成为经济生产的主力，推动着边区的经济建设，包括农业、轻工业、农村副业等诸多方面均有显著的成绩。她们还在文化教育事业上负有较大的责任，从儿童保育到子女教育，都需要专门的女性文化干部来从事。女性在抗战中的重要作用愈发明显，女孩作为成年女性工作的接班人而受到关注，被赋予服务于社会的期待，体现在文学作品中即为女孩形象建构的成人化倾向。"十三四岁女娃娃，坐在窗下学纺纱，问她生产为了甚？'过年要穿新褂褂！'"③《纺纱》为顺应政府提出的自给自足倡议，向读者传达劳动至上的道理，从现实出发塑造出劳动生产中的女孩形象。诗歌中出现的母题——纺纱和窗下——都与女孩本身的天真烂漫较少联系，而是代之以成年女性生命的封闭性。随着《讲话》的发表，文学为政治服务成为作

---

① 戴莉：《新英雄传奇的发生学考察——以〈解放日报·文艺〉第四版为中心》，《延安大学学报（社会科学版）》2005 年第 6 期。

② 琴秋：《中国妇女片段生活的回顾》，《中国妇女》1939 第 7 期。

③ 魏巍：《晋察冀诗抄》，中国青年出版社 1959 年版，第 235 页。

家创作的首要宗旨，文学与政策并轨而行，使女孩形象作为满足社会需求的模范而被建构出来，与群众运动相结合，发挥文艺对革命工作的辅助作用，成为战时文化宣传的象征符号。

此外，延安时期女性解放事业刚起步，未能彻底摆脱男性话语中心的影响，女孩形象的建构因此成为一种典型的"他者"书写。这与社会普遍观念、女性生存环境等均有关系，"抗战来了，儿子可以叫他去南北奔驰，女儿却应跟着父母。许多女知识青年，抗战后都愿离开沦陷区，离开家，到抗战学校与抗战工作中去。因为家庭关系，不知使多少人未能如愿。"① 女性之所以区别于男性而存在，"与其说是'天生'的，不如说是'形成'的，没有任何生理上、心理上或经济上的定命，能决断女人在社会中的地位，而是人类文化整体产生出这居间于男性与无性中的所谓'女性'"②。性别差异及其不平等现象的出现，在于人类文化后天发展中的刻意区分。延安时期的儿童文学中，女孩同样被区别于男孩，并且受男性中心话语的影响成为与之不同的"他者"。作家赋予女孩形象传统理念中的美好期待，使之符合男性话语体系的审美理想。女孩成为残酷战争中的乌托邦，在弱化了民众面对战争和死亡威胁时的恐惧的同时，也被剥夺了其自身独特的生命力，成为男性话语中的附属品。而在启蒙女孩的转变过程中，男性常作为引导者相伴而生，"小胖子"即为典型，哥哥这一角色贯穿了她转变的始终，无形中流露出作者的男性话语中心想象，只有在男性的启蒙下女孩才能完成个人独立意识的觉醒，成为一个"人"。除此之外，参与抗战工作的女孩多被塑造为具有男性化特征的"假小子"形象，似乎只有这样才能和男孩一样成为承担民族精神的存在。力群《野姑娘的故事》塑造出的野姑娘，原本"一对又大又亮的眼睛就够动人呢，瞳子黑得像宝石一样，绯红的两颊，虽然不能和桃花的颜色相比，可是很够人耐看的呢！"进入随营学校接受教育后的她剪去了长发，身材十分"结实"，可以和男性"撕打到底，骂到死"，女性特征被隐匿甚至消失。表面上看，女孩开始像男孩一样成为生产关系中的一员，切实参与到社会生活中。但女孩主体性的被肯定以消除其性别特征为前提，实质上受到男性话语中心的限制，成为附属于男性观念的"他者"存在。

女孩形象作为时代产物的出现，承载着创作者对延安时期"儿童精神"的想象，一方面阐释了女孩生命存在的意义，关照并且映射出女孩的生命能量及其精神需求。延安时期，女孩被纳入抗战的洪流，生命价值和能量一定程度上被释放，女孩存在的现实意义和社会价值达到从未有过的高度。另一方面，丰富和发展了女孩的精神构造与价值内涵，从审美艺术的角度出发，将创作者想要传递给读者的民族精神和革命大义通过女孩

---

① 韦君宜：《新娜拉们走后怎样》，《中国青年》1938 年第 5 期。
② ［法］西蒙娜·德·波伏瓦著，郑鲁译：《第二性》，上海译文出版社 2014 年版，第 23 页。

形象传递出来，实现文学的启蒙教育价值。"如果妇女一直是在男人的话语'之内'活动，是一个总要回头求助其对立面的象征者的象征者，其对立象征者则消灭其特有的精神并减弱或窒息不同凡响的声音，那她就该打乱这种'内在'秩序，该炸毁它、扭转它、抓住它、变它为己有、包容它、吃掉它……从而为她自己创出一种嵌进去的语言。"[1] 因此，儿童文学创作者更应提高对女孩文学的关注，探究女孩与男孩存在之差异的同时，打破隐含于其中"天然"产生的性别不平等，以女孩独有的性格特征为基础，加强对女孩心灵世界的了解，进而创造出属于女孩自身的独特语言和结构，使女孩文学真正成为切合和适应女孩精神需求的独特存在，这对于儿童文学的进一步发展具有开创性的重要意义。

（作者单位：兰州大学文学院）

---

[1] 张京媛:《当代女性主义文学批评》，北京大学出版社 1992 年版，第 200 页。

吴宓研究的学术聚焦

王泉根　王本朝

内容提要：在吴宓这里，汇聚了现代思想文化和情感的多重冲突与矛盾，消融了现代社会和人生的一些极端化命题，并建构了一种文化思维类型，呈现出现代学院派知识分子的理念化生存方式。吴宓是传统的又是现代的，有其纯粹和固化的一面，也有驳杂和分裂的一面。面对吴宓的人生和思想文化，既不能做简单的批评，也不可过于理想化。无论是思想史和学术史，还是文学史和教育史视角，认识吴宓都应尽可能地接近历史现场，让材料说话。吴宓研究应是一个开放的世界，同时也是一个真实的世界。

关键词：吴宓研究；新文化运动；《学衡》杂志；会通派

　　"吴宓研究书系"是陕西师范大学人文社会科学高等研究院立项的"吴宓研究"科研项目成果之一，我们有幸应约编辑这套书系，意在整合多年来国内学界吴宓研究所取得的不菲成绩，承传和彰显吴宓及其同人的文化精神和人文情怀。这是一件文化盛事，吴宓本身值得学术聚焦，吴宓研究也需要推广发扬。

一

　　吴宓（1894—1978），原名玉衡、陀曼，字雨僧（又作雨生），陕西泾阳人。中国现代著名学者、诗人和教育家。他学贯中西，文博古今，被誉为"中国比较文学之父"，与陈寅恪、汤用彤并称"哈佛三杰"，是中国现代学术史上有重要影响的"学衡派"灵魂人物，亦是资深的编辑家、文学批评家、翻译家和红学家。

　　吴宓早年寝馈传统诗文，1910进入清华学堂，1917年赴美留学，先入弗吉尼亚州立大学，后转入哈佛大学比较文学系，师从美国新人文主义大师欧文·白璧德（Irving

Babbitt），会通中西，确立了他的道德理想主义和文化中心主义思想。1921 年学成归国，历任东南大学（1921）、东北大学（1924）、清华大学（1925）、西南联合大学（1937）、燕京大学（1944）、武汉大学（1946）等国立大学教授，于文学人生，深研多年，拨隐抉幽，恒以出世心为入世事。1949 年到重庆，执教勉仁文学院、重庆大学。1950 年后，任西南师范学院（西南大学前身之一）教授，担任校务委员会委员、四川省政协委员，直至 1977 年回陕。1978 年 1 月 17 日在家乡泾阳辞世，享年 84 岁。

吴宓的一生，总体上还是一介书生，著书立说、教书育人是其本色。执鞭杏坛，诲人不倦，桃李满天下；出入中西，勤于著述，遗文千万言。吴宓的著作生前出版有《希腊文学史》（1929）、《吴宓诗集》（1935），身后其子女整理出版有《文学与人生》（1993）、《吴宓自编年谱》（1995）、《吴宓日记》（1998）、《吴宓书信集》（2001）、《吴宓诗集》（修订 2004）、《吴宓诗话》（2005）、《吴宓日记续编》（2006）、《吴宓评注顾亭林诗集》（2012）和《世界文学史大纲》（2020）等，另有近三百篇论文、译文和十余部讲义尚待整理出版。

人们一般说到吴宓的贡献，主要集中于四个方面：一是参与外国文学、比较文学学科的奠基和开创；二是担任大学教师培养人才；三是热衷旧体诗创作和红学研究；四是主办《学衡》等刊物，坚守人文主义文化理想等。

吴宓是外国文学、比较文学和翻译学等学科的奠基者和开创者之一，被誉为"中国比较文学之父"。1918 年吴宓入哈佛大学比较文学系，开始潜心比较文学研究。1920 年，在《中国留美学生日报》上发表《论新文化运动》和《中国的旧与新》，首次向国内介绍"比较文学"概念，并运用比较文学方法，撰写了《〈红楼梦〉新谈》。1921 年，创办国立东南大学西洋文学系，开设"中西诗之比较"等课程，以传授西洋古典文学为职志，倡导新人文主义，顺应了时代潮流，改变了始于京师大学堂偏重语言而轻视文学的外语教育模式。吴宓还在《学衡》杂志发表了《诗学总论》《希腊文学史》《英诗浅释》等一系列比较文学论文，填补了我国比较文学研究的空白。1926 年，吴宓在清华学校大学部创办西洋文学系，并代理系主任，制定了培养"博雅之士"的教学方案和课程体系，又在清华首开"翻译术"，是我国第一个系统讲述翻译理论的学者。吴宓主张翻译要"信、达、雅"，译者须精通文字训诂之学，讲求格律音韵，反对乱译和硬译，还成功地运用旧诗体翻译过西方近代优秀诗作，发表有关西方文化和文学的大量译文。吴宓在清华及抗战时期西迁昆明的西南联合大学执教长达 19 年，培养了大批外国语言文学与翻译学的优秀人才。1942 年 8 月，国民政府教育部首次实施"部聘教授"办法，全国共有 30 位（实际公布 28 位）教授获聘，吴宓荣膺英国文学部聘教授。新中国成立后，吴宓一直在西南师范学院任教，从外语系、历史系到中文系，教授"欧洲文学史""英国小说""世界文学""世界古代史""外国文学""中国古典文学"等课程。还结合教研工作，编写有"世界通史""外国文学名著选读""中国汉字字形、字音沿革简表""中国文学史大纲""法文文法""拉丁文文法""简明英文文法"等讲义。

吴宓热衷于旧体诗词创作和红学研究。他 15 岁学诗，其诗感时伤世，慷慨激越，有着明显的杜诗之风。后受胡先骕、吴芳吉影响，学作宋诗。转益多师，兼收并蓄，铸成独特诗风。他曾谈到自己作诗的动机，为"发泄一时之感情，留存生涯之历史"，"专供一己之展读，重溯昔来之旧梦。于风晨雨夕，青灯书案，困顿之时，抑郁之际，取此一册，独自沉吟涵咏，使少年之感情，过去之经验，一一涌现心目"[①]。在研究教学之余，赋诗作词，从古体到近体，从词曲到歌赋，尤以近体为最精。其作品大多呕心沥血，荡气回肠；熔新材料入旧格律，忧时感事，别开境界；言志真挚，造辞工帖，缠绵悱恻之中见其严谨笃厚，幽怨怅恨之内显其深邃典雅，发乎至情而止乎至道。一部《吴宓诗集》，可谓琳琅满目，洋洋大观。吴宓的诗学造诣早为黄节、柳诒徵、吴芳吉、缪钺诸人所称道。解放后，他依然笔耕不辍，赋赠酬答，抒怀自慰，纪事议政，取材生活化，语言通俗化，紧贴时代和民情，寄寓了一个知识分子的文化情怀。

吴宓立足中西文论，展开文学批评，涉及诗歌、小说和戏剧评论，尤其长于红学研究。其学识之博，征引之广，见解之深，说理之透，为当时文学批评界所称道。他将文学批评与"义理之学"相联系，提升文学到人生境界。在《浪漫的与古典的》一文中提出："文学批评者，非仅如前人之诗话艺谈、零篇断句，自述其涵咏心得，以为专门研究此道之人说法者。文学批评之范围较大，目的较正，方法较精。盖今之文学批评，实即古人所谓义理之学也。"其批评对象极其广泛，从曹雪芹的《红楼梦》到萨克雷的《名利场》，从王安石的名句到茅盾的小说《子夜》与徐志摩的新诗，留下了大量可圈可点的文字和观点。吴宓治红学的时间比较早，其《〈红楼梦〉新谈》作于 1919 年春，次年公开发表。从已披露的文献看，他对《红楼梦》情有独钟，刊有《红楼梦与现代生活》《红楼梦索隐及考证撮述》《石头记之作成及历史考证》《石头记中爱情之大旨》《悲剧与恋爱》《薛宝钗之性格》《探春之性格》《论妙玉》《晴雯与袭人》《〈红楼梦〉之文学价值》《〈红楼梦〉人物评论之一：论紫鹃》《〈红楼梦〉之教训》《〈红楼梦〉之人物典型》等文章。在研究方法上，吴宓属于批评派，或称义理派，明确反对索隐派的"饾饤寡要"，重视《红楼梦》的赏析与诠释，治学理路近于王国维。此外，据不完全统计，从 1919 年至 1963 年间，吴宓先后在哈佛大学、西南联合大学、云南大学、浙江大学、燕京大学、武汉大学、华中大学、西南师范学院、中山大学等高校以及机关、社会团体作红学讲座 70 余次，受

---

① 吴宓：《吴宓诗集·编辑例言》，吴宓著《吴宓诗集》，商务印书馆 1935 年版，第 2 页。

到了异乎寻常的欢迎,"每讲红学,千头攒动"。吴宓曾手订《红楼梦研究集》《红楼梦演讲节略》两部稿本,可惜目前仍下落不明。因其红学论著多有散佚,其成就也常被世人所忽略。

吴宓自幼受父辈的传统教育,耳濡目染,加之维新思想影响,胸怀天下,萌生"报业救国"的理想。1909 年,与胡仲侯诸表兄弟及南嵩云、牟深编撰《陕西杂志》,自此开始了近 40 年的编辑家生涯。1914 年秋,开始编辑《清华周刊》,一度出任总编辑之职。1920 年夏,任波士顿"中国国防会"董事,负责"国防会"机关报《乾报》《民心周刊》在美国的征稿和发行。1922 年 1 月,在南京创办《学衡》杂志,主编 11 年,出刊 79 期。自云:"予半生精力,瘁于《学衡》杂志,知我罪我,请视此书。大体思想及讲学宗旨,遵依美国白璧德教授及穆尔先生之新人文主义。"1928 年 1 月,受天津《大公报》主笔张季鸾之邀,任《大公报·文学副刊》主编 6 年,出刊 313 期。1946 年 12 月,在汉口主编《武汉日报·文学副刊》,出刊 50 期。他的编辑理念一以贯之,学理至上,一视同仁,整饬规范,精益求精。报刊是现代社会的公共平台,主办刊物主要是承担一份社会责任。吴宓经营多年,嘤鸣相应,同气相求,学者云集,佳作迭出,引领一代编辑新风。特别是《学衡》杂志成就了一个思想文化流派。他所倡导的"论究学术,阐求真理,昌明国粹,融化新知"的主张,在今天看来,以其理性、均衡与综合的思想方式,更具历史的合理性和持久的影响力。由此,它也成为现代中国拥有独立文化精神与理想追求的思想文化阵地,在中国现代思想文化史上占有一席之地。何兆武曾说:"吴先生生平的业绩固然远远不止于《学衡》一端;但其他各端大抵上应该是受到高度评价的,不致有什么分歧的意见了,唯独《学衡》仍然给今天的研究者留下了一项课题。假如有人对当年《学衡》与当时思想文化的关系做出进一步的研究,这项工作应不失为对先生一种最好的纪念。这个研究应该是实事求是的,即使是这段历史应予全盘否定,也无损于先生的高风亮节。"①

二

吴宓是现代文化思潮中的会通派,主张在"学衡"中会通与"化合"中西文化,由此成为中西贯通之典范,并成为人们重新审视和理解新文化运动与五四精神的一个重要人物。吴宓对新文化运动提出的文化方案、革命主张及实践方式有其独特的认识,并以自己的人生注脚诠释着中国文化的出路和方向。在吴宓眼中,世界范围内的优秀文化,

---

① 何兆武:《回忆吴雨僧师片断》,李赋宁等编:《第一届吴宓学术讨论会论文选集》,陕西人民教育出版社 1992 年版,第 111 页。

其本质都是相通的，且不同时代之间的文化具有传承性，他并不认为中国传统文化相对于西方文化完全是落后的，主张维持中国文化遗产的应有价值，并参照西方文化传统加以重新审视。吴宓对中国文化所持有的充分文化自信以及愿为中国文化"殉道"的精神，给人们留下特别深刻的印象。他明确反对全盘西化的言论，疾呼"吾国文化有可与日月争光之价值"。"今欲造成中国之新文化，自当兼取中西文化文明之精华而熔铸之，贯通之。"① 他甚至认为"中国即使亡于日本或任何国家，都不足忧，二三百年后中华民族一定可以恢复独立驱除异族的统治。但若中国文化灭亡或损失了，那真是万劫不复，不管这灭亡或损失是外国人或中国人所造成的"②。

自 20 世纪 90 年代初期以来，吴宓逐渐成为学界和社会的关注对象，从史料考辨到传记写作，从历史叙述到学理阐释，研究视角日益多样，思想史、文学史、政治学、教育学、伦理学、宗教学、传播学等等都有人涉猎，并且成果丰硕。试在中国知网（2019）上以"吴宓"为主题词，搜索到的单篇论文就达 1187 篇，其中硕士论文达 121 条，博士论文 32 条。以"学衡"为主题词，搜索到的单篇论文达 794 篇，其中硕士论文达 179 条，博士论文 37 条。这些论文的研究内容涉及《学衡》及学衡派、吴宓、白璧德、陈寅恪、梅光迪、王国维、钱钟书、吴芳吉、胡先骕、柳诒徵、毛彦文、吴宓日记、新文化运动、新人文主义、文学与人生、《大公报·文学副刊》、新文化运动、文化保守主义、人文主义、文学革命、新文学、现代性、古典主义、保守主义者、东南大学、文化观、白话诗等，涉猎范围之广、研究问题之多、研究方法之新，研究成果之丰，不免使人叹为观止。

人们之所以对吴宓研究有着持久的兴趣和热情，其原因既与吴宓本身的丰富性有关联，也有社会现实和学术语境的触发。吴宓在现代中国代表着一种文化精神和文化思维，在当代中国也可作为知识分子遭遇的缩影，这样，吴宓就有了文化转型和社会变迁的符号特征，特别是世界性与地方性、现代性与民族性、政治性与学术性、文人情怀与社会向度等话题，都在吴宓身上有交集，拥有或多或少的折射，或深或浅的印记。可以说，在吴宓这里，汇聚了现代思想文化和情感的多重冲突与矛盾，消融了现代社会和人生的一些极端化命题，并建构了一种文化思维类型，呈现出现代学院派知识分子的理念化生存方式。吴宓是传统的又是现代的，有其纯粹和固化的一面，也有驳杂和分裂的一面。吴宓与新文化运动的思想张力，在共和国时代的精神世界和生命形态，吴宓日记写作的文类及"在场"属性，吴宓的诗词抒怀和教师使命都是很有意思的话题。面对吴宓的人生和思想文化，既不能做简单的批评，也不可过于理想化，而应保持平和冷静心态，加

---

① 吴宓：《论新文化运动》，《学衡》1924 年第 4 期。
② 吴宓：《改造思想，站稳立场，勉为人民教师》，重庆《新华日报》1952 年 7 月 8 日，后由《光明日报》转载。

以全面客观的分析和判断。无论是从思想史和学术史，还是文学史和教育史视角，认识吴宓都应尽可能地接近历史现场，让材料说话。吴宓研究应是一个开放的世界，同时也是一个真实的世界。

三

当今学界有两个吴宓研究重镇，一是陕西，二是重庆。吴宓是从陕西泾阳走向全国、走向世界的。陕西作为吴宓的家乡，最早着手整理吴宓资料和出版吴宓研究论著。国内第一本吴宓研究文献《回忆吴宓先生》，即由陕西人民出版社于1990年出版。1991年，陕西学界在西安召开了首届吴宓学术研讨会。1992年5月，陕西学界又成立了国内第一个吴宓研究学术社团——陕西省吴宓研究会，并先后于1992、1994、2004、2018年在西安与咸阳召开了第二至第五届吴宓学术研讨会，已出版第一、第二、第三、第四届研讨会的论文选集。而在吴宓执教、生活长达28年占其三分之一生命岁月的重庆，也在1998、2014、2018年召开了三届吴宓学术研讨会，出版了研讨会的论文集。西南大学还创设了国内唯一一处吴宓纪念场馆——"吴宓旧居陈列室"，并设有"吴宓研究中心"。我们组编的这套"吴宓研究书系"的主要学术力量，就来自陕西与重庆。

往昔皆为序曲。新时代如何进一步深化吴宓研究，无论对于陕西学界还是国内学界都具有实质性的现实意义与文化价值，这是毋庸赘言的。我们希望这套"吴宓研究书系"能为通向丰富而复杂的吴宓及现代思想文化世界打开更多的窗户，贡献更加扎实而有质量的学术成果。我们也深知，进入新时代的吴宓研究，需要汇聚更多的学术力量与创新思维，尤其是年轻人的力量，借用鲁迅先生的一句话："而望垦辟于健者也。"

（作者单位：王泉根　陕西师范大学人文社会科学高等研究院

王本朝　西南大学文学院）

吴宓与西北大学

傅宏星

内容提要：吴宓是陕西近代史上最著名的学者、教育家和诗人。他曾于国立西北大学第二次创办期间推荐优秀师资，以解燃眉之急，又于第三次创办期间前往讲学，倾囊相授，把最前沿的外国文学知识与精深的学术研究带进三秦大地，用自己的方式支持了家乡的高等教育发展。文章通过对吴宓的日记著作及相关研究资料的爬梳，勾勒出了其与西北大学之间的历史渊源与学术活动。

关键词：吴宓；西北大学；推荐师资；讲学；鲈莼之思

西北大学是西北地区成立较早的国立大学之一，初创于1912年，由于民国前期陕西地区频繁动荡的政治生态，以及财力物力的限制，使该校有过三次创办和二度裁撤的苦难经历，在近代中国高等教育发展史上，可谓命运多舛。

大学之创立，无非是研究高深学术与培养高级人才，为达成此目的，大师的引领作用自然不可替代。作为陕西近代史上最著名的学者、教育家和诗人，吴宓始终关注家乡的文化建设和高等教育的发展，鲈莼之思，知恩图报，故而与这一时期的国立西北大学必然产生关联。不论是向李仪祉、马师儒两位西大校长推荐优秀师资，唯才是举，以解燃眉之急，还是亲自前往讲学，倾囊相授，把最前沿的外国文学知识与精深的学术研究带进三秦大地，培植学风，吴宓都是尽心竭力，无所保留，因此在西北大学校史上曾经留下了不少佳话与轶事，值得后人永远怀念。

一　推荐师资唯才是举

（一）举荐吴芳吉任教西北大学

1924 年 2 月，在主政陕西的军阀刘镇华的推动下，西北大学第二次开办。次年 3 月，刘镇华被国民军胡景翼赶出了陕西。西大校长傅铜见靠山倒台，只好于同年 5 月不辞而别，逃回了北京。于是，众人公推吴宓的好友、时任陕西省水利局长、著名水利学家、教育家的李仪祉继任西北大学校长。

李仪祉（1882—1938），原名协，字宜之。陕西蒲城人。中国现代水利建设的先驱。早年留学德国柏林皇家工程大学土木工程科，专攻水利科学技术。他主张治理黄河要上中下游并重，防洪、航运、灌溉和水电兼顾，改变了几千年来单纯着眼于黄河下游的治水思想，把我国治理黄河的理论和方略向前推进了一大步。此外，他还创办了我国第一所水利工程高等学府——南京河海工程专门学校和多所院校，培养了大批水利建设人才。1925 年春，兼任国立西北大学校长，倡设陕西古物保管会，并完成引泾灌溉工程"泾惠渠"设计方案。1932 年，又在西安创办了陕西省水利专科班。1934 年 6 月，经陕西省政府第 100 次政务会议决定陕西省水利专科班归并国立西北农林专科学校（现西北农林科技大学），任国立西北农林专科学校水利组首任主任并执教。他曾在北京大学、清华大学、同济大学、第四中山大学、交通大学等著名学府执教，造就了大批科技人才和志士仁人，为近代教育事业作出了卓越贡献。他亲自主持建设陕西泾、渭、洛、梅四大惠渠，树立起现代灌溉工程样板，造福后代，对中国水利事业作出重大贡献，被誉为"一代水圣"。

李仪祉接掌西大之际，该校不仅面临着办学经费短缺，学生锐减到 174 人，而且师资严重匮乏，教授及讲师合计才 27 人。[①] 万不得已，他于 1925 年暑假亲赴北京、天津、南京、上海等地筹措经费和聘请名师，不辞辛苦。虽多方设法，竭诚求援，但所获款项甚微，应聘者亦寥寥。

1925 年 7 月 14 日，李仪祉特地来到清华园看望吴宓，叙同乡之谊，礼聘他为西北大学教授。此事见于《吴宓日记》的记载："上午，李协（宜之）偕其义妹李凤莲女士来，导观各处，在此午膳。下午，贾幼慧、刘苻祺来谈。三时，进冰点，李君及李女士别去。李君聘宓为西北大学教授，不能就。又托代聘教员。"[②] 由于吴宓正在筹备清华国学研究院，不能半途而废，遂婉拒了李仪祉的聘请，但答应帮忙。

---

① 西北大学校史编写组：《西北大学校史稿》，西北大学出版社 1987 年版，第 21 页。
② 吴学昭整理注释：《吴宓日记》（第 3 册），三联书店 1999 年版，第 44 页。

吴宓是位值得信赖的人，言出必行，说到做到，为了使西北大学尽快聘请到优秀的教师，他把目光投向了自己的好友吴芳吉。

作为五四时期以长篇抒情诗《婉容词》而蜚声文坛的著名诗人，吴芳吉在长沙明德中学执教期间，一炮走红，名声鹊起，深受学生的爱戴，被誉为湘中名师。不过，他既非留洋学生，又非国内著名大学的毕业生，无论是个人学历，还是教学资历，似乎都不足以担任国立大学教授。但吴宓认为：吴芳吉在中学教书五年，薪俸太薄，仅能免饥寒，而家中人口又多，上不足于甘旨，下无力于教养。以其人之才华，惟有借助大学讲坛，歌之颂之，琢之磨之，方能写出光耀千秋的"诗史"巨著。吴宓不拘一格，本已推荐吴芳吉任教东北大学①，然而为了支持家乡的高等教育，又转向西北大学推荐。7月28日《吴宓日记》："午后，十二时半，得电话，乃乘人力车入城。至石驸马大街太平湖饭店三十七号，访李协、刘文海二君，谈西北大学事，为碧柳教职故也。"②

恰好明德校长胡子靖先生正在北京，听说此事之后，万分焦急。并与吴宓多次协商谈判，力挽吴芳吉留教中学。吴宓态度十分鲜明：教书不似嫁人，无从一而终之义。坚决不答应对方的"无理要求"。

（二）心系围城之中的西北大学师友

9月4日，吴宓在北京宣南春饭店为吴芳吉饯行，同时邀请周光午、胡徵及陈心一、吴学淑作陪。③

到校之后，吴芳吉即被任命为西北大学国学专修科主任。在校长李仪祉的精心擘画之下，该校的各项办学举措得以稳步发展。不久，教师们推选吴芳吉为学校评议会十委员之一，委员长即校长。吴芳吉的课程不多，只在国学专修科及大学文预科有"诗文选读"和"本国文学史"两门课程。讲授古今诗小说是吴芳吉的擅长，自然不在话下。而"本国文学史"则富有挑战性，吴芳吉几乎是一边编写，一边授课，今存《国立西北大学专修科文学史讲稿》一册，是一部"不着眼于具体的文学史实，而注重文学与传统文化融合"④的创新著作。由此可见，吴芳吉深受校方的重用和广大师生的信赖。

然而好景不长，吴芳吉在西北大学执教还不到一个学期，由于经费周转不灵，学校开始拖欠教师工资，1925年腊月开始就分文不给。他只好靠典当过活，几近断炊，只能寄食同事穆济波家中。当时，寄食穆家的同事多达7人，还有两个来自四川的女学生。大家相互鼓励，共克时艰。吴宓听说西北大学无薪俸发给教师，立即汇款相助，以解燃

① 吴学昭整理注释:《吴宓日记》(第3册)，三联书店1999年版，第33页。
② 吴学昭整理注释:《吴宓日记》(第3册)，三联书店1999年版，第50页。
③ 吴学昭整理注释:《吴宓日记》(第3册)，三联书店1999年版，第66页。
④ 彭敏:《写史即正学——吴芳吉的文学史路径》，《中国图书评论》2012年第7期。

眉。吴芳吉将其中一半给了穆济波。又有同事相借，他不忍心拒绝，慷慨解囊，自然所剩无几，艰难度日。[①]

1926年春天，刘镇华执行吴佩孚命令，纠集镇嵩军残部，重整旗鼓，围攻西安。李仪祉因战火阻隔无法返校，校务由教务长王凤仪代理。城内粮源逐渐断绝，师生生存都成了问题。

围城两个半月后，西北大学开始停课。

吴宓在京闻此消息，焦急万分，电信受阻，吴芳吉生死未卜，如何是好？他极度后悔，责备自己介绍好友到西北大学任教。整天忧心忡忡，食不甘味，夜不能寐。吴宓一边写信拜托亲朋好友照顾吴芳吉，一边寄钱照顾他一家老小的生活。吴宓的三姐吴湘如是西安女子师范训育主任，三姐夫胡仲侯是该校教师。他们遵照吴宓嘱咐，经常给吴芳吉送钱送米，接济其生活。

随着形势的恶化，围城竟然长达8个月之久，简直是一出人间惨剧！除了炮火流弹毙伤者外，因饥饿而继死者，比比皆是，触目惊心。

（三）回乡省亲

1926年冬，吴宓听说西北国民军冯玉祥的队伍要前去西安解围，大喜过望。其嗣父吴仲旗，当时出任西北国民军的总参议，又兼国民军驻陕联军总司令于右任的秘书长。吴宓电告父亲，西安解围后，第一件大事，就是立即找到吴芳吉。11月，冯玉祥所部的国民军联军入陕，配合西安军民，打败了刘镇华的部队，西安解围。吴仲旗第一时间命令士兵遍访吴芳吉的生死下落，并亲自到西北大学寻找。此时，吴芳吉和他的学生们在大礼堂正襟危坐，奄奄待毙。

围城之后，吴宓决定探望嗣父和在西北大学的诸好友。

1927年1月10日至25日，他从北京出发赶到西安，计划接吴芳吉到北京调养，并筹备编辑《两吴生集》。这次回乡省亲，吴宓几乎都住在西北大学校内，朝夕与吴芳吉、李仪祉、樊济远、穆济波、唐得源等教职员相见，不仅度过了一个终生难忘的春节，而且也见证了西北大学惨淡经营，被迫再次裁撤的最后日子。

2月7日，关于西北大学改办中山学院之后学生的去向等问题，国民军联军总司令部召开会议，决定："（一）西北大学学生成绩过去未了之手续由中山学院继续办理；（二）中山学院开办之各班各系中，尽可能范围尽量的容纳西大学生；（三）高年级学生函送到府考段录用；（四）愿继续所学科目插入中山学院各系者，从前修业年限认为有效。"[②]并于当日向西大教职员发放了遣散金。次日，晨7时半，吴宓与吴芳吉决定结伴东归，整

---

① 吴泰瑛：《白屋诗人吴芳吉》，巴蜀书社2006年版，第232—233页。
② 引自《陕西国民日报》1927年2月7日教育消息。

理行装。嗣父亦来，西北大学李仪祉、杨永义、姬惠伯等诸友送行者多人。10 时，出发之后，吴宓感慨万千，痛心陕西高等教育事业之易于摧折而难于培育，并作诗一首：

> 廿年作客未思乡，几日流连忽断肠。
> 握手亲知增眷恋，孑身宇宙感苍茫。
> 燕巢京国安生计，鹿走秦川辟战场。
> 两地心悬商去住，归途何似来时长。①

二、北上讲学传播新知

时针拨到 1948 年，中国政局将走向何方，天地玄黄，悬而未决，一切似乎都在变，一切又不知道如何变，充满着巨大的不确定性。每个人都面临着抉择，备受煎熬，尤其是那些试图把握自己命运的知识分子。

1948 年 4 月 3 日至 18 日，吴宓北上西安，在第三次创办的国立西北大学中文、外文二系讲学二周，开设了"世界文学史大纲""文学概论"等课程。期间，他还举办了《大学之起源与理想》《〈红楼梦〉的文学价值》《论紫鹃》等三场公开学术演讲，精彩纷呈，论断大胆，古城学界为之倾倒。授课之余，吴宓的日程排得满满的，或接受各界人士的宴请，或拜会长辈以及儿时玩伴，高朋满座，其乐融融。

（一）讲学过程

吴宓的这一段学术因缘，与新任西北大学校长马师儒的罗致有关。

马师儒（1888—1963），字雅堂。陕西米脂人。先后就读于绥德中学堂、陕西省高等学堂、上海同济医工学校，1919 年毕业于北京高等师范学校教育科，曾任该校附属中学教员。1921 年 3 月进入德国柏林大学教育专科学习教育和心理学，1924 年获教育学博士学位。同年转入瑞士苏黎世大学，1927 年获该校哲学博士学位后回国，应杜斌丞之约，任陕北联合县立榆林中学校长。历任北京大学、青岛大学、北平师范大学、北平大学女子文理学院等院校的教授。1947 年 11 月，国民政府教育部任命马师儒为西大校长。上任伊始，他即精心挑选各学院院长，约集名师，励精图治，还邀请吴宓、屈武、郑伯奇、陈梦家等一批文化名人来校讲学，希望有所树立。1948 年秋，不得已辞去校长职务，改任西北大学师范学院教授。1954 年转任陕西师范学院（陕西师范大学前身）教授，直至去世。

---

① 吴学昭整理注释：《吴宓日记》（第 3 册），三联书店 1999 年版，第 306—307 页。

1947 年 12 月 6 日，吴宓回复马师儒航空快信，总答其 11 月 20 日电报、11 月 28 日公函，除了恭贺对方履新之外，主要是婉拒西北大学文学院院长的聘请，但也表达了明年 3、4 月可以短期讲学的愿望。

1948 年 2 月 21 日，西北大学法律教授冯吉扬（湖北人）衔高元白（西北大学教授兼校长秘书）之命访问珞珈山，来应前约，商请吴宓直飞西安讲学之事。不巧的是，吴宓先有清华之约，必须返回北平上课，这就与赴西北、中山两大学讲学发生时间冲突，左右为难，只好答以从缓，多少有些歉疚。

不过，随着北平时局的恶化，清华大学又无意南迁，静观待变，而南北两校礼致殷勤，条件优裕，加之许思园创办的江南研究院正式聘请吴宓为特约研究员，薪酬丰厚，及时解决了他一时的经济困窘，使其"北上之心益淡"。3 月 6 日《吴宓日记》："9：30 回舍。孙道升（国立西北大学教授。清华 1934 哲学系毕业。字思管，河南武陟，适自中正大学来）来过。宓即至周辅成宅见之。孙君衔马师儒校长命，速宓赴西安国立西北大学讲学。三星期可得一学期之讲学费。又望宓举荐教授云云（明日又接马公三月六日航函，催往）。宓告以清华之约，但云甚愿至西北大学讲学。并举荐（1）张敬为西北大学国文系教授（低薪），授文字学及词曲。滕以唐玉虬《入蜀稿》一部。（2）吴学淑为西北外文系讲师，授大一英文。（3）金月波下学年为西北国文系讲师，滕以《文副》41 期一份，及金君手写诗词一二页。（以上荐职，悉遵孙君所教。）……灭灯后宓始归寝。遂欲不赴北平，舍清华而讲学西北、中山矣。"[1] 经过深思熟虑，反复权衡，吴宓断然终止了北归计划，下决心放弃清华而接受西北、中山的讲学邀请。

一旦拿定主意，吴宓的办事效率立马提速，雷厉风行。3 月 8 日《吴宓日记》："晨，函淑转敬、曦，告西北大学将来聘，及宓改计不讲学清华等情。9：00 访田德望，邀同至系中，谒济校长室。田君辞代理系主任，不就。宓呈济密函，言改计不去平，不讲学清华。而到南京空军讲毕后，即改赴西安。在西北大学讲学三星期。四月半回武大任职授课，续领武大薪不断（已改为八万五千倍）。五月半至广州，在中山大学讲学五星期，并至港访娴。六月二十日回武大，办毕业考试等公务云云。济甚喜，许可。并掷还宓三月四日上校长请假函，俾另缮入云。"[2] 听到老友改变计划之后，刘永济自然大喜过望，当即"许可"，只要这位"部聘教授"不离开武大，一切都好说好办。

此后，凡是涉及西北大学之推荐师资、行止变化、旅费各节，函电往来，吴宓在日记中都有简单的记载：

① 吴学昭整理注释：《吴宓日记》（第 10 册），三联书店 1999 年版，第 354 页。
② 吴学昭整理注释：《吴宓日记》（第 10 册），三联书店 1999 年版，第 355 页。

晚6—8访煦、榴夫妇。周辅成来，为译西安西北大学昨电，文云："……吴雨僧兄，承介绍张（敬）、吴（学淑）两女士，即照聘。请兄速来校讲学。何日起程，请速示知，以便兑上旅费。弟马师儒，养。"（3月23日）①

下午致西北大学校长马师儒航快函，总复其二月二十一日、三月六日来航函，及三月二十二日来电，并派教授冯吉扬、孙道升见访各节。宓函详述宓行止变化，请其复示（1）要宓即来二星期，抑秋冬间来五星期。（2）现今西安是否危急。函寄南京云云（并请其以函呈父阅）。（3月25日）②

复西北大学校长马师儒三月二十三日航函，附复高文源厅长二月二十六日王聘余带来之函。（3月26日）③

4月3日，吴宓乘坐中国航空公司T83飞机由武汉赴西安，住南院门大车家巷41号嗣父寓宅。次日，高文源、高元白相继登门接洽。4月5、6日，马师儒校长代表校方，于东大街329号惠而康，设西餐为吴宓接风；继之者为高文源，高氏当时是陕西省政府教育厅厅长，又同是清华校友，乃代表官方，于新明街10号甲之三其寓宅设午宴欢迎吴宓。

吴宓在西北大学的学术活动从4月7日开始，以一场精彩的学术演讲揭开序幕，题目为《大学的起源与理想》，次日才在西大正式讲学。4月8日西安《建国日报》刊发了一条通讯："（本报讯）武大教授，国内有数'红学专家'吴宓氏，昨在西北大学大礼堂作首次学术演讲，题目为：《大学之起源与理想》，听众至为踊跃。吴氏深入浅出，将目前大学的症结，发挥无余，且出语幽默，极获听众佳评。闻吴氏明起将在西大正式讲学，该校中文、外文二系，已将其他课程暂停，俾便听讲云。"④

4月18日，《建国日报》又刊发了一条消息："（中央社讯）西大特约讲座吴宓教授，月来在西大主讲'文学概论''世界文学史纲'，及'《红楼梦》评论'等课程，备受学生欢迎，所讲课程已告结束，定十八日飞返武大，闻将转往广州中山大学讲学。"⑤透露了不少重要信息。

（二）课程安排

结合上述通讯报道与《吴宓日记》中的相关记载，相互补证，可知吴宓在西大共开

---

① 吴学昭整理注释：《吴宓日记》（第10册），三联书店1999年版，第368页。
② 吴学昭整理注释：《吴宓日记》（第10册），三联书店1999年版，第369页。
③ 吴学昭整理注释：《吴宓日记》（第10册），三联书店1999年版，第370页。
④ 水天明：《我所认识的吴雨僧先生》，《第一届吴宓学术讨论会论文选集》，李赋宁等编，陕西人民教育出版社1992年版，第130页。
⑤ 水天明：《我所认识的吴雨僧先生》，《第一届吴宓学术讨论会论文选集》，李赋宁等编，陕西人民教育出版社1992年版，第131页。

设两门课程："世界文学史大纲"（上午8—10）和"文学概论"（下午3—4），其中"世界文学史大纲"为二学时，"文学概论"为一学时，合计每日三学时。为了方便听讲，该校中文、外文二系，还将其他课程暂停。

吴宓于4月8日开始在西大正式上课，直至4月17日结束，前后十日①。其间4月10日（周六）、4月11日（周日）是否停课，由于原始文献如《吴宓日记》存在大量缺失和漏记之处，不便过度推测。

此外，这次讲学过程中仍然存在不少疑点，譬如：与吴宓商讨并确定授课内容者是谁？聘请方式是否如水天明所言"西北大学中文系和外文系联合邀请吴宓先生到我校客座讲授"？因为《吴宓日记》记载太过简单，没能透露出更多的有用信息，所以导致后人解读不易，如吴须曼、水天明等谈及此事时都存在少量误记和错讹现象。不过，水天明是当时西北大学中文系的大三学生，他的说法有一定的参考价值："1948年春开学后，我们听说西北大学中文系（系主任是张西堂教授）和外文系（系主任是黄川谷教授）联合邀请吴宓先生到我校客座讲授世界文学和《红楼梦》。"②作为亲历者的回忆，上述说法较为可信。

（三）授课内容及旨趣

1. 世界文学史大纲

吴宓的"世界文学史大纲"一课，与他的另一门"世界文学史"课程相伴而生，大约形成于1943年前后，各撰讲义，有详有略，分别在西南联合大学、云南大学、中法大学、燕京大学、四川大学、武汉大学、重庆大学等校外文系开设，颇受欢迎。根据吴宓《世界文学史大纲》（英文打字油印稿）可知，这门课程的结构如下：开篇是"语言体系"，类似于绪论；第一章至第十一章分别为埃及文学、巴比伦文学、波斯文学、阿拉伯文学、印度梵文学、中国文学、日本文学、希伯来文学、希腊文学、拉丁文学、中世纪拉丁文学等，属于世界主要古典文学传统；第十二章至第二十四章分别为普罗旺斯文学、意大利文学、法国文学、西班牙文学、葡萄牙文学、德国文学、荷兰文学、英国文学、丹麦文学、瑞典文学、挪威文学、波兰文学、俄国文学等，属于主要国别文学，小语种国家

---

① 1948年《吴宓日记》相关记载如下：4月8日（周四）只笼统记录"西大上课"；4月9日（周五）仅言上午"8—10上二课"，下午漏记；4月10日（周六）全部缺失；4月11日（周日）无涉上课之事，大概率未上课；4月12日（周一）全部缺失；4月13日（周二）无涉及上课之事；4月14日（周三）—4月16日（周五）记录稍微完整一些：14日上午"8—10西大上课，印度、希伯来文学"、下午"3—4西大《文论》课"，15日上午"8—10西大上课，希腊文学"，16日上午"8—10上课西大，讲完希腊文学"、下午"3—4上课，未发挥《我与文学》"；4月17日（周六）仅言上午"8—10西大上课，赶完拉丁文学及世界文学史"，下午缺失。

② 水天明：《我所认识的吴雨僧先生》，《第一届吴宓学术讨论会论文选集》，李赋宁等编，陕西人民教育出版社1992年版，第129页。

的文学则附论。①面对如此精密的知识体系和数量庞大的授课内容，两周的时间，过于紧张，不能不有所侧重，并对内容进行必要的取舍。

通过《吴宓日记》的残缺记录，我们可以大致推测出吴宓的意图，即放弃国别文学而选择世界文学传统，但不包括中国文学、日本文学两部分，课时分配不一，内容分别是埃及文学（4 月 8 日，二学时）、巴比伦文学（4 月 9 日，二学时）、波斯文学（4 月 12 日，二学时）、阿拉伯文学（4 月 13 日，二学时）、印度文学（4 月 14 日，一学时）、希伯来文学（4 月 14 日，一学时）、希腊文学（4 月 15、16 日，四学时）、拉丁文学（4 月 17 日，二学时）等八讲。

如此安排授课内容，或许在吴宓看来，只有对世界主要的古典文学传统有了良好的整体掌握，才能更好地理解中国文学，也才有可能正确评论各自的特点，并进而思考如何汇通各个传统的精华，让文学在拯救和改进世界的努力中起到关键作用。

对于当时相对闭塞的西北学子来说，吴宓以大纲勾勒的授课方式，迅速而简捷地带领着西大中文、外文二系同学们在世界文学的大花园中走马观花，体会一下无限风光，未尝不是一件幸事。

2. 文学概论

据笔者所知，吴宓在各大学开过不少文学课程，譬如"文学批评""西洋文学概要""比较文学"等等，唯独没有开过"文学概论"。而《吴宓日记》中仅有两条与此课程相关的记录："下午 3—4 西大《文论》课。"（4 月 14 日）"下午 3—4 上课，未发挥《我与文学》。"（4 月 16 日）片言只字，索解不易，故而不便妄加猜测了。

（四）学术讲座

1. 大学的起源与理想

4 月 7 日，作为吴宓北上讲学的首场演讲，《大学之起源与理想》引发的讨论，至今不衰。

众所周知，学界一般喜用"博雅之士"来概括吴宓的教育思想，实质上即今天流行的通才教育。所谓通才之"通"，必然含有两层意思：一是知识层面的"通"，二是精神层面的"通"。吴宓在演讲中指出大学应注重于相关知识的融会贯通，以造就"博而能约"、"圆通智慧"的"通才"。

由于对新人文主义有系统的哲学理解，吴宓便不能没有高度的自觉。此种方法论的自觉同样建基于他对新人文主义的哲学反思和体认，而最集中地表现在他的《大学之起源与理想》演讲之中。这充分展示了吴宓对当时中国高等教育的慎思明辨和远大规划，

---

① 吴宓著、吴学昭编：《世界文学史大纲》，商务印书馆 2020 年版，第 107—109 页。

于是西方的白璧德主义在东方的中国发生了化合，变成了东方的白璧德主义。经过一番处理后的教育思想较之白璧德的理论内涵更加丰富而富有弹性，而白璧德思想的主旨，即反对物对人的役使，追求健康、美好的精神理想并没有改变，也可以说它被吴宓中国化了。①

2. 红学演讲

由于《吴宓日记》相关记载的严重缺失，导致吴宓在西北大学举办公开红学讲座的场次，一直都存在争议，水天明说有两次，姚文青说有"数次"。

第一次是在 4 月 10 日，当属确定无疑。次日，即 4 月 11 日，《建国日报》为此刊发了一条消息：

> （本报讯）红学专家吴宓教授，昨日下午开始讲其红学，听众颇多，然秩序良好。吴氏首对《红楼》之考证作详细说明，断定该书实系曹雪芹一人所作，高鹗其人，仅系其编者而已。继对甄士隐、贾雨村、娇杏、英菱诸人，均有精辟之见解，广征博引，亦庄亦谐，语句生动，时时引起不少掌声。②

第二次是在 4 月 17 日，目前只有旁证。4 月 12 日《建国日报》在第一版转载了吴宓旧作《〈红楼梦〉的文学价值》，并在"编者按"中透露了另一场红学讲座的消息："红学专家吴宓教授此次来陕讲学，听者极为踊跃。本月十日，吴氏曾假西大讲述《红楼梦》的文学价值，并定于本月十七日下午继续讲演。"③虽然学界同仁至今仍然没有查到相关报道，但是水天明十分肯定有这次演讲，并且断言："遗憾的是，在我的记忆中他那次还专门讲了一次《红楼梦》中的紫鹃，并由我整理了他的旧稿，用《论紫鹃》的题目，送一家报社发表，这个稿子始终没有查到。文章的最后两句话是：'欲知宓者，请视紫鹃。'多少年来，我曾反复玩味这两句话，慢慢地有所领悟。"④言之有理，值得信赖。

除了上述两场公开的红学讲座之外，吴宓此行在拜访西安各界以及接受宴请过程中，高朋满座，倍感亲切，一时兴起，难免会与红迷进行互动。此不必赘述。整个 20 世纪，阳春白雪，曲高和寡，吴宓的红学研究和演讲很少得到同时代人的真正理解，似乎

---

① 唐建军：《吴宓高等教育思想辨析》，《四川教育学院学报》2009 年第 25 卷第 5 期。

② 水天明：《我所认识的吴雨僧先生》，《第一届吴宓学术讨论会论文选集》，李赋宁等编，陕西人民教育出版社 1992 年版，第 130—131 页。

③ 水天明：《我所认识的吴雨僧先生》，《第一届吴宓学术讨论会论文选集》，李赋宁等编，陕西人民教育出版社 1992 年版，第 131 页。

④ 水天明：《我所认识的吴雨僧先生》，《第一届吴宓学术讨论会论文选集》，李赋宁等编，陕西人民教育出版社 1992 年版，第 131 页。

有一个经商的陕西老乡读懂了他：

> 雨僧嗜读《红楼梦》，终生不衰，为现代研究《红楼梦》最早之学者。其研究
> 屏弃索隐，不事考证，专以人生讲《红楼》。其论亲朋故旧，亦好以《红楼》中人喻
> 之。此次来陕，在西大讲《红楼》数次，不特座无虚席，室外亦众头攒孔，盛况空
> 前。临别，余赠以诗曰："异国微言万象收，早年群羡紫骅骝。周情孔思黄虞志，白
> 眼青山嵇阮俦；一代文章矜四海，半生骚愿寄红楼。才人老去风流在，艳绝东南七
> 宝州。"盖将往岭南讲学，故有末句。此诗雨僧甚赏之，谓能道其胸中积蕴，并誉
> 余有诗人本质，今后当专心致力于诗，不应以货殖纷其志也。①

1948 年 4 月 18 日，吴宓结束了西北大学讲学之后，仍乘坐中航飞机由西安返回
武汉。

此次讲学，吴宓不仅给西大师生带来了全新的知识，而且也体现了其温情的一面。
在西安军情紧急、一日数惊之际，他担心故乡亲人友朋的行止安危②，孤身犯险北上，
行色匆匆，还是应该得到充分肯定。水天明评价说："就我所知，吴宓先生的这次西安讲
学，是他 1910 年离开陕西上清华学校后，38 年间能以自己的专长直接为桑梓服务，直
接启迪西北学子的唯一一次教学和学术活动，是值得大书特书的。"③"大书特书"没问
题，但并非"唯一"。

1957 年，吴宓就曾谋划回乡，调职当时由国立西北大学师范学院改制而来的陕西师
范学院。1961 年 9 月，他又受陕西师范大学盛情邀请，二度讲学西安，并再申调动之议。
该校部分领导（马师儒、高元白等）和一部分教师都是吴宓的老朋友，自然欢迎他的到
来。其中外国文学教研组教师，如刁汝均、周骏章、马家骏等，更是有幸亲耳聆听了他
讲演《荷马史诗》。④

① 姚文青：《挚友吴宓先生轶事》，《回忆吴宓先生》，黄世坦编，陕西人民出版社 1990 年版，第 42 页。
② 1948 年 4 月至 6 月《吴宓日记》散页多丢失，现仅存 4 月 3 日、6 日、14 至 17 日及 5 月 6 日日记草稿。其余日记，系根据作者书于日历、请柬及来客名片之札记、简注整理。从残存的《吴宓日记》中，多有记载："5P. M. 劝商父迁"，"阴雨，Evening 久坐，共父谈"，"8—10 立院中，聆父详述凉州失职、羁禁，及久寓兰州情况。倦甚，几不支"，等等。关怀之意，于此可知。
③ 水天明：《我所认识的吴雨僧先生》，《第一届吴宓学术讨论会论文选集》，李赋宁等编，陕西人民教育出版社 1992 年版，第 131 页。
④ 吴学昭整理注释：《吴宓日记续编》（第 5 册），三联书店 2006 年版，第 184—188 页。

余 论

斯人已逝，生者如斯！

回顾自己学术成长的历史，我始终认为：吴宓研究是一个值得充分拓展和深入研究的领域，即使某些研究最初还很幼稚，均值得鼓励与支持。表面上看，本文仅仅梳理了吴宓与国立西北大学的交往过程，重点在推荐师资和学术交流两个方面。其实，弄清楚一段历史，又何尝不是对学术研究的小小贡献呢？

"四海干戈催沸鼎，千年文教系微绳。晨星寥落人三五，抱叶秋蝉畏语冰。"即便如吴宓这般重量级的知识分子，不论是在国共合作的北伐战争期间，还是在国共对立的1948年，东归西出，北上南下，看似选项很多，实则天地玄黄，走投无路。在大时代的转换变迁之中，知识分子其实与普通人并无二致，都很难真正掌握自己的命运，往往身不由己，随波逐流，终究逃不脱"安居以俟命"的结局。

（作者单位：湖南科技学院国学院）

吴宓日记中的冯沅君、凌叔华、谢冰莹[*]

肖太云

内容提要： 吴宓笔下的中国现代女性新文学作家是一个比较有意思的话题。吴宓日记记载了女性作家的哪一些方面，持什么看法，为何如此，都值得探讨。吴宓日记中对冯沅君、凌叔华、谢冰莹的记载和评价，不仅具有史料的补阙价值，而且丰富了现代女作家的生活面影，呈现了吴宓眼中的现代女作家形象。

关键词： 吴宓日记；冯沅君；凌叔华；谢冰莹

一、冯沅君：读《春痕》，购译著

冯沅君，原名冯恭兰，改名冯淑兰，笔名淦女士等，出生于书香门第，哲学家冯友兰、地质学家冯景兰之妹，学者陆侃如之妻。先后在金陵女子大学、中法大学、暨南大学、复旦大学、中山大学、武汉大学等校任教。吴宓与冯友兰交往较多，与冯沅君甚少交往。但日记中两则关于冯沅君的记载却值得细究。

> 1928年9月6日：晨，读冯沅君著《春痕》毕，并批注其上。拟寄彦。①
>
> 1940年9月12日：（冯友兰）又托宓作公函，为清华外文系购陆侃如、冯沅君之 Larousse Encyclopaedie 凡六大册，作价千元。宓立允从。

---

* 本论文系2018年国家社科基金项目《吴宓年谱长编》（项目批准号：18BZW167）阶段性成果。

① 吴学昭整理：《吴宓日记》第1册至第10册（三联书店1998、1999年版）载作者1910年至1948年日记，《吴宓日记续编》第1册至第10册（三联书店2006年版）载作者1949年至1974年日记，凡予引用，随文随注标明年月日，以备查核。为免繁琐，不另注。

冯沅君是五四时期成长起来的作家，与冰心、庐隐、凌叔华、石评梅等同属中国现代文学中的第一代女作家。冯沅君于1923年开始小说创作，1924年春天以淦女士的笔名在创造社刊物上发表《隔绝》(《创造季刊》第2卷第1期)、《旅行》(《创造周刊》第45期)、《慈母》(《创造周刊》第46期)、《隔绝以后》(《创造周刊》第49期)等短篇小说。1920年代，北新书局出版了冯沅君的三部短篇小说集《卷葹》、《春痕》和《劫灰》。她的小说多描写为获得婚姻恋爱自由而反抗旧礼教的青年女性，俘获了许多读者。冯沅君毕业于北京女子高等师范学校，又是北京大学国学门的研究生，是一位不折不扣的才女。

吴宓1928年日记提及的《春痕》是冯沅君的第二部小说集。五四一代作家，特别是女作家，她们初期的写作普遍带有浓厚的自叙传性质，冯沅君也不例外。如果说第一部小说集《卷葹》带有她和初恋情人王品青的影子，那么第二部小说集《春痕》则是她和陆侃如恋爱的记录书。吴宓为何将《春痕》加批注并将之寄送给毛彦文阅读？这跟《春痕》所写内容有很大关系。

《春痕》是一部书信体小说，是冯沅君和陆侃如恋爱通信的结集，由北新书局于1928年出版①。30年代文艺批评者草野说：“《春痕》是作者给陆侃如先生的一部绮丽缠绵委婉悲痛的情书集子。”②小说从封面设计、题字到后记，全由陆侃如包办。陆侃如在后记中写道：“《春痕》是五十封书信，假定为一女子寄给她的情人，从爱苗初长到摄影定情，历时五个月。”③

与陆侃如恋爱前，冯沅君经历了一段与同乡的北大才子王品青刻骨铭心的初恋。在失恋的痛苦中，清华才子陆侃如走进了她的情感世界，慢慢抚平了她的伤痕，两人于1929年1月结婚。冯沅君的自传体书信小说集《春痕》切合吴宓此时的恋爱心境。此时的他正在努力追求毛彦文。毛彦文深爱姑表兄朱君毅，1916年订婚，但因性情原因，两人于1923年解除婚约，毛彦文陷入深深的痛苦之中。从订婚到分手，吴宓是毛彦文和朱君毅爱情过程的见证者和旁观者，吴宓始终对毛彦文抱有好感和同情。毛、朱分离之后，已婚的吴宓对毛彦文产生爱慕并发起追求。1928年，吴宓处于对毛彦文的热恋之中，两次去杭州专门约会毛彦文。《春痕》让他找到了知音之感。因此，他不仅自读《春痕》，加以批注，而且拟邮寄给毛彦文，期冀毛彦文读后也能受感动，像冯沅君接受陆侃如一样，接受他的追求和爱意。吴宓毕竟是学文学的，具有浪漫气质，在爱情上动起了文学的心思，意图借助文学的手段去达到他的爱情目的。

①　赵海菱等著：《冯沅君传》，学苑出版社2012年版，第109、110页。
②　转引自严蓉仙：《冯沅君传》人民文学出版社2008年版，第101页。
③　赵海菱等著：《冯沅君传》，学苑出版社2012年版，第155页。

吴宓关于《春痕》的阅读记录无意中为考证《春痕》的初版时间提供了参证。杨
铸在《冯沅君〈春痕〉的初版时间》一文中提出：《中国现代文学总书目》（贾植芳、俞
元桂主编，福建教育出版社1993年版）中有关《春痕》的初版时间为"上海北新书局
1926年10月初版"，是断语，这一著录是不准确的。他通过对《春痕》1928年版本和
1929年再版本的比较考察，认定《春痕》的初版时间为1928年10月。作者的结论为："文
学史上，类似于《春痕》的问题尚有不少，都还在等待着研究者去考证，去辨析，去还
原历史的真相。"① 但根据吴宓的日记记载，吴宓在1928年9月就已读到《春痕》，那杨
铸的考证是不是还有待斟酌与完善呢？

　　因冯友兰的关系，吴宓和冯沅君、陆侃如多了一条沟通的渠道。1940年9月12日
下午，吴宓访联大暨清华文学院院长冯友兰，"细陈欲往浙大等情"。冯友兰"谓清华外
文系应聘钱钟书归而主持"，且言"浙大阵容较整齐，故宓宜往。一年后回清华任职，毫
无问题"。然后，冯友兰因公带私，托资深教授吴宓作公函，请清华外文系购买其妹夫、
妹妹合译的法文书籍《拉若斯百科全书》（Larousse Encyclopaedie）。作为大哥，冯友兰一
直关心有才气的妹妹冯沅君，从爱情婚姻到事业著述，样样上心。1940年，陆侃如夫妇
追随中山大学蜗居于广东省边陲小镇坪石，兵荒马乱的流离生活中，收入受到影响。《拉
若斯百科全书》作价千元，在困难时期，是一笔较大数目的金钱，只有单位才愿意采购。
冯友兰请吴宓向清华外文系推荐此书，既扩大了妹夫、妹妹两口子的学术影响力，也增
加了一笔不小的收入。外文系隶属于文学院，作为文学院院长的冯友兰是吴宓的顶头上
司。冯友兰关照吴宓，言"一年后回清华任职，毫无问题"，吴宓也投桃报李、顺水推舟，
"立允从"去推动此事。

二、凌叔华：文明雅化随波尽，却赖香闺一线传

　　凌叔华，与冰心一样，毕业于燕京大学，是一朵开在"高门巨族的兰花"②。吴宓，
出生于陕西关中的名门望族，是一朵曼陀罗花。因吴宓具有"名士"情结，又因两人都
在民国高校的缘故，吴宓与凌叔华的生命有一些交叉，吴宓日记均见记载。

　　凌叔华之父凌福彭祖籍广东，是一代名人俊彦，清末时出任过天津知府、顺天府
尹、直隶布政使等职，民国时曾任北洋政府约法会议议员、参政院参证。凌福彭一生工
词章，爱书画。因其父的缘故，凌叔华6岁时开始学画画，跟随山水画家王竹林，又拜
宫廷女画师缪嘉蕙为师。所以，凌叔华自小打下了绘画根基，加之她也有绘画的爱好和

---

① 杨铸：《冯沅君〈春痕〉的初版时间》，《中国现代文学研究丛刊》2008年第1期。
② 陈学勇：《高门巨族的兰花：凌叔华的一生》，人民文学出版社2010年版。

天分，辅以名师的辅导，凌叔华在青年时期书画功底已然不弱。沈从文在 1930 年 1 月 3 日致好友王际真的信函中说："叔华才真是会画的人，她画得不坏。"[①]

1920 年代，吴宓和凌叔华同在北京。其时，凌福彭虽已辞官，但为官多年，积累了一定的积蓄，在北京干面胡同 21 号拥有一座好宅子。宅院布置清新、雅致，是当时文化人的聚集之所。1926 年 5 月 6 日，午饭后，吴宓乘坐张鑫海的汽车，从清华园入城。此行的目的，为张鑫海专门介绍吴宓认识凌叔华。吴宓特意标明其原名凌瑞棠，这是吴宓日记记载人名的习惯。此次拜访，准备功夫做得很充足，"前已约定"。此时的凌叔华尚在燕京大学外文系读书，但因 1924 年参与泰戈尔访问中国的接待工作，而且 1925 年 1 月在《现代评论》发表成名作《酒后》之后，又接连在《现代评论》《晨报副镌》《京报副刊》等报纸杂志上发表作品，是当时冉冉升起的一个与冰心齐名的女作家。因此，张鑫海介绍吴宓晤识凌叔华也就可以理解。

因乘专车，到达时间较早，吴宓和张鑫海先赴东四传染病院访李济，次至史家胡同 12 号访张奚若夫妇。下午 2 时，两人乃赴凌宅，访晤凌叔华。而陈源、杨振声亦适至，即同在其处谈叙。因是第一次到访，吴宓细察居室环境，赞赏"其室中布置，精巧绝伦，茗点字画，无一不工"。吴宓时为清华西洋文学系教授，以写作旧体诗闻名。作为学生辈，凌叔华出新绘之故宫春社图，面嘱吴宓题诗，吴宓谦谢。凌叔华又出册页嘱书，吴宓乃为抄录昨日李思纯游崇效寺诗于上。

吴宓曾于 5 月 1 日偕柳诒徵、叶企孙及李思纯同游白纸坊崇效寺，观牡丹，又观青松红杏图。中途，遇刘崇铉。游览结束，吴宓招晚宴于南半截胡同广和居酒馆。柳诒徵 1914 年为南京高等师范学校国文、历史教授。南高师改名为东南大学之后，柳诒徵任教于东南大学。柳诒徵与吴宓同属"学衡派"。在吴宓 1924 年离开东南大学之后，因发生学潮，柳诒徵于 1925 年离开东南大学。1924 年 12 月 2 日，吴宓曾致信清华学校校长曹云祥，推荐柳诒徵、刘永济、吴芳吉 3 人为清华之国学教授[②]。被曹云祥以"柳诒徵在东南大学鼓动风潮，断不可聘其来此"（1925 年 12 月 14 日）为由拒绝。吴宓生发"本校最可伤心之事，厥为糜费耗财，而不能聘得优良教员。有学有识之高士，如张孟劬、柳诒徵先生，及汤用彤、楼光来诸君，不获受聘。而纨绔流氓式之留美学生、毫无学问者，则来者日众"（1926 年 1 月 26 日）的感慨。1926 年，柳诒徵赁居北京首善公寓，寻找教职。吴宓好友李思纯亦赁居太平湖饭店，在北京寻找工作机会。故有 5 月 1 日吴宓与柳诒徵、李思纯等的崇效寺观牡丹之游。

---

① 沈从文:《沈从文全集》（第 18 卷），北岳文艺出版社 2002 年版，第 35—36 页。
② 吴宓:《吴宓书信集》，三联书店 2011 年版，第 100 页。

游寺之后，柳诒徵与李思纯各有诗纪游。柳诒徵写的是五言长诗①，李思纯写有唱和之作，为七言长诗，重在纪事②。"因柳公及李君寄诗索和故"，吴宓于1926年5月5日晨作《游崇效寺看牡丹》诗6首，为七言绝句，以"繁樱百合争妍媚，第一名花故国光"写牡丹，以"即今濯濯如云彦，援笔谁为有韵歌"表达对"白话新诗盛行"、旧体诗歌衰落的感慨，以"我生苦晚未能诗，雅化潜衰国运移""惜花有意花将谢，一念怆然感故生"抒发对传统文化文学的担忧，以"字健词雄存正气，一生低首拜曾侯"寄托重整乾坤的志向和豪气。③

比较三人的唱和之作，柳诒徵诗艺不错，典故也用得挺好。李思纯之诗文采斐然，超过二者，但境界、气象显稍逊一些。吴宓的诗胜在情真意切。吴宓为何选择将李思纯游崇效寺的诗歌留墨于凌叔华的册页之上，而不是柳诒徵的诗歌，也不是自己的诗，无法断论。一般来说，为他人留墨题册，或写名家之作，或写个人诗词。

谈诗论画两个小时，主人邀请众人移步野外赏景。下午四时半，凌叔华邀请陈源、吴宓、杨振声、张鑫海等宾主共乘汽车至崇效寺游览。此系吴宓一个星期之内第二次游览崇效寺。其时，"牡丹已渐凋落，游人稀少"。众人"又在寺中茗叙"。此时，吴宓才将自己昨日所作崇效寺六绝诗"示诸人"。晚六时，聚会结束，众人散归。

次日，吴宓"晨作《再游崇效寺，赋赠同游诸君》诗，仍七绝六首。均用昨日实事，分赠各人"。第一首"重向枣花寺里过，相从媛彦喜春多"总叙，第二首"因缘文字从头数，绣出鸳鸯许度人"赠杨振声，第三首"春社故宫粉色鲜，画家今见女龙眠。文明雅化随波尽，却赖香闺一线传"赠凌叔华，第四首"浓香今羡欧洲种，谁是撷精取艳才"赠张鑫海，第五首"济慈诗与雪莱好，我欲从君一问之"赠陈源，第六首"匡庐雄伟峨嵋秀，鸿爪雪泥许再寻"作结④。吴宓称凌叔华为画家、"女龙"，巾帼不让须眉，传承"文明雅化"。5月9日晨，吴宓将写凌叔华的诗歌，"改易一字，寄凌叔华，并函谢之"。

从赠诗中看出，凌叔华虽为新文学作家，但吴宓却对她没有任何反感，反而以"文明雅化随波尽，却赖香闺一线传"激赏凌叔华。吴宓感慨"雅化潜衰"，称许凌叔华对"文明雅化"的传承，暗志他自己对传统文化的坚守。当然，他激赏的是凌叔华的国画，而不是她的新文学作品。稍显悖论的是，"文明雅化随波尽"，吴宓溯罪的源头指向的是胡适

---

① 柳诒徵的五言长诗以"吴生惜日过惜金，畅然移暑花之阴。李侯对花时微吟，二乔独契叶子心。邂逅刘生一披襟，坐觉天宇香浸淫"对各人神态加以描写。"吴生"指吴宓，"李侯"指李思纯。因叶企孙"识月下二乔之名"，故此句写叶企孙。"刘生"指刘崇铉。以"登楼展长卷，题咏眩豪彦""相携买醉广和居，赋诗聊说长安乐"等记述当时之事。

② 李思纯的唱和之作，内有"京口柳髯吟思徐，泾阳吴君诗意舒。相看春色出奇句，愧我濡笔情生疏"及"青松红杏读题字，一一点画前贤俱"等句.

③ 吴宓:《吴宓诗集》，商务印书馆2004年版，第140—141页。

④ 吴宓:《吴宓诗集》，商务印书馆2004年版，第141页。

等一干新文学作家，而"却赖香闺一线传"指向的对象凌叔华却是胡适的忠实支持者，属于吴宓反感的胡适阵营①。

此次聚会、共游遇到的陈源，已是凌叔华的未婚夫。吴宓日记专门记载过两人的婚礼，并赠送了礼物。1926 年 7 月 14 日，陈源、凌叔华在北京东单三条的协和礼堂举行婚礼，胡适为证婚，发表演说，谓：中国夫妇只知相敬而不言相爱，外国夫妇相爱而不知相敬，陈君与凌女士如能相敬又能相爱，则婚姻目的始得完成②。结婚当日，吴宓因痛恨胡适，"以胡适等在座，多所不便"，未参加两人的婚礼。但在陈、凌两人结婚前，吴宓于 7 月 8 日，专门至北京饭店购《查尔斯·兰姆作品集》英文版一册，"送陈源及凌叔华为婚礼，交该店寄送"，算是尽到了朋友之谊，不为失礼。

陈源是学者，也是文学评论家。在胡适的支持下，曾与徐志摩、王世杰等共创《现代评论》杂志，主编该刊《闲话》专栏。1928 年 1 月，凌叔华的第一个短篇小说集《花之寺》，作为"现代文艺丛书"第四种，由上海新月书店出版。该集子由陈源编定，他在《编者小言》中说："这一年半的作品，虽然题材不一，作者的态度风格都可以清清楚楚的得到认识。"③《花之寺》是凌叔华的代表之作。

吴宓欣赏凌叔华的国画艺术，对《花之寺》的小说艺术，吴宓主持的《大公报·文学副刊》也不吝给予好评。1928 年 4 月 9 日，《大公报·文学副刊》第 14 期刊登佚名对《花之寺》的书评，介绍《花之寺》的基本情况，为之打广告，作宣传，称赞《花之寺》"久为爱好文艺者所喜读"，"每篇皆生动而富于趣味性"，"非苦心结撰不能臻于斯也"，认为"《花之寺》之作者似无为'大文豪'等等之野心，故其书中无大悲剧以震骇人之耳目。亦不愿为严正之道德家及狂诞之讽刺作家，故其小说不议论人生哲学，亦永不嘲笑其主角。独以闲雅之笔写平淡之生活中最富有趣味之数段，以自成其风格。凡不得于海内鲁莽夸诞之男作家者，于女士书中得之。不见于西洋之小说家而一二见书于日本现代作家者，亦于女士文中见之"，篇尾对《花之寺》中部分小说也提出直率批评。此文大概是关于小说集《花之寺》最早的评论④。

陈源和凌叔华结婚之后，两人矛盾与和谐共生，幸福和苦恼并存。陈源每月薪金只留四分之一家用，其余大部分要汇寄老家，补贴家用，最使凌叔华不能忍受。徐志摩在

---

① 吴宓日记中时时流露出对胡适的门生故旧的反感，甚至对与胡适亲近友好之人也持批评态度。如 1937 年 5 月 19 日，吴宓思一干友生"稍得胡适之沾溉者，则离绝我惟恐不速不坚"。曹葆华日前在学务处遇见老师，"竟不为礼"。蒋廷黻、李健吾等，"皆以攻诋宓为媚悦胡适之方"。女友毛彦文，"不知胡适诋伊之刻毒，而竟违宓意以往访谒胡适"。陈绉，则嫁与胡适部下之姚从吾，"其必恒与胡适夫妇及毛子水周旋"。

② 转引自林杉：《凌叔华：中国的曼殊斐儿》，中国言实出版社 2014 年版，第 113 页。

③ 凌叔华：《中国儿女——凌叔华佚作·年谱》，陈学勇编撰，上海书店出版社 2008 年版，第 216 页。

④ 佚名：《〈花之寺〉书评》，《大公报·文学副刊》第 14 期，1928 年 4 月 9 日。

《爱眉小札》中因凌叔华而慨叹：男女一旦结为夫妻，爱人就会慢慢变成怨偶，夫妻间没有真爱可言，倒是朋友的爱较能长久。徐志摩给胡适写信说："这对夫妻究竟快活不，他们在表情上（外人见得的至少）太近古人了！"① 对此，吴宓也有相关的记载。1929年9月25日晚，张广舆、张奚若来访，谈婚姻问题，并述凌叔华等人事。吴宓听闻后慨叹："足见光明磊落之人物，与美满和谐之婚姻，在今世为极少也。"

　　1927年10月，新婚不久的陈源和凌叔华以北京大学海外撰述员的名义东渡日本京都帝国大学研修。经蔡元培批准，研修期间的一切费用由北京大学资助。1928年9月，结束研修归国，10月，陈源到武汉大学任外国文学教授，凌叔华作为家属同往。因武汉大学有不聘夫妇同在一校任教的规定，凌叔华虽未在武大任教，但与苏雪林、袁昌英一起被誉为"珞珈三杰"。1937年11月17日，吴宓南下抵武汉，甫归旅馆，即电武汉大学陈源、刘永济及大陆银行凌宴池，约访晤。次日上午，吴宓同高棣华等及毛子水从汉口渡江，至珞珈山武汉大学，吴宓评价"地临东湖，风景幽美，类 Wordsworth 之故乡一带"。因陈源新遭父丧，吴宓仅留名片候问。其时，凌叔华也在武大。但吴宓此日的日记没有提及凌叔华。

　　根据清华档案，1945年7月5日，武汉大学校长王星拱致信西南联合大学，"因本校外国文学系方重、陈源两教授出国讲学，恳请允借西南联大英国文学门教授吴宓先生到武大暂任讲席教授一年"。1946年1月7日，武汉大学校长周鲠生敦聘吴宓往乐山武大讲学一月。1月26日，吴宓由成都到乐山武大讲学，访友。1946年8月，吴宓到任武汉大学，成为武大的一员。陈源于1943年2月离开乐山武大，赴英国主持中英文化协会工作，1946年受派为国民政府驻巴黎联合国教科文组织常驻代表。1947年春，凌叔华携女陈小滢从上海赴伦敦与丈夫团聚，此后旅居英国、法国、美国、加拿大。吴宓日记中再无与凌叔华的交往记载。

　　1956年夏，由于苏雪林的推荐，凌叔华离开英国，赴新加坡新创办的南洋大学，担任该校中文系中国近代文学和新文学研究教授，讲授"新文学研究"和"新文学导读"，课余热心辅导文学青年进行创作。1959年冬，凌叔华首次返回大陆，在广州、武汉、北京等地观光、探亲访友。在武汉提出看望袁昌英的要求，因袁昌英正戴着右派分子的帽子，未能如愿，但见到了陈登恪。1960年初，凌叔华结束在大陆的观光访问，回到新加坡。3月，凌叔华辞去南洋大学的教职，前往加拿大多伦多大学执教。

　　对凌叔华此行，吴宓日记有记载，是唯一一次在1949年之后提到她。1961年8月，吴宓新中国的第一次远游，时在武汉大学。当月29日上午，陈登恪来回访，谈小说，"登

---

① 林杉：《凌叔华：中国的曼殊斐儿》，中国言实出版社2014年版，第114页。

恰又述前数月新加坡回国观光华侨凌叔华忽过武汉，当局独许登恪往汉口相见，并导游武大一周之故事，凌去北京矣"。吴宓记述凌叔华归国探亲的日期有些误差，但他的记载为武大当局阻止凌叔华见袁昌英等友人提供了佐证。

三、谢冰莹：一条记载，两次晤面

谢冰莹属于"五四"作家，但与谢婉莹、冯沅君、庐隐、苏雪林等"五四"女作家相比，她算是后来者。谢冰莹是一个女兵，也是中国现代文学史上第一个女兵作家，人生和创作道路壮美、坎坷，与现代中国命运紧密相依。

谢冰莹一生两次从军。1926年11月25日，20岁的谢冰莹考取武汉的中央军事政治学校。1927年5月，跟随叶挺率领的革命军西征，讨伐杨森、夏斗寅。据此，写下成名作《从军日记》，出版《一个女兵的自传》。抗日战争全面爆发之后，又积极投入抗战洪流之中。1937年9月，率湖南战地服务团，赴嘉定，参加上海保卫战。1938年3月，以战地记者身份赴徐州，报道台儿庄战役。在重庆治疗鼻炎，养疴北碚之后，1939年3月，赴宜昌伤兵招待所，参加救护训练班的工作，与主持训练的贾伊箴相恋。接着，奔赴鄂西、豫西等抗日前线。1940年1月，应新中国文化出版社之聘，赴西安创办文艺刊物《黄河》月刊，直至1944年4月停刊。在此期间，编辑出版了《新从军日记》《在火线上》《战士的手》《姊姊》《梅子姑娘》《写给青年作家的信》《抗战文选集》等作品。

吴宓日记只记载了一次有关谢冰莹的记录。1945年1月9日，吴宓写道：

> 偕纯步入城。……赴华西大学李珩、罗玉君夫妇邀家宴。座客桦外，有叶绍钧（圣陶。苏州人，今为开明书店总编辑。与宓同年生。留须。温和沉默）及谢冰莹女士（湖南人，今为燕京化学教授张铨之夫人。住东桂街七十一号，衣饰朴素）。席散，同步归。……是日燕京以李方桂为外文系代理主任。

当日，时在燕京大学、四川大学、华西大学任职的吴宓，偕川籍好友李思纯赴华西大学李珩、罗玉君夫妇的家宴，遇叶圣陶和谢冰莹等同在。吴宓对叶圣陶有"温和沉默"的评价。对谢冰莹有"衣饰朴素"的评价，对谢冰莹的作家身份没有任何提及，但将谢冰莹与叶圣陶并列而论，而且对她的身份加以注解，证明吴宓对谢冰莹的重视。然而不知什么原因，吴宓将谢冰莹丈夫的名字搞错了。谢冰莹的丈夫是在成都制革学校任教的贾伊箴，而不是燕京大学化学教授张铨。贾伊箴只是毕业于燕京大学化学系，吴宓有可能是搞混淆了。此处有必要介绍谢冰莹与贾伊箴相识相恋的经过。

　　贾伊箴，是谢冰莹的第三任丈夫，山东人，出生于基督教家庭，曾留学英国，回国之后从事化学教学和研究工作。1930 年代初，时在北平女师求学的谢冰莹与贾伊箴相识于北大的一次会议，但其后无进一步交往。直至抗战爆发后，贾伊箴弃笔从戎，1939 年在宜昌负责救护训练班的培训工作，两人才重逢，并在抗日烽火的洗礼中，相知相恋。1940 年 2 月，谢冰莹与贾伊箴在西安结婚。因经济拮据，贾伊箴重回杏坛，只身到成都制革学校任教。1944 年，《黄河》月刊终刊之后，谢冰莹一直住在成都，并在成都制革学校做国文教师。

　　客居成都时期，吴宓和谢冰莹有过多次交往。虽然吴宓日记只有一则有关谢冰莹的日记，但根据谢冰莹的回忆，谢冰莹不仅主动上门拜访过吴宓，而且有过有趣的交谈和评价。1948 年，谢冰莹发表了一篇文章《记吴宓》，回忆与吴宓在 1944 年间的交往。全文附录如下：

　　　　当三十三年的春天，燕大在成都刚复校一年，他们从西南联大请到了一位专讲《红楼梦》的教授，不但轰动了整个的燕大，而且有不少其他学校的大学生都跑来旁听，这人便是鼎鼎大名的吴宓。

　　　　吴宓，别号雨僧，一做雨生，发表文章的时候，有时用吴宓，有时用雨生，或者藤影荷声馆主。他生于一八九四年，正逢甲午之后，他的故乡是陕西泾阳。自从民国五年在北平清华学校毕业后，便去美国哈佛大学研究文学，于民国九年毕业，得学士，次年得硕士位，民国十九至二十年间，他又到英国牛津大学去研究一年，回国后，历任南京国立东南大学、沈阳东北大学、清华大学、长沙国立临时大学、昆明西南联大等校教授，民国三十三至三十五年他应燕京大学之请，开了一门"红楼梦研究"的课程，同时还在四川大学讲学，一时红遍成都，誉为红学专家，他上课的时候，不但教室里挤满了人，连门口，窗户口也站满了人，可见他吸引力之大。

　　　　讲到他的外形，是带有几分戏剧性的，如果从他的背后望去，有点像古代的才子一般潇洒。我看见他的时候，老穿着一件深蓝色的布长衫，有时扣子松开了，他也不理会。眼睛近视，整天戴着一副眼镜，瘦长的脸，有时显得很严肃，有时又很诙谐。走起路来，他不左顾右盼，只是直往向前，如果在路上遇着了他，你不向他打招呼，他不会看见你的，这也许是受了眼睛近视的影响。

　　　　他住在何公巷燕大的宿舍里，这儿原是太庙，古木参天，房屋古旧，学生和一部分没有家室的单身教授都住在这里，我去拜访他的时候，他正在看书，一间小小的房子，光线非常暗，窗台上，书桌上都摆满了书，书架上的书乱七八糟地放着，房子里有两副床板，一为睡觉之用，一为堆书之用，地上有很多稻草，好像刚铺过床来似的。

"吴先生，地上这样脏，你怎么不叫工友打扫打扫？"我很不客气地笑着说。

"哪里，我这还是洁净的，有些人的房里比我的更脏。"他毫不在乎地回答我，差一点使我笑出声来。

再看了桌子的灰尘，又多又厚，也许自从他进了这房子之后，从来就没有抹过，他每天坐的两只椅子，只有坐着的那块是干净的，周围都被灰尘铺满了。

他把椅子让给我，自己却坐在一张方凳上和我谈天，我很想问问他在西南联大的那个故事是否确实，但又没有勇气开口，即使他不生气，究竟有点难为情。

那故事是这样的：

据说吴宓追一位既漂亮，成绩又好的学生，他常常去找她，老碰钉子，但他并不灰心，有一天，正遇着那位学生的朋友在宿舍，他去敲门。

"谁？"里面有人在问。"吴宓来也。"外面的声音。"不在家！""改日再来。"

因为他的语气完全像戏台上的对白似的，所以那位小姐接着说了一句"讨厌！"他连忙接着说："岂敢！岂敢！"

这一个有趣的故事，起初是联大的人传出来的，等到被我们知道，不知传过多少遍了，万一与事实有出入，这责任应该由那位最初说故事的人负的。

吴宓先生因为把整个的精神寄托在学问上去了，所以一直没有好好地去专心恋爱，结果一直到今天他还是孤家寡人一个，又因为他已经成了书呆子，所以对于饮食起居，个人与环境卫生都不讲究，但是对于功课，他是绝对认真，绝对负责的：有许多讲义，他背得很熟，上了讲台，便滔滔不绝地讲述，学生没有不佩服他那超人的记忆的。

吴宓先生的著作和译稿很多，大都发表在《学衡》杂志和《大公报·文学副刊》上面，前者他曾主编过十一年，后者曾主编过六年，他的著作比较有名的是《吴宓诗集》《石头记评赞》《哲学评论》以及《世界文学史大纲》（用英文发表）等。

从抗战胜利以后，一直到今天，吴宓仍执教武汉大学，担任外文系主任，他生平没有加入过任何宗教或政治团体，可以说他是个彻头彻尾的自由主义者，他只管埋头研究他的学术，除此而外，他什么也不过问。寄身在那么山清水秀的珞珈山，诗人吴宓，一定产生了不少的杰作，但不知他的终身大事已经得到圆满的解决否？①

---

① 谢冰莹：《记吴宓》，《中国舆论》1948 年第 1 卷第 6 期。

1944 年，谢冰莹夫妇居成都东桂街 72 号，与燕京大学外文系主任李方桂、诗人陈敬之等合租在一起。燕京大学于 1942 年内迁成都办学，吴宓到成都讲学是 1944 年的冬天。时过境迁，谢冰莹"当三十三年的春天，燕大在成都刚复校一年，他们从西南联大请到了一位专讲《红楼梦》的教授"的记叙，弄错了燕大内迁的时间和吴宓到蓉的时间。但从 1944 年到 1948 年，时隔 4 年，谢冰莹出现了一些记忆的误差也属正常。

谢冰莹此文记载了吴宓的一些逸闻趣事，对他"戏剧性"的外形作了刻画，特别叙说了吴宓在成都讲学《红楼梦》的盛况及他的恋爱趣闻，呈现了他在成都的生活和讲学情形，虽带有一定的调侃性质，但也不失尊敬。特别珍贵的是，谢冰莹登门拜访了吴宓，虽然没谈文学也不关时事，只是谈了房间卫生等琐碎话题，但谢冰莹记载了吴宓客居成都何公巷燕大宿舍（孔庙）的生活场景和居住环境，具有史料价值。

1962 年 8 月 11 日，客居旧金山的晚年谢冰莹针对此文进行了改写，改题目为《红学专家吴宓》，不仅进一步补充了吴宓成都"红学"讲座的盛况及她拜访吴宓居所的详细情形，而且增加了她与吴宓的第一次见面时的情形。兹将相关文字转录如下：

> 仿佛是三十三（1944）年的春天早晨，一个穿着旧布长衫的陌生人，从我的屋檐下面匆匆地走过，又突然回过头来望了一眼，然后一直朝李芳桂先生（应为"李方桂"）的房子走去。我看得很清楚，他的长衫，有几个扣子没有扣好，走起路来，那下面的衣襟，一飘一飘地，有点使人看不顺眼。我正在想这人究竟是什么身份的时候，他早已进了李家，而且在哈哈地开始谈笑了。
>
> 那时候，燕大刚刚复校不久，没有宿舍，我们和李、陈、吴四家，合租了成都东桂街七十二号，青老先生的后花园，环境非常幽静，有池溏，有假山，有茂林修竹；还有核桃、柚子、石榴各种果树；也有海棠花、兰花；更有回廊和中西合璧的楼房。
>
> 我们住在花厅里，是两间平房，凡是来到花园访友的客人，必须经过我们的屋檐下，那位长衫客特别引起我注意的原因，是他的样子长得太奇怪了。
>
> 说得过火一点，他的脑袋，仿佛像一颗炸弹，头是尖形的，面黄而瘦，戴着一副近视眼镜，走起路来非常潇洒；可是从那件褪了色而又很肮脏的蓝布长衫看来，很容易使人误会到，他像一个理发匠，或者卖油条的。
>
> "来，我给你们介绍，这是鼎鼎大名的红学专家吴宓先生；这位是……"
>
> 当主人李芳桂伉俪送那位长衫客人出来，经过我们门口，特别向我介绍的时候，我有点感到难为情，他虽然不知道我内心的秘密；但我觉得对他太不敬了，差

一点我把他当理发匠看待。

"久仰，久仰！"我连忙请他们进来坐坐，李太太也帮我邀请，吴先生坚说有事要赶回去，只告诉我住在何公巷太庙，燕大临时的宿舍内，希望我有工夫去玩。说完他就头也不回地飘呀飘地走了。

"吴先生是个不修边幅的名士派，你看他的长衫，连扣子都不扣，而且脏死了。"李太太说。

"他一定是个很有趣的人，改天我要去拜访他。"①

此段文字是 1948 年回忆文中没有的，相当于一段全新的描述，还原了与吴宓相识的经过。谢冰莹结识吴宓是因与李方桂夫妇同住一个宅院，在吴宓拜访李方桂时两人"偶遇"。而李方桂是吴宓在燕大的同事，1945 年李方桂成为燕大外文系代理主任。因李方桂夫妇的介绍，谢冰莹得以结识当时因讲学《红楼梦》而名动蓉城的部聘教授吴宓。谢冰莹凭一个女性的观感，将来访时略显"邋遢"的名教授吴宓当成理发匠或者卖油条的小贩，令人忍俊不禁。而且，谢冰莹增加了一段对吴宓奇特外貌的描写，增加了对话描写，使吴宓来访的场面和两人第一次见面的场面更具有现场感和画面感，吴宓的音容笑貌、言行举止活灵活现。

对于这位红学专家，我真是闻名已久，所以决定去访问他一次，希望能多知道一点关于他的生活情形。

是一个周末的下午，我找到了太庙，吴宓住在一间光线暗淡的房里，假如不是他自己开了门来迎我进去，我真不相信这就是他住的房子，满地都是稀疏的稻草，好像刚刚铺过床来似的。房子里摆着一张桌子，一把椅子，一个书架，两副床板；左边的床上，堆满了书；右边床板上，铺着一套看来好像有一年多未洗涤过的灰黑色被窝；桌子上堆满了书，上面罩着一层厚厚的灰尘。那把木椅子，除了屁股坐着的那块小地方干净外，四周也都被灰尘包围着。

吴宓很热忱地招待我坐，随即由茶壶里倒了一杯温开水递给我，我一看那茶杯的边缘，也和椅子一样的情形，只有嘴唇接近的地方是干净的，我迟疑了一下，把茶杯放在桌上，一直到我走，始终不敢喝它。

"吴先生，为什么不叫工友打扫一下？"

我指着地上的稻草，微笑地问。

---

① 谢冰莹：《谢冰莹文集（中）》，安徽文艺出版社 1999 年版，第 299—300 页。

"今天知道你要来，已经打扫过了，平时还要脏呢！"

他回答着，引起了我的笑声。我不知道他的脾气，怎么这样好，工人不来打扫，也不生气，也许他把全副精神都寄托在研究《红楼梦》上面去了，所以对于生活，根本不注意。①

此段文字相较于1948年的原文，作了大幅度的改动，增补了不少细节描写。一是承接上文，点出是应第一次碰面中吴宓"希望我有工夫去玩"的邀请而主动拜访吴宓。当然，吴宓的邀请可能是客套话，谢冰莹的登门更多是出于对吴宓"一定是个很有趣的人"的好奇心理。二是对吴宓居室的描写更细致、具体，突出其俭朴生活。三是更加突出吴宓不拘小节、不事洒扫清洁、不修边幅，将大部分精力投入教学活动和"红学"研究及推广等事业之中的个人形象和外界印象，符合其自谓的"在家僧、出世人"（1944年12月24日）形象。

正因为有了谢冰莹与吴宓在1944年的两次碰面，才有了1945年1月在华西大学李珩、罗玉君夫妇的家宴上对谢冰莹的记载和评价。吴宓对谢冰莹有"衣饰朴素"的评价与谢冰莹对吴宓"不修边幅"的印象形成富有意义的对照。

（作者单位：长江师范学院文学院重庆当代作家研究中心）

---

① 谢冰莹：《谢冰莹文集（中）》，安徽文艺出版社1999年版，第300页。

叙事策略、历史抒写及其现代性

——查舜长篇小说创作论

赵会喜

内容提要： 在当代西部作家群体中，查舜的长篇小说创作在民族文学发展史上有着重要的研究价值，尤其是在民族文化的话语表达、审美范式的呈现和叙事结构的开拓等方面都有着独特的艺术追求，这为新生代作家群体的创作提供了更多的艺术可能性和更为广阔的艺术前景，但笔者发现长期以来对查舜的小说创作并未给予应有的重视，且还存在着彼此之间较大的争鸣，甚至还出现了对其作品误读的现象，这些都需要进行及时梳理、反思和总结。新时代文艺批评的指向更为明确和清晰，将不断地为人们提供更多更好的精神食粮。本文以《穆斯林的儿女们》《月亮是夜晚的一点明白》为例，从人物塑造、叙事结构、民族文化和审美价值等方面进行艺术探究。

关键词： 查舜；人物塑造；叙事结构；审美价值；民族文化

在当代西部文学作家群体中，查舜并未被持续关注，尤其是相对于西部新生代作家，甚至还有的研究者对他的作品产生了误读，[①] 这无疑是当代少数民族文学的缺憾。他的《月照梨花湾》《穆斯林的儿女们》是回族作家写的反映回族人民生活的第一部中篇小说和长篇小说，[②] 从这个角度上讲，可以说查舜是一位具有开回族文学风气之先的作

---

① 有的西部文学研究者认为《穆斯林的儿女们》情节比较松散、拖沓，参见丁帆主编的《中国西部新文学史》，人民文学出版社 2019 年版，第 503 页。

② 1988 年 7 月 5 日，人民文学出版社和《民族文学》杂志在北京为《穆斯林的儿女们》召开作品研讨会，《光明日报》在 7 月 10 日"文艺之窗"报道了研讨会的情况，"与会同志认为，这是我国文学史上第一部回族作家写的反映回族人民现实生活的长篇小说，风格朴实，具有青春的抒情诗意"，参见查舜的《穆斯林的儿女们》，阳光出版社，2011 年，第 580 页；丁帆主编的《中国西部新文学史》也认同了这一观点，认为该小说是"第一部描写黄土高原上回族民众生活的全景小说"，参见该著第 502 页。

家，同时也是具有乡土情怀的优秀现实主义作家。基于《穆斯林的儿女们》和《月亮是夜晚的一点明白》这两部长篇小说有一定的同构性，笔者以这两部小说为例从人物塑造、叙事结构、民族文化和审美价值等维度进行探究。

一、人物塑造与自我价值认知

《穆斯林的儿女们》和《月亮是夜晚的一点明白》这两部小说在时间跨度、年代背景、人物关系、人物塑造和伦理关系等方面有一定的同构性，如阿訇形象、一代青年群体形象的塑造和家庭境况、爱情婚姻关系、民族文化及其发展困境等方面的认知与探究，当然亦有侧重。前者倾向于对社会现实生活全景式的抒写，后者更关注于一代青年的成长史、奋斗史和精神史的记录。笔者试从阿訇形象、基层管理者和一代青年群像等方面进行探究，也许更有批评的价值。

关于阿訇人物形象的塑造，有的批评家在研究石舒清的小说时指出，石舒清总是将"具有强大生命力的回族老人与懵懂无知的回族少年放在同一个现代世界中进行对比，由衷地赞美老一代人，对老人后代的作为表示批评或保留"。[①]这类人物形象建构模式在西部文学具有普遍指向意义。新时期以来，从宁夏文学发展史来看，查舜在《穆斯林的儿女们》《月亮是夜晚的一点明白》和《青春绝版》等长篇小说中较早运用了这类人物形象建构模式，并成功塑造了马存惠、王智斋、林明清等典型阿訇形象。

阿訇是伊斯兰文化的承载者和传承者，也是民族文化和谐共处的践行者。在当今文化语境中，阿訇这一角色应有更多的责任与担当，更要与社会时代的发展，与国家、民族的命运紧密相连。作者说，"尽管我们一直都在高调拨乱反正，但'文革'遗留下来的'极左'影响远远没有肃清，就连一些具有很高文化素质的人士……总会把宗教当做封建残余和敏感的事情来对待"，"这种现象如果不能及时纠正，是不利于团结和发展的"。[②]作者正是通过历史纵深和现实生活境遇双重关照的方式来塑造阿訇形象的，从社会困境、历史变革、时代发展和民族文化认同中较为清晰地看到人性的复归和人的价值重新被认知、发现。在塑造阿訇这样的人物时，尤其注重其进业、承继和弘扬，但并不局限于日常生活、婚丧嫁娶和节日庆典及功拜。从满拉到进学为开学阿訇有一个严整而又漫长的过程，如尔撒满拉马存惠在最后是通过梨花湾清真寺的阿訇严格考察和推举，经寺管会成员研究决定才准予毕业，并举行隆重的穿衣仪式，这正如丁玉清的感知：他们之间不仅有"血缘亲情"般的交流，还有"文脉之气"的相通，如尔撒满拉马存惠的

---

① 李鸿然：《中国当代少数民族文学史论》（下），云南教育出版社2004年版，第671页。
② 查舜：《碎月万千》，中国文联出版社2012年版，第362页。

父亲马世明就是庄上的阿訇，而王智斋满拉是大阿訇李哈吉的弟子。在这两部长篇小说中，马存惠这个人物不仅侧重于本族文化的承继和发扬，同时也对民族的现状、发展前景等方面都有考量；而王智斋这个人物在民族文化、发展规划及学科建设等方面的问题，是具体的和长远的。如建议在大学公共课体系中增设各民族历史、文化和习俗等有关课程；同时举办大阿訇李哈吉关于伊斯兰宗教与文学经典汉译手稿展览，并受到国内外专家的好评，王智斋还写了《关于本民族现实与未来的思考》理论著作，在首章中写道，"作为一个具体民族的人，作为一个既不愿提倡民族主义，也不相信民族虚无主义的族胞"，① 要发扬三种精神：善于自律的精神、善于比较的精神和善于创新的精神。也只有这样，才能对具体民族的前景、整个国家的发展更有社会意义。由此，作者是"将宗教作为一种文化现象、文化积淀，作为一种民族性来表现，伊斯兰教的宗教生活的一部分已经演化为回族人民的风俗习惯，渗透在日常生活中"。②

关于杜石朴、高步清等人物形象塑造，在市场经济大潮中，作者并未将小说娱乐化、商业化，而是纵深展开对人、对人性的复杂性和丰富性的探索及对人的价值重新发现，在缺憾中不断发现人性的闪光点，在困境中展现信仰的力量，让人物保持着生活的鲜度和艺术真实。在塑造底层人物时，作者从人物所处的社会环境和时代境况出发，倾注更多的是善与美的人性力量。杜石朴作为队长，在特殊历史时期，不仅将梨花湾清真寺当作"四旧"拆除，还将十三队作为回族人养哼哼的试点，此时庄上的矛盾被视为阶级斗争的新情况、新问题，最终在这场冲突过程中海中山死亡，马存惠以反动头领蒙冤被捕入狱。杜石朴之所以这样做，既是为韩维民利用所致，也是时代裹挟下的政治悲剧。

十三队作为老大难，杜石朴面临着各种困难，除了盐碱耕地、梨园被毁等不利因素外，队里的生产资料、劳动收入和人际关系诸多问题都要克服，所以才有马存惠在教育海文时说的一番话，"杜石朴还算是有一定信誉和人际关系的人"，③ "其错误和罪过不少，有些是与他的生性有关，还有一些事某些人为了达到人家的目的，在利用他的耿直"。④ 这就让海文懂得学校教育和生产队集体所有制体制、社会现实有着很大的不同。作为队长，杜石朴家景过得比普通社员还穷乏，他为了开垦蚂蚱湖、蛤蟆滩盐碱荒地，不仅失去了儿子，还落下了病根；其次，为了从东山调拨羊老粪和苦豆子，多次向陈温让苦求，不得已将父母许过宰牲的羊羔给杀了；再者，给金氏的抚恤金，也是由韩家给

① 查舜：《月亮是夜晚的一点明白》，人民文学出版社 2007 年版，第 517 页。
② 李鸿然：《中国当代少数民族文学史论》（下），云南教育出版社 2004 年版，第 674 页。
③ 查舜：《穆斯林的儿女们》，阳光出版社 2011 年版，第 121 页。
④ 查舜：《穆斯林的儿女们》，阳光出版社 2011 年版，第 455 页。

女儿的彩礼先垫上的，并主动到马存惠、金氏两家主动和好、求得原谅，最后在孤独和忏悔中杜石朴为救麦尔燕而死。杜石朴的一生自有其局限性，这在很大程度上也是民族的心理因素、时代的困境造成的。在特殊历史时期，他为梨花湾的发展苦心经营，人性是复杂多变的，更多表现的是人的阶级性和社会性，在一定程度上还压制着真与善，人性中丑陋与褊狭的部分通过日常琐事、道德伦理呈现出来，社会价值和判断在一定程度上也削弱了其正义性和公信力。作者在塑造人物形象时，即便如高步清这个类于"多余人"的社会底层形象，也有意识地从深层发掘其卑微中被遮蔽的善良的部分，在其生存、成长的链条上营造更为广阔的空间，让生活中"不可能"成为"可能性"的艺术，给读者带来更大的想象空间和审美期待。高步清还参加了青年团队，由于他特殊的家庭境遇，身上还存在着狭隘、私利与投机的行为，被人嘲笑被人剪掉半只耳朵，但他踏实肯下苦，最后不仅收获了爱情，还参与了海文创办的清真食品厂和药厂的管理工作。可以说高步清的人生转变，既有个人追求、青年团队协作干事以及伊斯兰文化约束等因素，也是时代变迁的见证，重新获得人的价值、尊严，并诠释了人生在社会困境中奋斗的意义，也正是作者在这些方面的深层挖掘，人物形象才显得更趋真实和丰满。

《月亮是夜晚的一点明白》是根据中篇小说《月照梨花湾》框架进行再创作的，此前，李进祥的长篇小说《孤独成双》也是根据其同名中篇小说再次创作而成，就《穆斯林的儿女们》而言，也是在《归真》和《墓地与摇篮》的基础上几度创作，才得以完成的。阿訇王智斋、丁祥老人、丁玉清、纳素绢、李芬等人物形象已在读者心中固化，而小说中的沙一泉、费兆仁、董果和秀春等人物形象还略显单薄，其原因在于人物关系、矛盾构成方面所形成的艺术张力不够，也就是说费兆仁、沙一泉与丁玉清、李芬之间本身并不构成真正意义上的对立关系，而董果、秀春对丁玉清有一定的想法，但在可以说是"青梅竹马"的丁玉清与李芬之间也仅是陪衬而已。从另一角度讲，马二羔的形象却为情节的纵深发展与人性的复杂性与丰富性的展现提供更大的创作空间，因为马二羔与纳素绢构成了紧张关系，这不仅是出于自身原因，也是二者家境的不同所决定的，而作者的笔触直接将人性丑陋、原始性的部分揭示出来，正是丁玉清与纳素绢这两个人物所彰显的对家乡土地的热爱、人性之美以及对朴实纯粹之爱的追求，让其他人物也只能处于"被叙述"的层面。

海文、丁玉清这两个人物形象是作者倾力刻画的，有作者的自传色彩。作者笔下的青年一代扎根于西北这片黄土地，他们在特殊的历史时期逆境中成长，不屈服于命运，青春、梦想、尊严和价值在一代青年身上彰显出来，这是一部青年人的抗争史、奋斗史和心灵史。当我们真正踏入这片茫茫戈壁滩的时候，才能刻骨铭心地体味到作者对这些人物的热爱和思想情感的真挚付出。这两部小说因鲜明的地域性、民族性和时代性，以抒情性的语言为读者带来民族文化层面上的探索和审美愉悦，是独特而又丰赡的。

二、叙事结构与情节发展控制

长篇小说是一种结构艺术，创作的难度就在于对结构问题的处理，作者说，"长篇小说的写作，在很大程度上就是一种渐悟的过程，甚至也可以说，长篇小说就是一种渐悟性的体裁"。[1] 这里所说的"渐悟"，显然不单指思维或人物塑造及情节发展等方面的问题，更应指向小说庞大复杂的艺术结构，而小说一般意义上的结构是因人而设、因景而生，但这些还要通过叙事结构逐层展现出来。

优秀的小说家往往将主要人物的设定与矛盾冲突在小说的开首部分呈现出来，但从小说整体意义上讲，这种"开首"的统领需要有一个相对完整的情节链。《穆斯林的儿女们》通过前三章才完成了马华人赘、海文落榜以及预示着海文与杜英英、张丽丽之间今后的紧张关系，同时作者将小说最主要的矛盾冲突设定在开斋节这一盛大节日，而又以古尔邦节收束，其间的任何情节发展及人物之间的紧张关系都将在这两个"点"之间完成，这无疑显示出作者在叙事结构上的艺术匠心。《月亮是夜晚的一点明白》通过前六章确定了丁玉清与纳素绢订婚，丁玉清和李芬、马二羔之间的紧张关系，作者有意识地以"引子"为开篇，交代清楚大阿訇李哈吉与王智斋之间的关系，指明小说则以王智斋阿訇传承和弘扬伊斯兰文化为统领。这类小说"首尾"式结构控制论，就像在宽阔的河床两边筑起了牢固的堤坝，人物、情节、环境等所有的河流分汊都将复归于作者所建构的梨花湾世界，都将浸润在浓郁的西部民族风情中，以宏大的生活细节流展开波澜壮阔的人生画卷和时代诗篇。由此"梨花湾"构成了小说的隐喻，是其精神花园的象征，个体化的历史想象力也由此生发出来。

这种叙事结构控制显然有别于石舒清短篇小说采取的"主干为一朵红花，枝干上又分生出两片绿叶的结构方式"，[2] 也不同于石舒清的长篇小说常采取的花瓣式结构。查舜的这两部长篇小说总体来说采用了全聚焦叙事模式，小说的主体随着人物、情节的推进，又以讲述者身份进行穿插，将历史与现实融合为一体。而《月亮是夜晚的一点明白》的叙事结构，与法国小说家米歇尔·布托尔的长篇小说《变》[3] 相近，查舜的这部小说以描述丁玉清、李芬乘公共汽车的现在进行时态为框架，由讲述者以过去完成时态展开丰

①　查舜：《月亮是夜晚的一点明白》，人民文学出版社 2007 年版，第 538 页。
②　丁帆主编：《中国西部新文学史》，人民文学出版社 2019 年版，第 504 页。
③　《变》这部小说描写了一位法国男士乘火车去罗马接他的意大利情妇来巴黎定居，但中途改变了主意又乘车返回的故事，显然"车"成为小说叙事的手段。参见徐岱：《小说叙事学》，商务印书馆 2010 年版，第 224 页。

富多彩的人生故事，此为小说的叙事主脉。该小说还有叙事副线，就是丁祥老人在不同
阶段讲述杜家商队的故事，即回族从唐宋元明清直至中国土地改革实施这一时期为止的
发展历史，这两条线索如两条河流相互激荡又并行不悖，显然这也是伊斯兰文化文明的
发展史、传播史和融合史。若再从宏观上考察，这部小说的叙事结构模式又是《穆斯林
的儿女们》宏大叙事的副章，共同谱写成西北黄土高原回族人民生活的时代交响曲。若
从微观上考量，这两部小说采取"一枝多权"叙事结构，如《月亮是夜晚的一点明白》
的第 27 章"别再造怪"，以丁玉清与王智斋满拉谈"裁土"的事情为端由，王满拉开始
大段讲述伊斯兰宗教历史、文化的现状与当前认知，他认为宗教也是"另一种文学，它
的想象力，它的向善的因素，它的审美功能，是一些文学作品不可比拟的"，[①] 这是借王
满拉之口表达对伊斯兰宗教文化的深层理解，之后是大胡子姑爷杜凌云谈心，再后是纳
素绢搭话，最后是丁祥老人领着荣儿和秀丫过来，"老老小小几代人围坐在一起吃着西
瓜和干粮，喝着茶水，同时也还说着乐着"，[②] 同此，这类叙事结构模式在《穆斯林的儿
女们》中也有，如第 18 节"病痛之中"，先是郑世文来看他，鼓励海文学习、报考大学；
之后是马存惠大伯来看他，要反映生产队实际情况；再后是海文伯父伯母来看他，谈社
会体制问题，接着马华来看他，让海文体会到权力的重要性；最后是杜英英、麦尔燕也
来过海文家。这种由"一枝多权"的叙事模式，从一个小窗口切入来反映人们对现实生
活、时代变化的精神面貌，这样既为作者打开自由的创作空间，也为读者带来更为丰富
的信息量及审美期待。在《月亮是夜晚的一点明白》中还有一种叙事方式，作者对丁玉
清与纳素绢订婚娶亲的过程中，同样以多声部的形式叙述了丁玉清对李芬的思念，在情
感焦虑与矛盾冲突中推动着情节的发展。这种模式与张承志的《金牧场》《黑山羊谣》《海
骚》等小说相同，这种叙事模式让读者有足够的想象空间和审美视野，这就要求作者对
人物变化、情节发展方向有很好的控制力，并处理好人物之间的紧张关系。

　　查舜的这两部长篇小说在主体叙事上采取"讲述"的手段，这在时间链条上属于"过
去完成时"语态，由此在情节发展上还略有些削弱，代入感略显迟滞，尤其是在理性分
析大篇幅融入的情况下，让读者参与审美的空间变得相对有些局促。

三、现代性因子与民族文化审美价值

　　上世纪 80 年代，西方现代主义文艺思潮涌入，现代主义的审美方式融入到当时的
中国文学实践中，对人性、异化等问题开始批判与反思，对特殊历史发展时期的问题进

---

① 查舜：《穆斯林的儿女们》，阳光出版社 2011 年版，第 337 页。
② 查舜：《穆斯林的儿女们》，阳光出版社 2011 年版，第 344 页。

行纠偏与内省，这是作家的艺术职责。"如果能够深刻反思，我们的民族，就会更人道主义、更人性，更尊重生命、尊重他人"，① 查舜的创作就起于这个时期，《月照梨花湾》1982 年发表，该小说是回族作家写的反映回族人民生活的第一部中篇小说，② 而后《归真》的前半部 1985 年发表，《穆斯林的儿女们》（修订版）1988 年出版，被认为中国少数民族文学史上第一部回族作家创作的反映回族现实生活的长篇小说。

在西部少数民族作家中，查舜是具有开回族文学风气之先的作家，是具有现实主义精神的长篇小说作家。就现在来看，查舜的"梨花湾"系列长篇小说的社会影响、审美价值及其独创性，依然没有被超越，依然值得回族新生代作家借鉴、吸纳，作者在创作中有意识地融入了现代性元素，从他的大部分小说中，读者不难体会到作者的大胆尝试、渗透的真实艺术状态以及对文学的创新。作者在《阅读自己》中说，"在今天看来，我还是没有很好地抓住《月照梨花湾》那样的一个美好的起点和非常地道的创作路子。否则，我就会成另一个意义上的新我。"③ 试想，若真正按照《月照梨花湾》那样的创作手法，也就不会有小说形式与审美多样化的存在了，也就不会有备受争议的《拯救羞涩》，也就不会有反思人类自身局限的《局》和反映西北边地风情的传奇小说《青春绝版》，《穆斯林的儿女们》也将是另一种小说的样貌，由此，现代创作手法的运用和具有独立性、前瞻性的创作意识，才成就了这位优秀的回族小说家。

在查舜的长篇小说中，最明显的艺术特色是理性分析和心理意识描述。作者说，"有关理性在当今长篇小说中的重要性，我非但在包括这部长篇小说《穆斯林的儿女们》创作过程中反反复复地实践过，也曾在几篇文章中深切地呼吁过"。其实，很多外国小说都有那种"隐性而强大的理性建设或理性支撑"，④ 这种理性分析与同时期的作家路遥的小说有着明显的不同，路遥的小说是以密集的生活细节流之间的演绎，以情感抒写推动着情节的发展。这也与同时期的张承志的小说不同，张承志以其思想性、批判性而彰显，激荡着英雄主义情怀，但这三位作家都以不同的小说创作形式表达了与命运抗争，在社会与时代的困境中不断地摸索、成长，并实现了自我价值。关于小说的理性分析、心理意识的描写，实际上，在当时张贤亮创作的《绿化树》《男人的一半是女人》等小说中已较为普遍。其之后的《灵与肉》却是另一种范例，值得作家们反思，因为作者按原计划要写成五万字的中篇小说，为了适应刊物的要求而删去了关于理性分析、心理描写部分，

① 冯骥才、朱玲访谈录：《历史更需要反思，但我们做得不够》，《北京青年报》，2014 年 3 月 12 日。
② 参见宁夏大学回族文学研究所编纂的《回族当代文艺人物词典》，宁夏人民出版社 1989 年版，第 194 页；杨继国主编的《中国回族文学通史》（当代卷·下册）沿用了此观点。该部小说荣获第二届全国少数民族文学创作奖中篇小说奖，后改编为同名电视剧，在全国引起较大反响。
③ 查舜：《阅读自己》，《文学报》，1988 年 12 月 3 日。
④ 查舜：《碎月万千》，中国文联出版社 2012 年版，第 366 页。

仅这一部分就近两万字，在看似偶然性的创作中却让《灵与肉》成为当代短篇小说的经典。由此，理性分析、心理描写如何才能成为中国化的经验，并有效融入小说的肌理，是对作家艺术构思、审美取向等方面的极大考量。

牛学智认为当代长篇小说现代性叙事仍值得讨论的问题是，"在表现效果上用什么思想看待人，人的处境以及理解人的问题"，具有现代性意识的小说家以小说的形式、情感和人物形象特点发现了不同阶段中国个体在发展中的困难，且这种困难是"政治、经济学、社会学等无法完成又恰是文学得以施展本领的本质性问题"。① 牛学智论及的"现代性"，主要指向于社会机制、历史困境和社会哲学意义上的范畴，与社会、民族互为关照。在西部少数民族作家中，"苦难叙事"在当今还在延续，石舒清、季栋梁、马金莲等也都有这方面的代表性的作品。究其原因，这自有其族性与根脉，也是由特殊地缘、历史和文化习俗等因素所决定，但这类"苦难叙事"也有其面临的难题，尤其是在城镇化建设急剧加速、城乡身份彼此认同的情况下，传统意义上的村落乡寨、地貌风情等正悄然远离人们的视野，将成为心灵创伤与记忆中的一部分，这是时代的发展使然。在消逝、保护与开掘的过程中，创作的现代性意识也自然以特色的艺术形式涌现。

在上世纪 80 年代，查舜的小说就具有先锋意识，不断尝试小说上现代性的探索，尽管在小说中呈现的方式还显得有些粗糙或者说不够完美，但在激情中表达着作家的朴素的精神诉求和审美取向及大文化意义上的判断力与批判力，这无疑在当时是难能可贵的。作者在这两部小说中塑造的马存惠、丁祥、王智斋、杜石朴等人物，主要是为海文、丁玉清这一代青年人从社会、历史、民族、道德伦理、爱情人生等维度"讲述""道"与"理"的。在《穆斯林的儿女们》这部小说中，每当海文、丁玉清们需要维持生计或遭遇挫折、面对机遇或人生艰难选择之时，前者就要进行理性分析。如海文被张佐铭打之后，马存惠就以在牢狱中的亲身经历分析社会现实与当前的学校教育有着巨大的反差；当被从梨园赶出来之后，马存惠为他分析今后贩梨的营生，并鼓励他要重视文化学习，主要讲述伊斯兰文化的发展历程、前景，在日常生活和社会中的作用。此外，在县城集贸市场遇到郑县长时，郑县长也有大段的关于当前师资教育和宗教文化等方面的建设性的意见。在小说《月亮是夜晚的一点明白》中，王智斋满拉几次对丁玉清讲述关于民族文化的现状、发展和未来。但这类"讲述"有一个不可回避的问题，对于作者而言，是不吐不快，不仅需要考虑对象的身份、大语言环境，还要考虑控制理性分析的度。一般来说，理性分析消解了人物塑造的层次，它属于非情节因素，人物形象毕竟是由情节支撑的，这样难免有些生涩之感。显然，小说还应有更为优化的艺术呈现方式。如《月亮

---

① 牛学智：《双重审视》，作家出版社 2020 年版，第 183 页。

是夜晚的一点明白》中，丁祥老人为丁玉清讲述有关杜家商队的故事，若借鉴张承志的
《金牧场》（1987 年版）"多线并行"叙事结构，这样就要求由丁祥老人静态的"讲述"
方式成为动态式的"描述"，这样小说就成了三条线索交错叙事结构模式，这就要求作家
具有更为丰沛的想象力、洞察力，尤其是持续不断的创作激情。此外，这两部小说还运
用了魔幻手法，如杜石朴在忏悔中看到了儿子叶尔古拜，并为之展开心理独白；杜石朴
的二老在提念中看到了亡人海中山来到家中诉说；丁玉清从梦幻的云朵上望见大阿訇李
哈吉老爷等等。在现实与梦幻之间展开独白、对话或心理描写，为小说情节的发展、人
物内心世界的展现都起到了微妙的作用。

　　再者，回族作家的小说往往穿插花儿，或者说花儿是回族小说的鲜明的艺术特色。
在《穆斯林的儿女们》小说中随着情节的发展不时有花儿出现，在恋爱过程中，表达他
们之间的相思之苦，对美好爱情的期许；在婚姻阶段，以婚宴曲表达他们对幸福生活的
追求，甚至还略带有戏谑的味道。如高步清在东山坡对韩梅花唱的花儿：

> 想哩想哩常想哩，
> 想得眼泪唱淌哩；
> 眼泪打转双轮磨，
> 淌得眼麻心儿破；
> 肠子想成丝线了，
> 心肝想成豆瓣了。①

　　小说中的主要人物杜石朴与周凤莲、张佐铭与丁凤琴，他们在年轻时也是唱着花儿
恋爱的，在这里需要说明的是，尽管这两个家庭出现了爱情"错位"，而且这种"错位"
将有可能相伴一生，彼此之间的念想也只能掩藏在心里，即便对痴情的另一方也说过刻
骨铭心的话，甚至予以生命相抵，但他们也没有越过道德伦理半步。实际上这也是伊斯
兰文化对婚姻关系、伦理秩序和生活日常的基本约束，让人们保持着身体、灵魂内外的
清洁。而在《月亮是夜晚的一点明白》中，作者不时穿插自己创作的仿花儿体裁的歌词，
关乎爱情也关乎宁夏北部的山山水水，是对这片生养于斯的土地深情的赞歌。小说中大
量穿插六盘山花儿，无疑为该小说增添了浓郁的西部民族文化风情，是这一区域标志性
的民间文化符号。在西部，尤其是在物质匮乏的年代，生活的苦涩艰辛孕育出了心中的
花儿，不仅成为社会底层人物的精神食粮，还对人物塑造、内心世界的挖掘和情节拓展

---

① 查舜：《穆斯林的儿女们》，阳光出版社 2011 年版，第 386 页。

及审美价值等方面有着不可替代的作用，从宏观上讲，这也是回族民间文化的一种承载与传承。

四、结束语

"一个作家的文学质量，在于他对中国理解的程度，以及他实践的彻底性"，[①] 作家的价值、尊严、思想与情感表现在艺术形式之中，表现在对社会底层的反思，对历史文化保持着一定的警醒，这是作家的职责所在。无论时代如何变迁，坚持以人民为中心的创作导向不能改变。作家要以生命之力、前所未有的激情创作出无愧于这个时代的精品力作。

笔者认为，查舜的小说在西部文学发展史上有着鲜明独特的艺术特质，其所彰显的历史文化价值和审美范式为新生代作家群体提供了更多的艺术可能性和更为广阔的艺术前景。

（作者单位：邯郸市文艺评论家协会）

---

① 张承志：《求知》，花城出版社 2007 年版，第 448 页。

生命·语言·还乡

——刘亮程创作论

朱 乐

内容提要： 从《一个人的村庄》到《本巴》，从自我经验的表述到回望历史、关照当下，这不仅是一种写作范畴的扩大，更是某种生命经验的深化。刘亮程在西北书写西北，用一种游吟诗人的姿态致力于在熙熙攘攘的现代都市边缘搭建起一座灵魂栖息之所。本文将从"生命""语言""还乡"三个角度进入刘亮程的文学世界，即通过回溯作者人畜共居、万物等齐的生命哲学观，兼具梦呓与寓言特征的诗化语言，以及对语言暴力的质疑与挑战最终达到其方生方死，方死方生的生命愿景。

关键词： 刘亮程；生命；语言；乡土

被誉为"20世纪最后一位散文家"的刘亮程始终以某种游荡的姿态致力于在熙熙攘攘的现代都市边缘为灵魂搭建一处栖息之所。从散文集《一个人的村庄》《在新疆》到小说《虚土》《凿空》《捎话》《本巴》，作者的创作视角经由个人走向历史，但"诗意"仍然是进入刘亮程文学世界的关键路径。刘亮程在成为散文家、小说家之前首先是一位诗人。而这并非写作时间意义上的纵向身份或叙事层面的语言风格，而是指其诗人本质，一种近乎直觉①的原始神性思维②指引着刘亮程的文字，鬼话、呓语、驴叫、风声等交织而成的自然的声音替代了白天的语言成为黑夜的真相，不厌其烦地书写着"一片叶子下的生活"，其独特的时间感与空间感以某种靠近原始神话的叙事方式吟唱着穿越历史空间的史诗传说。19世纪，当德国诗人荷尔德林写下诗句"充满劳绩，但人诗意地，栖居在这片大地上"时将劳绩与诗意分成了两种建造，劳绩作为积累的限制与仰望星空之间

---

① 何英：《〈虚土〉的七个方向》，《当代作品评论》2007年第1期。
② 李晓华：《原始思维·诗意地栖居·现代焦虑——刘亮程心态散文浅析》，《当代文坛》2004年第3期。

构成断裂，而诗意则是由此至彼，由彼至此的生命循环。"诗意地栖居"实则是一种个体生命的自觉状态，即在天地人神之间寻找一种尺度，一种自在自为的生命状态，"神本是人的尺度"而非尺度之外。海德格尔通过诗为存在（亲在）命名，太初有诗，是诗意让人类先民安然栖居于大地之上，而诗人正是游荡于天地之间的秘密使者。存在呼唤语言，语言又因其含混多义承载妙道，故而诗思比邻。但语言在照亮存在的同时亦会遮蔽真理，老子曰，道，可道也，非恒道也，故庄子曰"得意而忘言"。与其说刘亮程的写作是一种文体实验，不如说是一支来自遥远异乡的安魂曲，那经过反复锻炼的文字是穿越了历史长河的北方幽灵，用铁的质地低声指引着灵魂的归途，在诗意的表达中探寻生命的奥秘。本文将从"生命""语言""还乡"三个角度进入刘亮程的文学世界，即通过回溯作者人畜共居、万物等齐的生命哲学观，兼具梦呓与寓言特征的诗化语言，以及对语言暴力的质疑与挑战最终达到方生方死，方死方生的生命愿景。

一、万物等齐的生命哲学

《齐物论》作为庄周哲学的代表篇目，开篇即以"吾丧我"引出了主体与自我的区分，即亚里士多德所说的物质与本质。以"我"为例，物质即恒久不变的固有实体，能够意识到"我"之存在的主体自我，而本质则会随着时间的流转发生改变，即"吾丧我"中能够被主体所识别的客体自我。主体的介入使得原本处于混沌的万物得以显现，也就是"夫吹万不同，而使其自己也，咸其自取，怒者其谁邪？"的天然"自取"之物转换为"非彼物我，非我无所取"中置于主体的视野之下的限制性物我之分。不齐之齐作为自然万物的原初状态在主体的智识判断下得以命名，于是有了不同主体之间的主体争夺，也就是"成心"（偏见）、"是非"的判断。主体间的意识显现造成了此、彼之分，构成了不同于自然之齐的第二层不齐。但庄子认为在超越相对的绝对天"道"之下，此与彼的区别实则是不存在的且可以转换的。"是以圣人不由而照之于天，亦因是也。是亦彼也，彼亦是也。彼亦一是非，此亦一是非，果且有彼是乎哉？果且无彼是乎哉？"是非之分不过是此彼偏见之下的个体认知，正如《秋水》中井底之蛙、夏虫语冰的隐喻，前者受制于空间的局限性，后者受制于时间的局限性，由偏见推导出的认知均是以差观之的结果。以物观之，则自贵而相贱，唯有以道观之，才会无贵无贱，因而并不存在所谓绝对意义上的区别。故而"天地与我并生，而万物与我为一"，即齐万物、齐是非、齐生死。

刘亮程的创作中暗含的正是这样一种朴素的齐物论理想，那里的太阳被黄沙梁的风吹得焦黄，没膝的黄土之上长着一截截坚实的断壁，空气里至今弥散着粮食与死亡的味道，荒芜的路上所有声音都将陷入黑暗并在梦中不断生长。在这人畜共居的乡村世界，做一头驴、一只狗，或者一棵树似乎与做一个人并无分别，人将动物命名为"牲口"，而在动物的世界中却不知如何命名人类①。命名似乎替代了自在成为存在本身，但自然是不需要名字的，正如劳动不需要名字，一头老牛，一朵花，一只鸟不需要名字一样。"名字不是人的地址。人没有名字也能活到老。"②名字的意义是一种客体的意义，仅存在于他者的世界。当一个名字被叫出来的时候便有了实体，也就是说只有被叫出来的名字才是名字。而那些未被命名的人或物，那些已然消散了的名字则意味着先于主体介入的自然混沌状态。有了名字则意味着有了归处，动物有了名字就变成了牲口，终生劳碌，人类有了名字则意味着融入了某个群体，有了存在的证据。所谓名不正则言不顺，名字是身份的合法引用，与语言一同创造却制约着人类。正如《捎话》中以二元对立形态所呈现的姓名组合，妥和觉，乔克和努克，毗沙与黑勒，昆与天……主体在他者的映衬下构建自我，从而经由想象界进入象征界，接受语言世界的秩序支配。但以否定他者为前提建立的主体实则只是一种叙事视角的变更，即以"我"和"你"替代"我们"成为唯一存在，以语言为武器阻断了那座通天的巴别塔。于是，当西部的黑勒人听说毗沙国修了一堵高墙时便建造了一堵更高的墙。接着，国恨变家仇，家仇又变国恨，直到后来再也没有人记得最初引起战争的原因。

程乐松在解析《齐物论》中的自我形态时曾说道，不齐向齐同的再次回归正是源于自我在相对视野下对于其有限性的自觉认识，主体间的视角转换使得自我认知向万物视野扩张③，从而构成某种主体间性的沟通与对话。将万物标记上"我"的名字，将天空中的云当作我的云，将一棵树的死亡当成我的死亡并不意味着这是一朵属于我的云，一棵属于我的树，而是一种空间意义上的生命延续。于是，"从每个动物身上我找到一点自己。渐渐地我变得很轻很轻，我不存在了，眼里唯有这一群动物。当它们分散到四处，我身上的某些部位也随它们去了"④。但人的傲慢之处就在于习惯用自我的尺度衡量世间万物，自以为参悟了世界的奥秘，实则思考的仍然是人类自身的命运，主体无限膨胀，挤压万物，天地之间只剩下一个空荡荡的我，在漫长与孤独中行走，曾经人畜共居的家园却早已变成了由钢筋混凝土铸成的人的洞穴。因而刘亮程曾写道，真正的孤独不在狼群里，而在于人群之中。现代化的感召引领无数人奔向城市，但孤独与焦虑却始终如梦魇般困扰着现代人的精神世界。村庄是为世界托底的盘古四肢，是故乡的物理形态，是我的未来，祖先的过去，是生老病死也是生生不息，却因步子太慢落在了时间的后面。

---

① 刘亮程：《人畜共居的村庄》，《一个人的村庄》，春风文艺出版社 2006 年版，第 47—49 页。
② 刘亮程：《劳动是件荒凉的事》，《一个人的村庄》，春风文艺出版社 2006 年版，第 58 页。
③ 程乐松：《物化与葆光——〈齐物论〉中所见的两种自我形态》，《中国哲学史》2020 年第 3 期。
④ 刘亮程：《通驴性的人》，《一个人的村庄》，春风文艺出版社 2006 年版，第 7 页。

如今"我们分散在外；留下父亲孤零零的墓碑"⑤，那条曾被我们走熟的老路正在慢慢消失①，当远方的游子乘着夜色归来却再也无法在天亮前走进村庄，直到多年以后，我们才再次听到奶奶的呼喊声②。但这并不是一声叹息，而是一场哀悼，刘亮程的乡村哲学用文字的力量在家园荒芜之后将其复活，并在遥远的新疆搭建起了实体意义上的诗意家园③。这是一个人的村庄，也是万物的村庄，在这里，人类将和尘土一起衰老，在这里，时间的敲击也没了声响。在刘亮程的笔下，再微小的事物也会被写得惊心动魄，作者在《我改变的事物中》曾塑造过一个忙忙碌碌的村庄闲人形象，他终日扛着一把铁锨试图改变一只虫子的命运，追赶麻雀的足迹④，这是一种慢的乐趣，以乡间小调式的重复节奏不急不躁地耕耘着属于自然与土地的艺术。于是，时光蹉跎也成了褒义，不再有"花开花落终有时"的哀婉叹息，只剩下"一花一世界，一叶一如来"的妙悟，而听见一片叶子下落的声音正是进入刘亮程文学世界的法门之一。

二、声音世界与语言暴力

刘亮程描述过自然界各种各样的声音，驴叫是红色，激越昂扬直通天际，狗叫是黑色，属于夜晚的闯入者，羊叫是绿色，青草伴之生长，鸡叫是白色，叫亮了天⑤。机器的声音没有颜色，因为它没有灵魂，而人的声音则是比黑夜更沉的黑，里面竖满了高墙。小说《凿空》以声音为切入口描绘了现代工业对乡村生活的冲击图景，但这并不是一次开拓，而是人类欲望对自然神性的吞噬历程，轰鸣的机器声从四面八方涌来，挖空了祖先的墓穴也凿乱了人心。铁牲口三轮车、拖拉机替代了驴成为村庄里新的交通工具、劳动帮手，打破了人驴之间原本密不可分的依存纽带，和驴的告别是对乡土时间的告别，而万驴齐鸣的撕裂声则是面向大地的悲怆哀悼，是对人类发出的最后警告。因为那些原本骑在驴背上能想明白的事情，人一旦坐上了机器就全糊涂了。在刘亮程的文学世界里，声音和语言分属两个维度，现实世界中，语言似乎高于自然界的声音，它更为清晰，所传递的信息也更为复杂，但在灵魂的世界里，语言则是比尘土更重的存在，压着灵魂匍匐于地面。

⑤　刘亮程：《小村》，《晒晒黄沙梁的太阳》，新疆青少年出版社 2007 年版，第 6 页。
①　刘亮程：《我们不去走那条路就荒掉了》，《晒晒黄沙梁的太阳》，新疆青少年出版社 2007 年版，第 155—156 页。
②　刘亮程：《最后的夜晚》，《晒晒黄沙梁的太阳》，新疆青少年出版社 2007 年版，第 157—158 页。
③　目前已有数十位艺术家落户于新疆木垒县的自然村菜籽沟，重新捡拾了人们丢掉的乡村生活。
④　刘亮程：《我改变的事物》，《一个人的村庄》，春风文艺出版社 2006 年版，第 4—6 页。
⑤　刘亮程：《凿空》，江苏文艺出版社 2018 年版，第 1 页。

自然万物的声音有形有色兼具诗意与神性，在虚空间维系着世界的联结，其中，驴的叫声最为绚烂。"驴叫像一根根柱子顶天立地，像一道道彩虹拱起苍穹"①，"驴叫把鸡鸣压在草垛下，把狗吠压在树荫下，把人声和牛哞压在屋檐下。"②"驴叫从空中把诵经声盖住，传不到昆那里。"③驴叫是芸芸众生的摆渡人，当语言和真理受到普遍质疑时，是自然的生命力承担起了为人类引路的重任，呼唤着远方的游子魂兮归来。驴叫是人间传向天庭的圣音，如同支撑天地的不周山用不知疲倦的声音撑起苍穹不至于坠落，零落的魂灵乘着它飞向天际，完成生死之间的大循环。正如小说《捎话》中背负"捎话"任务的一人一驴，库与谢。在库的生命尽头，引领着库那早已破败的肉身继续前行的正是小母驴谢天真而倔强的目光。谢的声音就是"光"，是照亮黑夜的唯一通道，即使在满是鲜血和混乱的现世也会藏在库的喉咙里，支撑着库的魂灵不至于坍塌和堕落。终于，当那高亢圣洁的驴叫轰轰烈烈般冲破身体时，便架起了一座通向天庭的彩虹，所有语言在瞬间埋藏。由于刘亮程赋予了"驴"浓厚的神性意味，那么驴叫对语言的超越便带着某种神启般的叙事企图。例如库的师傅在说完了脑子里的所有语言后发出的最后一声却是"昂叽昂叽"的驴叫，在生命的终点唯有高亢的驴叫才能传达灵魂的声音，那也是自然留给心灵最后的声音。再如《捎话》的最后一节《降生》中，库的灵魂依附在一头大公驴身上奔向了小母驴谢，从而奔向了世间的另一场生活，奔向了生命的大循环。

相较于自然、神性的声音世界，人类的语言却是一种暴力和掠夺，黑夜般阻碍着灵魂与灵魂的沟通。所以在小说《捎话》中，当小母驴谢带着刻满"真言"的身子到达天庭门口时，守门人却说："上天从没给过人什么经，都是人编的，你快扔回到人间去。"刘亮程以毗沙与黑勒之间的"捎话"为开始，以所捎之话实为虚妄为结局，其中隐喻的是人类对世界自以为是的阐释的荒谬所在。桑塔格说，"阐释是智力对艺术的报复"，"还是智力对世界的报复。去阐释，就是去使世界贫瘠，使世界枯竭——为的是另建一个'意义'的影子世界"。④世界本不需要阐释，只有人类需要。阐释让世界变得确定却干枯，因而每一次阐释都将成为一次新的背叛。而现代人早已落入了语言的圈套，随着能指与所指的分离，信息的不对等让心灵与表达的距离愈来愈远。正如想要照亮世间的《昆》经却在翻译的过程中无一例外地被扔进了语言的黑洞，不同的语言和翻译指代的是人类内部的裂痕和分歧，不同的阐释只是在为不同族群的虚假构建提供武器，并尽量让它看起来逼真，最好混淆真理和阐释的距离。但，什么是真理？尼采说，"真理是人们忘记了

① 刘亮程：《凿空》，江苏文艺出版社 2018 年版，第 274 页。
② 刘亮程：《凿空》，江苏文艺出版社 2018 年版，第 1 页。
③ 刘亮程：《捎话》，译林出版社 2018 年版，第 6 页。
④ ［美］苏珊·桑塔格：《反对阐释》，程巍译，上海译文出版社 2018 年版，第 9 页。

它原本是什么的那些幻象。真理，是缺少感性的隐喻。真理，是那些由于图像模糊而被人当作金属的硬币。"①所谓真理以幻想为名保护众人忘却悲惨生存，实则与谎言无异，是与酒神精神相对的僵硬神话。唯有艺术的自然阐释才能在真理的废墟之中经由解构创造生机。尼采的观点启发了德里达对于语言的思考，并由此质疑二元对立模式的粗暴等级制，试图从"差异"入手打破非此即彼的两难境界。因而，德里达说，所谓真理不过是一种仅此而已的语言②。

　　语言的界限以排他性暴力为载体划分主体与他者的生命价值，筛选符合主体话语体系的"标准人类"，从而抹杀他者的存在真相。朱迪斯·巴特勒在谈到9·11事件对世界政局的影响时，以"哀悼"与"暴力"为切入点批判了霸权政治如何以限制性的人类概念对可哀悼主体进行规约的话语策略，同时探讨了"失去"的意义，即脆弱不安作为人类共有的根本属性，成为个体并非某种结果而是一个过程，在此过程中我们无法阻碍自我受到他人的影响并对此无能为力。但拒绝哀悼并以暴力形式捍卫自我主体的意图只会导致永无止境的暴力循环。因而真正的"文化翻译"必然以打破自我语言为出发点，才能理解主体与他者之间的依存关系，也就是理解人类的脆弱与局限，注视那些不为我所熟知的面孔。于是，"失去"成为一个契机、一种天赋，正如《捎话》中盲昆门能够看得见鬼的天赋。在西方文学传统中，盲人常常与先知、圣人、女神或者英雄等形象紧密相连，如《俄狄浦斯》里的先知忒瑞西阿斯，《金驴记》里双目全无的女神，而耶稣在耶路撒冷受难时也是蒙着眼睛的③。盲昆门的形象显然带着某种先知式的隐喻，他失去的眼睛是世人的无明，同时又以外在世界的黑暗对照内心世界的光明，最后的死亡则是以最壮烈的方式走到了"毗沙城"。而真正意义上的"捎话"同样是从语言的失去开始，当库的那条会说一百种语言的舌头终于腐烂，他体内的"驴性"得以觉醒。驴的天庭在地上，驴是上天和人间的捎话人，只有驴叫是不需要翻译的，因为"上天早已将要说的话写在驴心上"，而所谓唯一真经的存在不过是人类编织的神话而已。

　　刘亮程说作家都是见过鬼的人，文学艺术实则是一种招魂术④。这不仅指某种黑夜中摸索前行的创作状态，更是对灵魂与自然的敬畏心。乡村生活拥有丰富而绚烂的鬼神想象，鬼故事替代了童话故事陪伴孩子们进入漫长而神秘的夜晚时间，黑暗中所有的声音都将变得巨大，窗外鬼影幢幢，即使有着房屋的庇护，活着的人们依然胆战心惊。"鬼话"是对死亡的伟大创生，同时揭露了那些可被看见的现实并非生活的唯一真相，是艺

---

① 赵一凡：《从胡塞尔到德里达 西方文论讲稿》，生活·读书·新知三联书店2007年版，第374页。
② 赵一凡：《从胡塞尔到德里达 西方文论讲稿》，生活·读书·新知三联书店2007年版，第374页。
③ 汪耀进：《盲人与悲剧》，《文艺研究》1986年第3期，第91—96页。
④ 刘亮程：《作家都是见过鬼的人》，《把地上的事往天上聊》，译林出版社2019年版，第279—282页。

术对生活的多元阐释。在马不停蹄的生命历程中，刘亮程却将视点聚焦于死后的灵魂世界并赋予死亡花朵般绽放的灿烂色彩，不遗余力地延长、渲染死亡的形状。原本势不两立的人群在变成了鬼魂之后反而走向了和解，比如头和身体被错缝在一起的毗沙将领"妥"、黑勒士兵"觉"，以及天庭里带着箭头说说笑笑的乔克将军和那些被他杀害的敌国士兵。浮生一梦，死亡是人类的共同归处，灵魂经由死亡完成了面向他者、面向自我的大和解。正如庄周梦蝶的寓言故事，不知周之梦为胡蝶，抑或胡蝶之梦为周。在其最新小说《本巴》中，齐物式的合一理念则体现为时间的循环，现实与梦境的混淆，生死之间的跨越。刘亮程将文学称为招魂术，旨在在物质世界外建立一个由鬼话、呓语、梦境组成的灵魂世界，因而说"文学是做梦的艺术"[1]。梦境以混沌的方式弱化自我，将灵魂交付于想象和潜意识，在虚妄之间召唤真实。《齐物论》开篇便说"丧我"，结语归于"物化"，"丧我"即摈除我见，"堕肢体，黜聪明，离形去知"以达到物我具化的坐忘境界，物化则在于打破是非、真假、物我之间的顽固界限，进而齐万物之不齐之齐。这是一种由实向虚的生命关照，所谓虚而待物、澡雪精神。"静则明，明则虚，虚则无为而无不为也。"（《庄子·庚桑楚》）"惟道集虚，虚者，心斋也。"（《庄子·人间世》）故禅宗云，不立文字，以心传心，"一切诸法离文字故，非不随义而分别说"[2]。正如刘亮程作品中对语言的思考：多一重语言，世界就会多一重黑夜。

三、还乡：为死亡创生

"还乡"作为中国文人的经典叙事母题，不仅在于实存意义上"羁鸟恋旧林，池鱼思故渊"的家园意识，更是某种基于现实人生的哲理性思考，也就是我们常说的"安身立命"之法。此外，文学语言意义上的还乡还存在着以下两种意图，一是借由文字为灵魂创建栖息之所，即在现实与幻想之间搭建一座轻盈的艺术桥梁，二是海德格尔笔下的诗语本质，诗为存在命名，即诗语以其含混多义的有限表达无限接近不可言说的奥妙之所，如同海德格尔对于艺术品的定义，与工艺品的不同之处就在于艺术品是真理的注入，它"开启了一个世界，又把这世界重新放回大地"[3]，艺术的"返乡"是一种重回古希腊精神的古典启示。

1998 年，散文集《一个人的村庄》的出版引起了国内文坛的广泛轰动，一方面在于作者干净考究的语言表达，一方面在于其反思现代性的生存意识。远居边疆的刘亮程无

---

① 刘亮程：《文学是做梦的艺术》，《把地上的事往天上聊》，译林出版社 2019 年版，第 37—48 页。
② 原文出自《大乘入楞伽经》，转引自章太炎《齐物论释》，崇文书局 2016 年版，第 6 页。
③ 赵一凡：《从胡塞尔到德里达 西方文论讲稿》，生活·读书·新知三联书店 2007 年版，第 156 页。

意继续渲染某种诡谲奇特的西部经验，转身走向一个人的村庄，一片树叶的生命，为嘈杂的都市生活提供了一种宁静的想象方式。不同于五四文学以来"出走"与"还乡"的启蒙主题，抑或是"达则兼善天下，穷则独善其身"的修身之法，刘亮程笔下的"还乡"兼具地理范畴与精神救赎两种意义，是个体灵魂的唯一归处，但开启它的钥匙并非主体生命的焦虑或死亡威胁，而是他者的面孔。因而，作者写道："当我抱你到马车上 / 一路听你漫长而荒凉的心跳 / 这样多少年小英 / 我吆喝着老马 / 在一条荒凉的古道上 / 运送你做梦的身子回家。"①刘亮程执着地要带每一个异乡人回家，从早期的诗歌创作到后期的散文、小说，如此热烈的盼望始终贯穿其中。他用文字为每一次死亡创生，将他人的死亡变成自己的死亡，他人的杀戮变成自己的杀戮，他人的罪恶变成我的罪恶，当然这并非某种心理层面的共情体验，而是面对人类命运的孤独思考。所要返回的是一条混淆了梦境与现实、万物与我、瞬间与永恒的心灵小径，这既是一条背对城市，通往家乡的乡村小径，也是一场自我找寻的归途，它的终点也是起点，直到方生方死、方死方生。

　　以小说《捎话》为例，其中书写了众多的死亡，密密麻麻，鬼气森森。小说中的死亡拥有层层叠叠的色彩，它让人们摆脱了肉体的沉重与偏见学会飞翔，终于走向和解与生机。但同时，死亡也是残酷的。死亡的真正残酷之处并不在于暴力与杀戮，这不是一次血腥的狂欢，死亡的残酷在于它的无意义，正如同所谓战争最终演变成了一场场收集人头的集体劳动。如果说死亡是终点，那么关于死亡的书写则是以幻想为形式重塑记忆，唤醒生命。写作是一次朝向未来的绽放，对生命的愧然姿态则是支撑这次重写的力量源泉。我们必须区分"愧然"与"怜悯"的不同，当阿多诺写下"奥斯维辛之后，写诗是野蛮的"时，试图批判的正是此类傲慢的抒情。面对死亡，怜悯与无视都将等同于野蛮，这里的野蛮并非指向某种前现代生活，而是现代文明的产物。它与遗忘无异，被剥夺的正是人类哀悼的权利。什么是死亡？博尔赫斯写道："死者一无所在 / 仅仅是世界的堕落与缺席 / 我们夺走它的一切 / 不给它留下一种颜色，一个音节"，因而"死者不是一位死者；而是死亡"。②死亡掠夺了个体的任何属性直至意义荒芜，而操纵它的主体正是"我们"，这首诗的题目叫《愧对一切死亡》，死者被"我们"夺走了"一切"，"我们像窃贼一样已经瓜分了昼与夜的惊人财富"。"愧对"本应是我们唯一的姿态，但面对他者的面孔主体却不断陷入话语迷宫。伊曼纽尔·列维纳斯认为他者的面孔是一种前语言的表达，它通过痛苦的背影凝视"我"并向主体提出伦理义务。于我而言，极度脆弱与毫无防备

---

　　①　刘亮程：《送你做梦的身子回家》，《晒晒黄沙梁的太阳》，新疆青少年出版社 2007 年版，第 132 页。
　　②　［阿根廷］豪尔赫·路易斯·博尔赫斯著：《愧对一切死亡》，《博尔赫斯诗选》，陈东飚译，河北教育出版社 2003 年版，第 14 页。

的他者面孔,既激发了杀人的欲望,又传达了和平的要求:"不得杀人"①。对生命脆弱不安的理解在于直面与主体相对立的他者面孔,但这不是一次动态的平衡,而是伦理层面的质询与两难选择。正如同杀人的欲望与不得杀人的禁令。所谓文明话语下的"人性"与"非人"都无法为人类代言,理解他者的面孔并不在于给予这张面孔一个确定的悲惨形象,这只会导向同情或恐惧。正如朱迪斯·巴特勒所说,真正的文明要从打破霸权话语的垄断开始,面对死亡,我们需要的并非暴力与区别对待,而是给予哀悼权利。

刘亮程将死亡描绘成一场漫长的梦境,冷静的笔触下掩藏着大地般的古典式情感,他将死后的时间写得漫长而瑰丽,为死亡创生即为死亡寻找归途,为活着的人创建家乡。因而作者笔下的驴叫——作为自然绝对精神的象征不同于莫言小说中那种"悲怆的、恶的、创伤性的"②父本母题,创造生命同时掌控生命,拥有统治与毁灭的绝对权力,而是带着某种鲜明的生态主义色彩,大地母亲般包容着一切罪恶和苦难,是生命的源头也是灵魂的最后栖息地。正如海子在《莫扎特在〈安魂曲〉中说》写道,"我所能看见的妇女 / 水中的妇女 / 请在麦地之中 / 清理好我的骨头 / 如一束芦花的骨头 / 把它装在琴箱里带回"③。正是一头头驴驮回了身首异处的战士,用灿烂的驴叫在人间和天堂之间搭建了一道彩虹让沾满鲜血的魂灵重归安宁。刘亮程在小说《捎话》中想要捎去的正是误解、毁灭、纷争之后的希望,作者将"保护众人"的梦想寄托在自然母亲的身上,试图以一种返回前现代的壮阔姿态对抗现代的蛮荒与自大,用自然生命的恒久时间唤醒傲慢的人类。正如刘亮程通过文学虚构架空的历史故事,也不仅仅是过去的问题,而是今天我们共同面对的问题。对立、纷争甚至是杀戮,不断前行的人类反而丧失了理解生命的能力,并试图以一种拙劣的语言为自己的暴行辩解。《捎话》以出走为开始,寻找为结局,而寻找的旅途又是一次又一次没有终点的出走。那些逝去的生命,掩埋在尘土中的语言是游荡在人类历史长河中的不灭幽灵,护送每一个孤独的灵魂还乡正是作者为死亡编织的又一重梦境。

小说《本巴》以蒙古族英雄史诗《江格尔》为创作题材,延续了《捎话》中关于"灵魂归乡"的哲学探讨。无尽的战争、迁徙、宴会描写引领读者深陷小说的叙事循环,仿佛掉入时间的迷宫,又好似闯进无意识的梦境深渊。作者将已然遗忘的故乡作为打破梦境闭环的出口,所谓"历史"经由说唱者的反复讲述终于获得实体,联结起过去与现实,个人命运与族群史诗。而这里的故乡有如梦境不但指向真实的部族栖息地,更是哲学意

---

① ［美］朱迪斯·巴特勒:《脆弱不安的生命哀悼与暴力的力量》,何磊、赵英男译,河南大学出版社 2016年版,第 213 页。

② 陈晓明:《"歪拧"的乡村自然史——从〈木匠和狗〉看中国现代主义的在地性》,《文学评论》,2017 年第 1 期。

③ 海子:《莫扎特在〈安魂曲〉中说》,《海子经典诗全集》(上),江苏人民出版社 2019 年版,第 184 页。

义上的精神家园，因而在小说的最后，叙事以回归的方式走向未来的时间循环："洪古尔说，你回去时，外面世界又是你隐约听见的一个梦了。所有的人、牲畜和枣木，都在这个梦里，不会失去。"①从《一个人的村庄》到《本巴》，从自我经验的表述到回望历史、关照当下，这或许是一种写作范畴的扩大，但笔者更愿称之为生命经验的深化。西部作家刘亮程仍然在西部书写边地的生活与历史，在这个"人类文明遥远的家园"②创建人畜共居的理想家园，用一种缓慢的叙事节奏于荒芜与荆棘之间开出一朵嫩黄的沙枣花。在这里，万物等齐，大地厚德载物，生命安时而处顺，时间和语言仿佛停止了焦急的钟摆，终于，所有的死亡都将变成又一次新生。

（作者单位：兰州交通大学文学院）

---

① 刘亮程：《本巴》，《十月》2020 年第 5 期，第 188 页。
② 刘亮程：《近悦远来：新疆是人类文明遥远的家园》，《把地上的事往天上聊》，译林出版社 2019 年版，第 227—232 页。

访 谈

长安文化的诗性表达与有效传播

——朱鸿教授访谈录

张　聪　朱　鸿

　　青年学者张聪博士，执教于西安外国语大学新闻传播学院。朱鸿为陕西省作家协会副主席、陕西师范大学长安笔会中心主任、文学院教授，几十年致力于散文创作。2021 年冬日的一个下午，朱鸿教授回答了张聪博士关于散文创作的若干问题，依习惯，谓之为访谈吧！

　　张聪：朱老师您好！非常荣幸能够采访您，并分享您的关于散文创作的经验。关注您的散文已经有很长的时间。您的散文创作始于上世纪 80 年代初期，至今有四十余年的历程了。从创作题材来看，您有《朱鸿散文选》《爱之路》《西楼红叶》《白原》《药叫黄连》《放弃》《人生的爱与智》《退出》等性情性灵类散文，有《夹缝中的历史》《西部心情》《大时代的英雄与美人》等思想随笔，有《关中踏梦》《长安是中国的心》《长安：丝绸之路的起点》《长安与关中》等文化类散文。您的作品深受读者的喜爱和学术界的重视，多部散文集获得各种奖项并再版。像散文集《西部心情》获得过首届冰心散文奖散文集大奖，并被中国青少年素质发展论坛工作委员会推荐为必读之书；散文集《夹缝中的历史》被收录"上海著名中学师生推荐书系——影响我高中时代的一本好书"，再版近 40 次了；散文集《关中是中国的院子》，荣获首届陕西图书奖等等。据我的统计，截至 2017 年，您以长安为题材的散文集被全国 100 家以上单位图书馆收藏的有：《夹缝中的历史》《西部心情》《长安是中国的心》《关中：长安文化的沉积》《大时代的英雄与美人》《长安新考》《长安：丝绸之路的起点》等，其中《大时代的英雄与美人》被 377 家收藏，《关中：长安文化的沉积》被 260 家收藏，《长安是中国的心》被 208 家收藏，其数量远远高于同时期当代散文集的被收藏量。从传播学的角度来看，您的散文已经不单纯是一个创作行为，更是在舆论传播和口碑传播中成为媒体参与、读者互动的社会文化现象，您的散文作品也有进入教材的，共同实现了对长安文化的传播以及当代文化思潮的构建。请问，您还记得自己发表第一篇散文是在什么时候，写的是什么吗？

朱鸿：我的第一篇散文是《花魂》，发表在 1981 年 1 月 2 日《西安晚报》《曲江》副刊上。1980 年夏天，是我读大学的第一个暑假，没有回家。有一天晚上，在灯光球场看了昙花，联想到正在全国讨论的人生问题，忽有灵感，写了此文。第一句话："昨天晚上，我欣赏了昙花，发现了那闪光的花魂。"最后一句话："我不禁想到：生命的价值在哪里？我总认为，即使光彩夺目的一现，毕竟胜过碌碌无为的百年！"当时 20 岁，写竟，抄在格子纸上，装进信封，投入陕西师范大学门口的绿色邮箱。到了 1981 年 1 月 2 日晚上，大约二十三点左右，自习结束，回到宿舍，一个同学说："朱鸿，你的散文发表了！"初还惊疑，至别的宿舍找到报纸一看，才知道这是真的。《西安晚报》创办于 1981 年 1 月 1 日，当天没有《曲江》副刊，2 日才有，所以拙作是西安晚报历史上第一篇散文，一个大学一年级学生写的作品，至今我还不知道是哪个编辑发现此文的。

张聪：浓厚的人文情怀和真率自然的表达方式是您散文的基本特征，尤其是性情性灵类散文，常常是直抒胸臆，尽情展现生命的自由精神和对现实的关切。作为一个知识分子型的作家，您的文学理想是什么？您的哲学专业背景、文学编辑和大学教授的职业生涯，对您的创作有影响吗？

朱鸿：我的文学追求也有一个变化过程。创作发轫之时，无非是确保真实的表达，这一点，我做到了。随着文学视野的开阔，又观察到当代一批著名作家在其产生了巨大影响之下遗憾地显露出的某种失败，我调整了自己的文学理想。我以为，文学仅仅真实并不够，自然主义就包含了真实。文学是艺术，是审美的，欣赏的，遂对题材要严格取舍，在不失真实且不失丰富的状态下，应该通过自己的表达，以最大限度地让善弥漫，让爱浸润。作家必须是艺术性的思想家，并对世人负有责任。我很惭愧，是哲学学士。当然，有了这样一个专业背景，也能催促我一再打破精神的天花板，使灵魂通天。思辨颇为快乐，我喜欢思辨。我做过十八年编辑，这项工作的经验用在创作上，就是要高度重视语言。十分荣幸，语言学家沈家煊和姚振武都注意到了我的散文语言，我的表达探索，有他们的论述。当老师也增加了创作的一种优势，它鞭策自己要"学者化"，虽然这也未必要写论文。作家不但要"学者化"，而且要思想者化，这是我多年的主张。

张聪：您的许多思想随笔是站在现代文明的立场，对历史事件和历史人物的反思与分析，如：《夹缝中的历史》中有一篇《胯下奇耻》，文中质疑了韩信大丈夫能屈能伸的智慧，而强调"士可杀而不可辱"的理念，强调生命尊严比"活着"更为重要。《在李仙慧墓壁画记》一文中，同样也对传统的性别角色和性别定位做出新的评价与解读。您可否谈一下创作这类散文创作的初衷和深意？

朱鸿：我有相当多的散文是以历史人物和历史事件为题材的，这类作品，论者或谓之文化散文，历史散文，不过我以为是思想随笔。顺便指出，以历史人物和历史事件为题材，并非不是正道，司马迁、莎士比亚、王尔德，无不如此。莎士比亚不但选题材于历史，而且还选英国以外的历史题材。我在《夹缝中的历史》中所选择的原型人物皆是我怀有浓厚兴趣的非常人物，所以要追踪他们，看一看他们曾经生活或死亡的地方。我赴鲁，入曲阜，观瞻孔府；至燕，过易水，环残损的荆轲塔徘徊数个小时。三抚霍去病墓石刻，两登司马迁祠，体验苏三监狱之邪毒，在景山上俯瞰空寂的故宫，想象明朝末代皇帝的绝望。我曾手按山海关长城的灰砖，远望北方茫然的大地，一遍又一遍地问：神州大地，你到底曾上演了多少悲剧？我爱你爱得心疼啊！《夹缝中的历史》是一部完整的关于思想的书，它将无法产生续篇。时代在变，然而人性难变，心理难变。我的兴趣在此，且要以古通今。《胯下奇耻》一文，通过对韩信钻过屠夫胯下的叙述和分析，表达一种死生观和价值观。俗话说："好死不如赖活着。"显然赞同苟且偷生。不过中国文化中也有死义、死节和死士，若必要，死又何妨。我的基本观点，我记得是这样的："我敬仰这样一种人，他千方百计，甚至不惜生命也要维护自己的信仰，维护自己的自由，维护自己的爱。这样的人不仅仅是活着，重要的是他尊严地活着。"什么是重于泰山之死，什么是轻于鸿毛之死，这是关键。我在其他散文集中写到了关于唐玄宗和杨贵妃的作品，那是我 32 岁时所写的。现在我有了一个新的创作构思，尚未成章，允许我先保持沉默。

张聪：进入 21 世纪以来，您的创作转向了"以长安为宗旨"的文化散文创作上，出版了《关中：长安文化的沉积》《长安是中国的心》《长安：丝绸之路的起点》《长安与关中》等一系列叙述和研究长安的文化散文，这些散文以深刻的洞察力和敏锐的感受力，捕捉和描绘关中大地的风土人情和人生世相，梳理贯通发生在长安历史上的重要人物和重要事件，艺术地表现了长安文化丰富复杂的精神内涵。作为生于斯的长安人，是什么理念使您把长安作为自己的创作资源的？

朱鸿：1991 年，我创作系列散文《关中踏梦》，1994 年，此书由四川文艺出版社出版。实际上长安和关中是一体的，不管是在地理上，还是在历史上，或是在文化上，它们皆融为一体。不过我仍认为，以长安为宗旨的创作是从 21 世纪开始的，是从《长安是中国的心》开始的。创作《关中踏梦》，当时只是希望改变创作的题材，从性情、性灵类散文创作转向大千世界。从 21 世纪开始，也就是在思想随笔《夹缝中的历史》出版以后，我的目光开始深情且专注地打量长安。十三朝国都，固然历史厚重，这是要挖掘的，不过我还以长安为标本，在探源中华文明，在思索中华文明的构成，它的特点及其如何塑造了中国人的性格。当然，我也以古玉器为标本，并通过对古玉器的研究解决这一问题。这些都涉及文化，凡此类散文，谓之文化散文也可以。我乐在其中，最终会有至少六种书吧，是一个系列。很多作家以其"邮票大"的故乡为题材创作，竟使自己伟大了。我的故乡长安何其伟大，我希望以长安为宗旨的创作，表现更伟大的长安。创作之乐，便在于斯。

张聪：您的"以长安为宗旨"的文化散文，显然已经构成了系列。您写了这里的山川、河流、宫室、街巷道路、佛寺、道观、草木、五谷、风俗民情、古玩、器物、饮食以后，又写了从长安发轫的丝绸之路；写了长安诸关，又写长安的帝陵，网罗包举，深林汪洋。大量的历史地理、人物活动及激荡之情，您是怎么统摄起来的？您是如何打通历史和现实，使之化为一种有血有肉的诗性表达的？

朱鸿：没有感受，没有激情，没有冲动，就不可能有文学创作。创作以长安为宗旨的散文，必须从历史文献中发现材料。读这些书，我总是兴奋的，有勘探寻宝之感。田野调查，更容易推开想象的窗子，从而看到祖先在大地上劳动、生息和创造。凡此，便使所有的历史人物和历史事件，乃至天气、风物、草木，都进入了我的视野，并像在现实生活中一样。我的表达往往如日出天亮，日落星列，泉涌波动，风流云行，遂能不失诗性吧！

张聪：您的散文格外注重对"空间"的关注，这无论从文学的角度，还是传播学的角度来看都具有十分重要的意义。您在长安文化系列散文中，不仅经常严格按照史料记载和实地考察结果，手绘出"汉长安城遗址平面示意图""唐帝陵分布图"等，还在散文中添加实景照片等资料，真实地还原出长安的地理空间，这样做的意义是什么呢？

朱鸿：实体空间诸如广场、街道、建筑物等等，都有非常重要的意义。在我看来，关中人的生活痕迹保存在用黏土烧制的陶器、瓦当上，长安文化的活力和惰性镌刻在那些山川、关隘、庙寺中。比如我在《长安：丝绸之路的起点》中，写丝绸之路的空间起点只能是长安，是汉长安城，是汉长安城里的未央宫，是未央宫里的前殿。岁月漫漫，风雨潇潇。今天，汉长安城只存其遗址了，前殿遗址是一个长方形的由黄土夯实的平面，南北长大约四百米东西宽大约二百米。从南向北，有逐渐高升的三个台基，顶部距地面大约十五米。但如今在这故墟荒土，仍可以立足举目。前殿是天子朝会之处。取得河西及建立河西四郡的决策是在此制定的，派遣使者出使西域的决定也是在此做出的，开辟丝绸之路和保障丝绸之路安全的种种措施都是在此下令实行的。西安是长安的变迁和发展，所以西安为丝绸之路的起点。此起点并不是一个随便的位置。谁也不能粗暴地指认它，因为空间的起点是不会游动的。空间的起点只能是长安，是汉长安城，是汉长安城里的未央宫，是未央宫里的前殿。在这里"空间"具有强大而特殊的解码能力。

张聪：您"以长安为宗旨"的文化散文，创作起来显然很费工夫，即繁复的文献考证与田野调查相结合。您认为这样的方法在创作上所起的作用是什么？对散文的艺术性，包括视角、结构、思想深度等产生了怎样的影响？

朱鸿：中国散文，一向过于简单。从古至今，作家的创作常常是一人、一事、一景、一思。这种创作门槛低，顺手，然而容易稀松、扁平、空洞，或乏味。有文献考证，有田野调查，含量大了，就必须调度最好的视角，酝酿最好的结构，以使思想山重水复，四通八达。桐城派主张，散文创作要兼顾考据、义理和辞章。其道理很对，可惜儒术束缚了他们对人性人情的深刻表现，作品遂不得飞扬跌宕。实际上中国古代散文多是如此，到现代散文才大有改变。我以为学习欧洲随笔，他山之石，可以攻玉，从而努力创造新的散文形制。再者，我要求所用的材料、知识没有错误，文中的每一个时间、地点，或人物的行为都不是没有来源的，它们出自于非常权威的文献资料。

张聪：朱老师能否简要地谈一谈散文文体的特点？

朱鸿：散文的成败显然关乎三个方面：第一在于谋篇，就是策划如何开头，如何结尾，如何安排主体部分。作者的目光要透，思路要全，否则修修补补，必然疙疙瘩瘩。第二在于分段，就是调控虚实，有所断续，以顺利过渡。沈德潜是清代饱学之士，他研究结尾颇有心得，曾经总结有三种方法：放开一步，宕出远神，本位收住。今之散文作家，也未必要效仿过去的结构之法，不过有结构意识，并对结构反复考虑，是十分需要的。第三在于词法，就是要寻找最适合、最恰当的文字，以组成最简洁、最神奇的句子。格调典雅、行文平易，散文艺术讲究的是清新宜人的风格。

张聪：您接下来还有什么创作计划？您觉得当代散文创作面临着怎样的突破？

朱鸿：先完成六本关于长安的散文吧，出版社等稿子呢！当代散文需要突破的难关不少，然而重点是思想贫乏，不讲究结构，语言也很随便，很粗糙。

张聪：您又写了六本关于长安的散文，加上之前的以"长安"命名的散文集，就有十几本关于长安的散文集，这样的书写方式，会对长安文化的传播产生非凡的效果，虽说艺术规模宏大是属于形式方面的特点，但它大到一定的程度，在质的方面就会发生飞跃，规模本身便成为传播力和影响力的保证，朱老师对此是怎样看的？

　　朱鸿：张择端作《清明上河图》，画的不是一条街、一座桥，而是一座城，才会给观者带来"俯瞰""震撼"的艺术感染力。

　　张聪：朱老师在百忙之中接受我的访谈，给我多方面的启发，谢谢朱老师！

（作者单位：张聪　西安外国语大学新闻与传播学院

朱鸿　陕西师范大学文学院）

书　评

中国现代文学史料学的掘进与新辟
——评王荣教授《延安文艺史料学》

焦欣波

　　20 世纪 80 年代中后期，马良春开创性的《关于建立现代文学"史料学"的建议》、樊骏的重磅宏论《这是一项宏大的系统工程——关于中国现代文学史料工作的总体考察》以及陈圣生介绍欧美世界中国现代文学研究的《中国现代文学文献目录学》等的出现，昭示着中国现代文学史料学作为一门学科的讨论与设想被正式提出，史料文献及其研究的重视程度被空前提高。其后随着学术研究的日益"规范化"、学科意识的不断增强以及史料对"重新发动学术的意义"的作用逐渐升温，一大批学者进入中国现代文学史料学或文献学领域从事科研活动，取得了令人瞩目的成果。中国现代文学史料学的基本原理及其方法的大致轮廓与表述，已较为全面地展示了它作为一门学科应有的形态与价值，也可以说，它在中国传统朴学的基础上又融汇了西方文献学的一些原则与方法，结合现代中国历史语境下的独特现象，得以最终形成一套清晰可见、相对成熟的理论方法。循此，陕西师范大学文学院的王荣教授以七年之力，从中国现当代文学史料学研究的历史认知及其学科特点出发，遵循文献学或史料学等学术理论方法的基本规范，围绕延安文艺文献史料的来源分布、价值构成、小说特点、版本变迁、校勘与注释、辑佚与汇编、目录索引及其数据库检索、鉴别利用等一般规律与具体方法，以及有关现代文献史料意识形态的"历史烙印"与"副小说"因素等蕴含着历史内容和文化价值的问题，提出作为中国现代文艺史料学"断代史"研究的"延安文艺史料学"，并于 2021 年出版《延安文艺史料学》①一书，系统性阐发了其理论、方法与主张。王荣提出的"延安文艺史料学"，可视作中国现代文学史料的进一步拓宽或一个"独辟蹊径"的分支，它以雄厚扎实

---

　　① 王荣:《延安文艺史料学》，中国社会科学出版社 2021 年版。

的延安文艺史料为根基，从延安时期的文化语境出发，又放置于中国现当代文艺发展的历史框架进程内，着力构建一种适合于持续推动延安史料文献研究、学术研究的理论与方法。

一、从设想到构建的"延安文艺史料学"

正如王荣在《延安文艺史料学》的"后记"中所言，他于上世纪 80 年代上硕士研究生时，因偶然购买到朱金顺《新文学资料引论》一书而引起对中国现代文学史料问题以及与传统学术研究理论方法相联系的注意，90 年代进入复旦大学师从陈鸣树攻读博士研究生，开始广泛接触文学史料，参与编辑《二十世纪中国文学大典》系列书籍的资料搜集与整理工作，成为他早期学术训练以及培养史料意识的开端。尤其是近十年以来，针对延安文艺研究的深化与新的拓展，以及一大批文献史料汇编成果的涌现，学界敏锐地发觉过往文献史料的缺少或有意无意的曲解史料等原因，给研究本身带来的诸如论著证明不足或文献史料错误等学术"脆弱的软肋"问题，与此同时，也意识到因为延安文艺研究在当前学术研究中的独特地位及其影响，尤其是战争年代以及新中国成立前三十年的"不断革命"事实造成的大量文献资料的流散及遮蔽，包括一些史料被不断删改及反复曲解，所产生的延安文艺研究长期以来为学界诟病的以意识形态或宣传代替学术研究，以及主观上或阐释上"以论代史"的流行等使得主观主义曾一度盛行及研究者"避灾免祸"心态等的不良现象，从而希冀在为延安文艺抢救、保存及传承其文献史料以及阐释文献史料本身的文学和文化价值的同时，有效完善及解决本领域研究中常受质疑的资料的真实性或者将"忽视文献史料"等涉及学术研究及其建设发展中的给予根本性问题，于是王荣提出了"关于延安文艺史料学研究的设想"[①]。

然而，光有"大胆假设"还不行，"大胆假设"的同时还须尽可能地"小心求证"。其后王荣将重心从现代叙事诗研究向延安史料学研究的方向调整，默默耕耘，艰苦执著，一方面以国家社科项目"延安文艺研究史（1936—2016）"和国家社科重大项目子项目"延安文艺史料学"等为依托，一方面以论文为支点加强对延安文艺史料的整理、研究并就其价值与意义进行充分的学术阐释与探讨，一方面密切关注近年来中外学界在延安文艺文献资料及其研究方面呈现出的新的发展态势，进而从宏观与微观两个层面思考延安文艺史料学的历史与现状、理论基石、目的与任务、问题与方法以及类型属性与价值阐释等问题，数易其稿，由此而完成了对延安文艺史料学的整体性建构。具体而言，王荣对

---

① 王荣：《关于延安文艺史料学研究的设想》，《延安大学学报》2010 年第 6 期。

延安文艺史料学理论框架与知识体系的构想大致有两个理论维度，一是将延安文艺看作新民主主义文化及其文艺运动和创作实践，是党的"文艺事业"及新中国文艺的雏形，一个是试图沟通与整合延安文艺研究与中国现当代政治文化及文学等诸多现有学科，发现揭示历史的与学术的、现实的与经验的延安文艺研究的根本性所在，以此探讨及阐明延安文艺史料研究的一般原则与具体方法，并由此而确定延安文艺史料学的目的与任务即学科理论的出发点，就在于为延安文艺及其相关学术研究提供可靠与扎实确切的文献史料的同时，以"历史化"的学术原则与方法探索延安的文艺及其与社会、政治、文化、经济等各个方面的内在逻辑与价值演变。如此一来，王荣通过史料类型的重新划定及其价值构成、史料的编选汇集及其理念体例以及延安文艺史料学方法规范的确立与重整三个大的层面，作为其理论的三大板块即本体论部分，犹如一爵三足，相互交错又依存。其中，被突出强调的史料类型又被划分为总集类型、别集类型、丛书类型、报刊类型、社团机构类型、传记年谱和回忆录及工具书等间接性史料类型等六大类型，构成一个有机的整体，这中间最为另类的是社团机构类型。延安文艺运动及其个体文艺工作者基本上被纳入到各类各级社团，以"体制化"的方式服务于战争、生产及教育这一总的战时革命目标，因此，延安文艺社团机构不仅是党对文艺工作者进行政治思想及其组织领导的主要方式与重要途径，同时也是组织作家进行世界观改造，学习培养党的文艺工作者及其"文化军队"的体制进程之一，那么社团机构类型不仅包括个体文艺工作者的相关创作资料，更为重要的是它本身的各种各样的组织活动资料以及对党的文艺政策的贯彻执行等等，不仅丰富异常而且处于"党—团体—个体"这一高度组织逻辑的中枢，这样就使其具有十分重要的学术地位与作用。那么，单独将社团机构作为一个完整的资料库或类型，显得科学、规范且很有必要。从《延安文艺史料学》总体框架结构来看，将"延安文艺文献史料的鉴别与版本研究"单独列一章予以足够的重视，这是出于对延安文艺史料学开展研究需要以坚实而可靠的史料作为基础的考虑，所谓重中之重的工作，没有这一项求真务实的工作一切研究都无从谈起。实际上，史料鉴别诸如审订文献、辨别真伪、校勘谬误、注疏和诠释等本为传统考据学的治学理念，功夫全在严谨的态度、历史的谙熟与细节的字斟句酌，是学术研究当中最苦的差事。

二、"延安文艺史料学"的"独立性"及其价值贡献

延安文艺史料学的"独立性"主要表现在它的特殊性。众所周知，延安文艺尤其是1942年毛泽东发表《在延安文艺座谈会上的讲话》以后属于"人民文艺"的范畴，之前

虽有争议也至少应为革命的"战地文艺",延安文艺的特殊属性决定了它是党领导的"革命机器"的一部分,其评判标准也是政治第一、艺术第二,充分体现了毛泽东文艺思想及党的文艺政策方针的政治现实与创作实践,并直接引导了20世纪下半叶当代中国文艺发展的基本走向及其国家美学与体制化的确立,因而延安文艺在整个20世纪具有举足轻重的历史影响力。而且,抗战及解放战争时期的延安文艺在中国共产党的领导下自成一体,既具有完整性与典型性,又具有独立性与主体性,尽管它属于中国现代文艺的主要部分,但又是一种全新的**意识**形态文艺运动。那么今天在辨析并评判延安文艺文献资料的形成与发展演变时,王荣**认为**,不仅需要注意到中国共产党的文艺事业及其政治意识的历史关系,也需要注意中国革命文艺的历史进程与当代中国文艺的关系,以及当下"繁荣社会主义文艺,建设社会主义文化强国"中的文化历史价值等问题,以便为延安文艺研究及其当下的现代学术话语构建,提供真实可靠和丰富多样的文献资料依据及其学术基础。也就是说,王荣以历史视野与当下视野相融合而采取一种"视野融合"的态度,既关注历史又立足于当下现实,既强调一般性理论原则与方法,又重视特殊的理论与方法,以此来着实构建延安文艺史料学。

正是注意到延安历史语境与政治话语的独特性,也就使其格外注意到作为延安文艺史料学整体认知及史料学研究中的核心问题即延安文艺史料学的分类、类型及其学术价值,它关乎对延安文艺史料来源价值构成的认知区别,以及为特定的研究目的和任务服务的宗旨。因此,纵观《延安文艺史料学》可知,王荣所列的六大类型及史料文献的鉴别与版本研究皆附有各自的"史料价值",这一做法深度阐述了史料的历史意义与学术价值,且就其中所存在的突出问题予以指陈,更为重要的是,为延安文艺史料学的六大类型及史料文献鉴别与版本研究提供了坚实的立论基础与合法性地位。进一步说,针对延安文艺总集具备"搜其遗文,都为一集"等文化特征及其史料功能,其史料价值有着在文献资料的"品藻异同,删整芜秽"以及"觅无遗功"和"网罗放佚"等方面的价值与意义,还可以使延安文艺研究者避免为搜集文献资料而必须耗费过多时间与精力,以及寻访、查找等翻检之苦而得以坐享其成;别集是按照一定的编辑体例,将一位作者的作品汇编成册的书籍,指出别集有所谓官编、自编与他人编等编纂方式,有着明显不同的社会特征及其文化目的,而延安的别集主要是新华书店及各地分店编、文化社团出版机构编,以及"国统区"的中共"文委"领导的出版机构编等几种情况,别集的史料价值在于它是考察某一作家文艺创作活动及其生平经历与作品意义最直接、最主要的资料外,也是研究延安文艺运动及其文献搜集与史料整理的重要来源,也对保存文献史料发挥了多个层面的作用;延安文艺综合性丛书大多是由党的宣传文化团体、领导机构及新华书店等编辑出版,不仅在中国现代编辑学、出版学等方面占有重要地位，而且其编辑理念渐趋明确、种类体例日益完善，其史料价值也格外突出，就是它延续并传播了延安文艺作品的艺术生命、美学趣味与文化功用，这一点与报刊类型有着"异曲同工"的史料价值。所不同在于，报刊承担着新文化及其思想观念以及新民主主义文化及其意识形态的社会传播与任务，成为现代思想文化与政党政治以及党及其政治革命的一种形象展示，可以说，报刊的党性意识与原则十足，而且报刊对延安文艺运动的领导与导向作用更强，它是党的文艺思想、文艺政策、文艺方向、文艺理论思潮以及文艺争论的主阵地，具有其他史料类型无法比拟的优势；相对于其他类型，社团机构会受到各种政治力量的较量以及意识形态冲突的影响制约，而且其内部往往伴随着诞生、分化与消失以及外部的竞争与融合等等，很能生动地反映延安文艺运动的真实状态和历史特征，有着鲜明的史料价值；那么传记、年谱、回忆录、年表、大事记、目录索引、辞典等组成的联合类型，虽是一个更为开放、多元的文艺资料类型，但最大的特性是其"间接性"或"第二手资料性"，能够准确、快捷、系统地被使用和利用；而文艺文献史料鉴别及版本研究的史料价值主要集中在"溯源探幽"与"正本清源"，也有益于延安文艺文献史料的专题整理与数据库建设、辑佚汇编与编纂出版、"副小说"资料的搜集发掘与价值发现等多个方面。如此一来可发现，《延安文艺史料学》六个类型的划分是从延安文艺近百年以来的现实情况出发，是守正出新的结果。

三、版图谱系及其"辞典性"与"新发现"

《延安文艺史料学》以学科建构为中心具备学术性、知识性与实用性三大特点，除上述内容外，它还具有以下三大优势：

其一，《延安文艺史料学》犹如一部"百科全书式"的辞典，对延安文艺史料名目的搜集及其整理的广泛性、全面性是前所未有的。它从 1937 年延安时期编辑出版《红军长征记》为起点，一直搜集到 2016 年由陕西师范大学出版社出版的王佳钰、王增辉校订的《延安文艺大事编年》，对有关延安时期的文艺活动、文艺创作、文艺理论批评、文艺政策、外国译著、鲁迅的著作等按照目录索引的方式依照年代给予呈现，形成了八十年之久的延安文艺史料编年体"史记"。从空间方面看，《延安文艺史料学》所搜集的史料目录涉及延安时期的陕甘宁、晋绥、晋察冀、晋冀鲁豫、华中、东北、山东以及其他等中国共产党领导下抗日战争及解放战争时期的根据地、解放区的文艺资料，同时也包括中国共产党领导下的国统区有关延安的文艺史料。

其二，《延安文艺史料学》十分重视版本的考证辨伪与出版变迁。比如说对单行本

《白毛女》的考证就有延安新华书店 1945 年 12 月版，韬奋书店 1946 年 11 月重印版和 1947 年 7 月修订版，1947 年 1 月太岳新华书店版，1947 年 10 月东北书店初版及吉林书店、华东新湖书店 1949 年先后翻印版，1949 年中原新华书店重新设计封面重印版，1949 年 5 月"中国人民文艺丛书"版及同年 9 月的修订版等等，对其各版本的内容、封面设计、前言附录、署名以及各版本之间的关系都做了阐述；在面对丛书时，其考证同样仔细，例如"西北战地服务团丛书"，对这一套丛书的主编、出版、编排、构图、发行地点及范围、丛书书目甚至出版背景等做了介绍与陈述，有时还给予简明扼要的学术价值阐释；有时与单本书或丛书有关的信息也给予了足够的重视，对这一类的史料知识做了一个系统性的梳理与勾连。如此一来就可以发现，《延安文艺史料学》在延安文艺史料方面以目录索引为手段、以跨时空的序列组合，有机且天然构建了延安文艺史料的目录版图与知识谱系，无形中成为一部以"第一手资料"为根基的辞典性工具书。这也正是作者所言的"求全"与"求真"的精神体现，所以，《延安文艺史料学》在目录索引方面的全覆盖，以及以时间为序而形成的知识谱系与考证辨析，可能会引发研究延安文艺的许多学者新的发现与新的思考，进而产生新的学术能动与学术审视，形成新的学术意义与学术产出。

其三，随着史料学学术研究的与时俱进，《延安文艺史料学》同样也很重视史料的图像、声像、影像以及"副小说"等。在论及延安文艺史料学方法规范及其确立时，王荣指出延安文艺文献史料的整理与研究范围也要包括录音录像及其访谈、图片实物、后期制作的纪录片或点式声像节目等，比如说图片有钟敬之编辑、辽宁美术出版社出版的《延安戏剧图系》等，影像有吴印咸主持的延安电影团拍摄的新闻纪录片等。这些图片与影像资料等与文艺研究具有某种程度的"互文性"特性，足以推动延安文艺的学术研究。同时，作为一部构建"延安文艺史料学"的专著对"副小说"给予了空前绝后的重视，总集、别集、丛书、报刊和间接性史料所搜集到的几乎每一部出版物的封面设计、字体形态、色彩图案、整体构图以及"副标题""前言""附录""目录"等都进行了精细的描述。而这些描述栩栩如生，尽管 700 多页厚实的《延安文艺史料学》没有一幅插图，但它早已以文字的方式插入了数不胜数、逼真清晰的图片。这就极大地拓展延安文艺史料研究的内涵及其外延。

在"副小说"等史料之外，像艺术社 1949 年 3 月出版、于伶著的《论电影》以及西北新华书店 1949 年 8 月出版、高歌编辑的《导演经验》等大量资料，尤其是后者印量少又不多见，这种"稀有"资料在《延安文艺史料》中为数不少，连同影像资料、"副小说"等都可以称为该书的史料"新发现"。钱理群先生曾指出，对文献的辑佚、整理，是为对文献的研究奠定科学的基础的，因此，在史料的新发现、新整理之后，必须有新的研究，而这恰恰是为许多学者所忽略的。① 那么,《延安文艺史料学》可能恰恰弥补了过去学术研究中的某些遗憾或缺陷,将带给些许学者意料之外的欢喜。总体来看,作为一部构想一整套学科理论及方法的力作,一部具有"百科全书式"知识谱系的辞典性专著,《延安文艺史料学》的意义重大,它创新性地丰富、深化与新辟了中国现代文学史料学或文献学,其学术价值及重要性不容忽视。

(作者单位:西北大学文学院)

---

① 钱理群:《对现代文学文献问题的几点意见》,《河南大学学报》2005 年第 1 期。

敞开通往情感史的门扉
——读张松建《华语文学十五家》

［日］佐藤普美子

近年来，在历史学领域中，立足于情感观点的情感史（History of Emotions）引人注目[①]。它并非将情感认作是一种具有普遍性的、非历史性的或本质主义的，而认为它是在特定的历史情况和社会境遇中所构成的。这种观点肯定会对其他学问领域，比如性别史，带来新的视角。[②] 那么，在文学研究，特别是现代诗歌研究中，情感这一观点也会起到一定的作用吗？诗歌与情感原来就有着密切关系，其理自明，所以情感这一观点并不见得多么有效。研究人类情感是古希腊哲学史以来的古典性主题，但是，新兴的情感史的目标并不在于情感分类或情感定义，以及识别情感的真假。回顾诞生于动荡不安的20世纪的华语文化圈文学，就能让人想起每部作品都充满了各位作家所固有的强烈的多种复杂的情感。在文学研究上，与其从作品里抽出主题或文学运动理念这些概念，不如从历史的、文化史的文脉中掬起各部作品所表达或表达不了的情感，更加去接近作家的身体和精神。如果考察大小共同体的情感规范、可引起情动的事情或事件、各位作家特有的秉性与抒情方式的关系以及有关情感话语之转变等，那么就会让现代汉语诗歌研究别开生面。

[①]　［日］森田直子《感情史の現在》（《思想》2018 年第 8 号，岩波书店）根据 Rob Boddice, *The History of Emotions*, Manchester University Press 2018. 与 Barbara H. Rosenwein and Riccardo Cristiani, *What is the History of Emotions*？, Polity Press 2018. 梳理了情感史的最新研究动向。据森田说，Boddice 认为情感为：1. 通过历史变化 2. 成为历史事件的能动性原因 3. 作为生活—文化存在的人类之核心 4. 位于道德性的历史之中心。情感史以这些观点作为历史学实践的主题。（森田论文，第 5 页）Rosenwein 给情感史下了以下定义：情感史意欲研究过去被感受的或被表现的情感，从而探讨是什么变化的、是什么联结过去与现在。这两本书均基于情感随着历史而变化这一前提下，提出了一些新概念："情感学 emotionology""情感体制 emotional regime""情感的共同体 emotional communities"等。

[②]　参看［日］姫岡とし子《感情史とジェンダー》（《思想の言葉》，《思想》2018 年 8 月号）。

今年春天正值我考虑这个问题时，碰巧遇到了此书：张松建《华语文学十五家——审美、政治与文化》（台北·秀威资讯，2020 年 7 月）。我认为，该书恰恰能打开华语文学通往情感史的门扉。下面，小文欲先综合介绍一下张松建近十年的研究方向和近作的论述。希望它能为世界各地华语文学的情感史提供新史料和新视野。

一

该书将张松建从 2015 年到 2020 年发表的有关华语作家的七篇论文合编成以下六篇。

卷一：诗史之际——杨牧的历史诗学

卷二：文化中国与台湾经验——张错的离散诗学

卷三：亚洲的滋味——梁秉钧的食馔诗学

卷四：跨国现代主义：台湾现代诗对新加坡的影响

卷五：郭宝崑：从戏剧艺术家到公共知识分子

卷六：抒情的流亡：冷战时代的跨国离散作家

该书的前一半部分（卷一至卷三）是有关杨牧、张错和梁秉钧的专论，后一半部分（卷四至卷六），只有卷五是论述新加坡戏剧家郭宝崑的。卷四论述了台湾现代诗对新加坡华语诗坛产生的影响，具体地论及了台湾战后具有代表性的七位诗人：余光中、覃子豪、周梦蝶、痖弦、郑愁予、洛夫、管管。卷六收有一篇讨论战后冷战时期的新马华语诗人力匡和杨际光的论文，一篇介绍燕归来和白垚的政治性文学活动的论文。

该书并非给每位作家各分一卷。题名"十五家"则意味着从卷一到卷三及卷五一共论述四人，卷四提到的台湾诗人有七人，卷六的新马华语作家四人，总共有十五人。各卷的对象是从台湾、香港移到新马，在地理上辗转南下。

如上述目录所示，该书的特色和意义在于扩大了华语文学的版图。主要是通过抒情诗歌浮现出每位作家固有的情感经验。各卷所论述的和被引用的作品小说有效地联系在一起，其有机结构能够让人觉得该书里流淌着各位作家持有的生动切身的情感，同时也可以让人理解其情感结构。

十多年来，张松建在中国现代诗歌研究及华语语系文学（华夷风）研究方面[①]获得了卓越的成果。《现代诗的再出发》（北京大学出版社，2009 年 11 月）以中国四十年代现代主义诗歌为对象，主要讨论"九叶派"诗人。上世纪 80 年代"九叶派"被"发掘"

---

① 关于华语语系文学的讨论，请参考山口守教授的以下论文：《中国文学の本質主義を超えて——漢語文学・華語語系文学の可能性》（《中国—社会与文化》第 30 号，2015 年 7 月）、《アフター・バベル——華語語系文学が聞き分ける声》（《三田文学》第 131 号，秋季号 2017）。

并得到中国现代诗研究者的青睐以来，该派便成为中国四十年代诗歌研究的热门。但该书还具有其他同类书没有的两种特点。其一，它依据丰富的资料，把西欧现代主义诗学（艾略特、奥登、里尔克、波德莱尔等）出台的背景和在中国传播的情况加以梳理，从而阐明了它们是中国现代主义新诗的文学思想资源。其二，它把九叶派以外的一些从来不被重视的中国各地诗人（他们的诗歌及诗论以历史、神话和传统诗学为主）挖掘来看作为"新古典主义的新尝试"。这些观点亦给中国四十年代现代主义诗歌研究提供了一种理论基础和新视野。

另外，《抒情主义与中国现代诗学》（北京大学出版社，2012 年 7 月）对中国新诗的现代主义形成过程做了反思，从而把它的来龙去脉作为"抒情主义"话语：从朴素的"抒情主义"经由"反抒情主义"向往"深化抒情"这一系列问题史。该书不是以往那种按派别而编的新诗史，而是以情感、抒情为主要着眼点，对抒情方式和新诗理论与时代情况如何互动而发生的变化进行了细致的分析。它使人理解到历史与文化互动的抒情话语的推动力。第二年出版的《文心的异同：新马华文文学与中国现代文学论集》（中国社会科学出版社，2013 年 1 月）收录了张松建从 2002 年到 2012 年之间撰写的论文。上篇收录了六篇关于新马华语作家的论文，下篇《中国现代文学论衡》收录了十二篇关于中国学者、香港学者和海外华人学者的评论。

由此可见，张松建近年感兴趣的主题渐渐从中国现代诗歌扩大到新马华语文学。两年前，作为华语语系文学研究之一，他出版了《重见家国：海外汉语文学新论》（北京大学出版社，2019 年 10 月）。他主要从"文化认同"与"历史记忆"这些观点，对新马华语作家如王润华、英培安如何在南方重建"精神家园"加以探讨。张松建参照后殖民主义批评、性别批评、文化研究、移民社会学和人文地理学等理论概念对作品进行小说分析，阐释了后殖民社会的关键词：离散、记忆、怀旧、认同等问题。倡导华夷风研究的王德威在该书序文里说，"它对文学地理的认知，大幅改变了一般文学史的时空脉络"，"对华语作家的地缘政治做出敏锐观察，并叩问政治如何经由文学形成对话"。王德威指出：它对海外作家及其创作的思考，"超越了传统中原/海外的简单分野"，"海外华人对乡土、国族、文化、语言的复杂情绪"，"不论感时忧国还是游走跨界，作家个人的经验都非常丰富，他们笔下的华语世界也必然引人思辨"，如上所述，王给予他很高的评价。

毋庸赘言，张松建的近作《华语作家十五家》也可以说是华语语系文学研究之一。不仅如此，更值得我们关注的是，这本书显示了世界各地的华语作家在历史—文化小说中所形成的情感及其抒情方式："情感结构"。在这一点上，该书肯定会对构筑华语文学情感史大有启发。

二

为了方便起见，下面我将各卷要点摘录下来：

卷一：史诗之间——杨牧的诗学

作者指出，杨牧（1940—2020）的历史意识在于"强调历史与当代的有机联系，相信过去之中有未来"，杨牧的历史诗不是所谓史诗或叙事诗，也不同于一般的抒情诗，而是"现代主义抒情诗"。杨牧"重构历史，古典新诠，用意在于表达现代意识"。它是由他跨国（台湾—美国）体验、中西文化知识、文化认同中的中国性与台湾性的交融和对当下政治现实的反映等形成的。不用说，它与后殖民全球化背景下蓬勃高涨的本土意识有着密切的关系。

杨牧的现代主义抒情诗在1970年代以后增多。它们大多是用戏剧性手法来塑造"现代的寓言"的。比如，用戏剧性独白来写的《延陵季子挂剑》（1969），其典故本来意味着季札耽搁了承诺，错过了把宝剑送给好朋友的时机而留下了无穷的遗憾。当然，这首诗所表现的不是儒家固执的伦理道德及其姿态，而是当一个人错过了美好的时刻、丧失了真正宝贵的东西时的复杂情感：哀伤、悔恨、幻灭和疲倦。杨牧把自己美国留学时的内心纠葛投射于当时季札的心情。作者很敏锐地分析了他的历史抒情诗，他说："杨牧暗示历史的模式与体系不可信赖，他避免建构宏大的历史全景图，转而聚焦于历史性的时刻和瞬间，企图把历史转化为个人的戏剧性体验，主题介入，移情感应。"

《热兰遮城》（1975）是台湾沦为荷兰殖民地的隐喻。从殖民者的视觉出发，重塑台湾历史，移情体验。它暗示了殖民地台湾被客体化、他者化、边缘化。但值得考虑的是，作者以下的指摘："殖民暴力被杨牧加以小说化之后，又变得唯美化、情色化和神秘化"。过度的重构历史恐怕让创伤记忆变得空洞化、虚无化了。他对"历史诗学"指出的某种局限性和盲点，富有启发性和警惕性。

作者的杨牧论把以往的传统（古典）与现代这一框架讨论的重心转移为"历史与诗"的课题。特别令人赞叹的是，杨牧诗以历史古典为资源，使用移情的戏剧性独白来表达一种连接过去与未来的现代意识。同时他的观点也让我们发现了个人情感的功能。

再补充一点，如果此卷还有作者对杨牧的回想性自传《奇莱前书》[①]（2003）的分析，那么，会让人了解到杨牧如何重构殖民城市的故乡花莲的"风景"来表达他内心的多种悖论性情感。

[①]　参看杨牧著·上田哲二译《奇莱前書——ある台湾詩人の回想》（思潮社，2007年12月）。

卷二：文化中国与台湾经验——张错的离散诗学

张错（1943—）出生于澳门，在香港长大，在台湾读书，执教于美国与台湾。作者把张错作品的"情感结构"称为"离散感性"。他总徘徊于美国与中国、大陆与台湾地区、台湾人（本省人）与外省人、世俗与高雅之间。孤独感与矛盾情感引发了他的"孤儿意识"。作者指出了张错诗学的失根焦虑、寻根冲动和感时忧国的精神，但同时也分析道："张错所执念的中国性，其实是一种单面的、固定的、静止的身份认同。"他还指出，"（张错）认为中国文化的正朔就在台湾，自认是飘零海外的文化遗民。他常以"中国人"自居，正是出于对于"文化中国"的执念。王德威等所倡导构想的华语语系文学反对寻根、归根这样的单向运动轨道，而是主张放弃"根"的政治，强调"反离散"或者追寻"势"的诗学①。张错永远向往回归中国原乡，拒绝认同居住国的文化，坚持保守的文化优越感则与此形成鲜明的对比。作者对他的组诗《室内植物》（1978）做了如下的解释："一方面，他明确表达对中国性的坚守；另一方面暴露出本质主义的文化观，相信存在一个纯粹的、本真的、有固定起源和单一中心的文化实体，可供人们去寻求、发现和坚守。"

另外，作者还这样解释张错的台湾文化观：张错本认为"台湾文化是中华文化的在地化、本土化、空间化的结果"，所以"追溯台湾的前世今生，目睹激进的本土化，他进退两难"。他还说，"张错的中心关怀是：如何在多重边缘、繁复错置、跨国离散的生命史中，建构'中国性'论述，寻求个人的文化认同？"

虽然作者指出了张错的离散诗学具有结构性危机，但是我认为此事尚待商榷。张错所寻求的"家乡"好像意味着一个方向或者一个虚焦点。虽然继续向往何处，但却永远到达不了那个地方。它实际与浪漫派式的远方憧憬有相似之处，也离不开个体存在的孤独感。冯至曾在张错诗集《漂泊》（1991）序言里中肯地指出："他（张错）的眼界广阔，家乡遥远，无论是环视周围，或是回向内心，他孑然一身，无时不陪伴着难以担当却又必须担当的寂寞与孤独。"《结语：为"祖国文化"招魂》的"祖国文化"指什么样的文化？"中华文化"究竟是什么？张错所指向的诗学是如何变化的？他晚年逐渐增多的咏物诗也许会对这个问题给予我们一些启发。

卷三：亚洲的滋味——梁秉钧的食馔诗学

作者对香港诗人梁秉钧（1949—2013）的诗学如此分析："透过食物的眼睛，思考离散、历史记忆、地缘政治、文化认识的课题，在题材领域和美学风格上为现代汉诗贡献

---

① 王德威《序言：华语语系研究的新收获》（张松建《重见家园：海外汉语文学新论》第5页）中有如下的话：前者（指"根"）总是提醒我们一个立场或方位，后者（指"势"）则提醒我们一种能动性（agency），一种情动力（affect）。

一己之才情。"

梁秉钧通过饮食书写表达离散经验，从而让身份认同问题与食物在作品小说中发生了关联。比如《茄子》（1995）、《带一枚苦瓜旅行》（1998）等使用了隐喻和人格面具让饮食文化、离散经验与身份认同得以充分表现。对《苦瓜》一诗，作者阐释道，"这段内心独白移情体验苦瓜的种种复杂的感受：别离、失意、孤独、沉默甚至失眠、衰老和疾病。这象征离散旅群的痛苦与无奈，他们放逐原乡，永绝家园，无力把'历史的碎片'拼凑成完整的文化寓言。"

梁秉钧的饮食书写不但涉及了香港文化和离散旅群，而且指向亚洲之地缘政治和历史记忆。作者对《在光州吃荣光黄鱼》（2008）、《印尼饭》（2000）、《酿田螺》[1]指出，个别显示了韩国、印尼、越南的历史记忆。他还指出，《柏林的啤酒》（1997）暗示了"民主政治和多元文化，隐喻政治治理和制度没有绝对正确的配方"。另一方面，他指出《巴黎"中国俱乐部"吃毛沙拉》（2000）则显示了"中国悠久的历史传统，多样的文化实践和丰富的政治价值都被完全抽空了，变成由市场逻辑和商业法则支配的消费主义时尚"。作者认为，当20世纪的革命历史丧失了英雄维度和崇高感时，梁认为"百姓的日常生活总会继续进行"，所以"家常的物质生活（葱、蒜……）虽然平淡琐碎，却足以抵抗历史劫灭"。比如《荨麻菜汤》（1999）"对民生智慧的赞美，不无庸俗的气味，构成了食馔诗学的一大亮点"。

梁秉钧对香港的混杂文化从日常饮料"鸳鸯茶"写起，深刻地揭示了背后的象征寓意：中西文化相遇的"文化混杂"的结晶。据作者说，梁在文化上的看法是辩证的：一方面，他乐观地相信文化交往、跨文化对话的可能性；另一方面，他批评纯粹的、世界性的大同理想，强调诸种文化的历史性和差异性。另外，梁秉钧的饮食书写中还有关于他对香港命运的思考。作者细致地分析出梁秉钧所流露的心情除了乐观坦然自尊自信以外，也有焦虑不安。

卷四：跨国现代主义：台湾现代诗对新加坡的影响

此卷收有最新、最长的论文（约90页），反映了作者当下最感兴趣的主题和问题。在新加坡，1950年代英国殖民当局执行反共政策，禁止由中国大陆进口书籍，取而代之的是台湾华语书籍大量进入新加坡图书市场，"填补当时的文化真空"。作者还指出：1960年代以后，对都市文化和工业文明的批判、现代知识体系的反叛引起人们的怀疑和危机意识。那时新加坡华语诗人需要借助复杂的艺术技巧，表达个人化的观察和思考以及处于边缘的失落感。因此台湾现代诗成为他们学习的榜样。作者具体地介绍了有影响

---

[1] 收录《蔬菜的政治》（香港：OXFORD 牛津大学出版社，2006）。

力的报章、杂志、书店和出版社。他还对台湾 1950 年代创办的三大诗社——现代诗社、蓝星诗社和创世纪诗社——的诗人（覃子豪、周梦蝶、痖弦、洛夫、余光中、郑愁予、管管）按照诗学特色分类，论述了对新华诗人（林方、谢清、梁春芳、寒川、南子、英培安、杜南发、蔡深红）的影响。作者阐明，"在不同华语社群之间展开比较研究，旨在发现历史相似性、文学相关性和理论建构的可能性"。卷末《附录:〈蕉风〉所见台湾现代诗与评论》也对华语语系比较文学研究做出了新的贡献。此卷从比较文学观点如何对 1960—1970 年代新加坡华语诗歌形成这个问题进行考察，为我们提供了有用的资料和蓝图。

卷五:郭宝崑:从戏剧艺术家到公共知识分子

此卷是有关闻名国际的戏剧家、导演郭宝崑（1939—2002）的专论。[①] 作者从四个层面（1. 后殖民时代的旅群与国家　2. 传统与现代、本土与世界的辩证　3. 艺术与阶级意识:郭宝崑在全球 1960 年代　4. 重审人文精神与公民社会）通过各个时期具有代表性的戏剧，论述郭宝崑特有的历史思考，勾画了对其进行文化批评的轮廓，认为郭的戏剧都体现了政治与美学、公共与私人等这些密切有关的问题。

作者讲述情节时的话语栩栩如生、鲜活有力。令人啼笑皆非的悲喜剧《棺材太大洞太小》（1984）表达了"僵化固执的官僚主义对个人的压抑和伤害"。童话剧《傻姑娘与怪老树》（1987）使用超现实主义和象征主义的手法来表现"独异个人与社会体制之间的悖论式冲突"。《寻找小猫的妈妈》（1988）通过公共政策的文化权力、华族社群的语言问题等，表现了"华人社会的母语乡愁和认同危机"。作者解释说，这种问题属于后殖民现象，"文化艺术的匮乏也是后殖民的产物"。以日本人公墓为素材的《灵戏》（1997）中出现了五个日本人，它从新的角度反思了战争暴力与创伤记忆。

1980 年以后，新加坡的阶级分化、贫富悬殊更为普遍化、尖锐化、表面化。对这种情况，作者提出质疑:为何公共知识分子的阶级意识反而衰落和消逝了呢? 为此，作者给予郭宝崑以很高的评价，称他为"真正的公共知识分子":他"深受鲁迅文学和思想的影响，感时忧国、人文关怀和批判精神"。

卷六:抒情的流亡:冷战时代的跨国离散作家

此卷从来自亚洲的观察视角讨论了冷战在亚洲四位华语作家身上显现的特点和后果。力匡（1927—1991）出生在广州，流亡到香港，然后定居新加坡。他往往被视为"抱持放逐心态的南来怀乡诗人代表"。作者如此分析他:"力匡作为流亡者暂时落脚于香港，……无法让身心自我与城市地理建立起来情感的纽带，导致迷失与错位对居住地

---

① 参看郭宝崑著·桐谷夏子等译《花降る日へ——郭宝崑戯曲集》（れんが书房新社，2000 年 10 月）。

有负面印象。"不过，他到中年，"移民新加坡以后，……摆脱了匆匆过客的心态，……终于实现了身份认同的转变"。力匡的诗篇往往倾向于突出政治偏见，容易被反共宣传利用。杨际光（1926—2001）出生在上海，移居香港、马来西亚，70年代又移民美国。与力匡不同，他拒绝在作品中进行政治宣传，"极少表达他对亚洲冷战的看法，他企图置身于动荡不安的时代之外，……在文字世界里驰骋其卓越的才情"。他的诗集《雨天集》（1968）包含着"复杂人性的开掘，情感不以宣泄为快而是倾向于深沉内敛，有冷静沉着、孤独内省的气质"。作者高度评价了他的现代主义抒情诗，说其是"发掘自己内心感受，独抒性灵，表现自我"。

燕归来（1928—2015）是报人、作家、社会活动家。她出生在北京，南下香港，60年代以后移居到德国、瑞士。1950—1960年代在香港、台湾的美援文艺体制下保持了不间断的跨国关系。作者以批评的眼光介绍了她作为"自由主义知识分子"的文学活动。白垚（1934—2015）出生在广东，先移居香港、台湾、后又移居香港、新加坡、马来西亚，最后移民美国。作为"离散华人"，他既有强烈自觉的本土化意识，又反对中原心态、大汉族中心主义，主张民族融合、文化多元主义。作者把他称为"马华文学拓荒者"。

概而言之，作者把燕归来和白垚两人视为某方面文化建制的重要推手。但是对他们的文学表示了不满，给他们表现的评价很低：稚嫩、粗糙、单薄、令人失望。

三

该书为华语作家内心的情感结构开辟了一个新领域：情感史。他们迁徙分散在世界各地，置身于与中国大陆作家不同的历史—文化小说中。华语作家有很多东西要求我们去发现。略感遗憾的是，该书列举的十五位作家中女性只有燕归来这一位。不过，作者认为：她的"女性身份"也被自动遮蔽和压抑了……而是自觉转换为"去性别化"、中性化，甚至男性化的人物角色。

毋庸置疑，在战后台湾现代诗初期存在一些具有代表性的女性诗人，比如蓉子、陈秀喜、杜潘芳格等人，她们都获得过很大的成就。如果该书能从性别的观点去探讨女性书写的话，那么我相信，华语文学的版图将更加得以拓宽，因而也会浮出一些新的风景来。新加坡、马拉西亚不是也存在一些被埋没了的女性作家吗？

另外，该书对我自己来说，具有不少启发意义。日本著名现代诗人金子光晴（1895—1975）并非一位离散作家。他1930年代从上海、马来半岛、印尼到巴黎踏上了一条无计划、没有希望的旅途。但金子这位"流浪诗人"绝不屈服于任何权力，也从未相信过既成的价值观念。他不仅坚持了反战立场，还获得了一种无国籍的视角。由此可观，金子光晴 1930 年代的"南洋体验"值得我们重新审视①。

　　过去，跨越世界大洋的华语作家们曾多次转换生活空间。这种自由的移动给他们的感性（认知能力与情感）带来了什么？其创造性在于何处？张松建的著作启发我们重新去思考作家的"作为充满着情感的空间之身体"②。他此次的华语文学研究肯定会通过场所与身体之关联为进一步深入华语文学研究提供一条情感史的线索。

（作者单位：日本驹泽大学）

---

① 参看赵怡《二人旅　上海からパリへ——金子光晴·森三千代の海外体験と異郷文学》（关西学院大学出版会，2021 年 3 月）。

② Barbara H. Rosenwein and Riccardo Cristiani 著·伊东刚史／森田直子等译《感情史とは何か》（岩波书店，2021 年 1 月），第 137 页。

图书在版编目（CIP）数据

大西北文学与文化.第六辑/陕西师范大学人文社会科学高等研究院编.—北京：作家出版社，2022.12

ISBN 978-7-5212-2269-2

Ⅰ.①大… Ⅱ.①陕… Ⅲ.①地方文学史—研究—西北地区②地方文化—文化研究—西北地区 Ⅳ.① I209.94 ② G127.4

中国国家版本馆 CIP 数据核字（2023）第 063820 号

大西北文学与文化 . 第六辑

编　　者：陕西师范大学人文社会科学高等研究院
责任编辑：田一秀
装帧设计：芬　妮
出版发行：作家出版社有限公司
社　　址：北京农展馆南里 10 号　　　邮　　编：100125
电话传真：86-10-65067186（发行中心及邮购部）
　　　　　86-10-65004079（总编室）
E-mail:zuojia @ zuojia.net.cn
http://www.zuojiachubanshe.com
印　　刷：三河市紫恒印装有限公司
成品尺寸：185×260
字　　数：270 千
印　　张：14.25
版　　次：2022 年 12 月第 1 版
印　　次：2022 年 12 月第 1 次印刷
ISBN 978-7-5212-2269-2
定　　价：68.00 元